1780년, 열하로 간 정조의 사신들

* 이 책은 아모레퍼시픽 재단의 학술 연구비 지원을 받아 집필되었습니다.

1780년, 열하로 간 정조의 사신들

서가명강 16

대청 외교와 『열하일기』에 얽힌
숨겨진 이야기

구범진 지음

서울대학교
동양사학과 교수

21세기북스

자연과학
自然科學, Natural Science

과학, 수학, 화학, 물리학,
생물학, 천문학, 공학, 의학

사회과학
社會科學, Social Science

경영학, 심리학, 법학, 정치학,
외교학, 경제학, 사회학

예술
藝術, Arts

음악, 미술, 무용

역사학
歷史學,
History

인문학
人文學, Humanities

언어학, 철학, 종교학,
문학, 고고학, 미학, 역사학

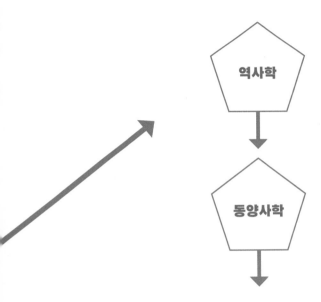

동양사학이란?
東洋史學, Asian History

아시아를 구성하는 동아시아, 동남아시아, 중앙아시아, 서남아시아의
역사를 다루는 학문이다. 동양사를 바라보는 다양한 시각과 방법론을
연구하고 각 지역과 국가의 역사, 지역 · 국가 간의 교류 등을 탐구한다.
아시아의 국제적 영향력이 커지고 있는 만큼 세계 각 지역 · 국가 간
이해와 소통의 폭을 넓히는 데 꼭 필요한 학문이다. 또한 침략과 영토
분쟁, 이주노동자 문제 등 다양한 갈등과 긴장 관계를 해결해나갈 수 있는
인문학적 역량을 키우는 데 기여한다.

이 책을 읽기 전에 주요 키워드

정조(正祖)

조선 22대 왕으로, 1776년 왕위에 올라 25년간 재위했다. 각종 개혁 정책을 추진하면서 선왕 영조와 함께 조선 최고 부흥기를 이끌었다. 청나라에 대한 반감이 지배적이었던 조야(朝野)의 분위기에서 벗어나 대청 친화적인 태도를 취했다. 이에 힘입어 북학파(北學派), 즉 청나라의 학술과 문물을 배우려한 조선의 학자들이 정조 치세에 두각을 나타낼 수 있었다.

건륭제(乾隆帝)

청(淸)나라 6대 황제로, 1735년 즉위하여 60년간 재위했다. 조선의 영조·정조와 재위 기간이 거의 겹친다. 오늘날의 신장에 위치한 유목 제국 준가르를 정복하는 등 청나라의 전성기를 이끌었다. 건륭제는 장수 황제로도 유명한데, 1780년 그의 칠순 잔치에 정조가 이례적으로 특사를 파견한 이래 조선과 청의 외교는 과거와 비교할 수 없을 정도의 우호 관계로 전환한다.

청(淸)

조선이 수백 년 동안 변방의 오랑캐로 여겼던 만주인(滿洲人)들이 세운 나라. 막강한 군사력을 바탕으로 1616년 후금을 세우고, 명(明)나라를 상대로 전쟁을 선포했다. 이후 1636년 청 태종 홍타이지가 스스로 황제를 칭하면서 국호를 청나라로 바꿨다. 명나라가 무너진 후 중원을 정복하고 몽골·티베트·신장까지 판도를 넓혔다. 신해혁명으로 1912년에 멸망할 때까지 268년간 중국을 통치했다.

병자호란(丙子胡亂)

조선과 만주인의 후금-청 사이에서 일어난 세 번의 전쟁 중 마지막 전쟁을 가리킨다. 조선은 1619년 사르후 전투와 1627년 정묘호란(丁卯胡亂)을 거쳐 후금과 형제 관계의 국교를 수립하였으나, 1636년 후금이 일방적으로 군신 관계를 강요하자 그 요구를 단호하게 거부했다. 그러나 그것이 빌미가 되어 일어난 병자호란에서 치욕적으로 패배함으로써 결국 군신 관계를 받아들여야 했다. 조선이 오랫동안 청나라에 반감을 품은 이유가 되었다.

사행(使行)

사신 행차를 말하는데, 정기 사행과 비정기 사행으로 나눌 수 있다. 조선은 1년에 네 차례의 정기 사행을 청나라로 보내야 했다. 청나라가 국가 차원에서 기념하는 3대 명절 축하와 연공(年貢) 납부를 위한 사행이었다. 그러나 실제로는 청나라가 베이징으로 천도한 이후 한 차례의 사신 파견으로 네 가지 사행 임무를 한꺼번에 해결하게 되었다.

만수절(萬壽節)

옛날 중국에서 황제의 생일을 가리켜서 사용한 말이다. 청나라의 만수절은 국가적으로 기념해야 할 중요한 날이었으므로, 의례 규정에 따르면 하례를 거행하고 연회를 베풀어야 했다. 건륭제는 만수절을 공적 행사로 치르는 데 소극적이었던 앞선 황제들과 달리 자신의 생일을 꼬박꼬박 챙겼는데, 대부분의 만수절을 베이징의 황궁 자금성이 아니라 열하의 여름 궁전 피서산장(避暑山莊)에서 기념하였다.

진하 특사(進賀 特使)

나라에 큰 경사가 있을 때 신하가 군주에게 특별히 축하의 뜻을 밝히는 것을 '진하'라 한다. 병자호란 이후 조선은 청나라에 큰 경사가 생기면 진하를 위한 사신을 파견하곤 했다. 이 책에서는 건륭제의 칠순 잔치에 정조가 특별히 파견한 진하 특사에 관한 이야기를 다루고 있다.

『열하일기(熱河日記)』

열하는 중국 허베이성(河北省) 동북부에 위치한 청더(承德)의 옛 이름으로, 청나라 황제들의 여름 궁전 피서산장이 있던 곳이다. 건륭제의 시대에 열하는 황제가 매년 여름과 가을의 몇 달을 머문 곳이었으므로 사실상 베이징에 버금가는 청나라의 두 번째 수도였다고 할 수 있다. 건륭제의 칠순 잔치에 정조가 파견한 진하 특사 일행이 조선의 사신으로는 최초로 열하를 방문하였다. 『열하일기』는 박지원이 진하 특사와 동행하면서 보고 겪은 일을 기록한 여행기이다.

차례

이 책을 읽기 전에   학문의 분류   4

                                          주요 키워드   6

들어가는 글   1780년의 열하를 가다   11

1부   조선의 반청 의식과 사대 외교

치욕을 기억하며 오랑캐의 멸망을 꿈꾸다   21

청나라에 해마다 조공 사절을 파견하다   61

Q/A 묻고 답하기   83

2부   정조의 건륭 칠순 진하 특사 파견

1780년 청 황제 건륭이 칠순 잔치를 열다   99

정조가 건륭의 칠순을 축하하러 특사를 보내다   119

Q/A 묻고 답하기   141

3부   진하 특사 박명원의 사행과 '봉불지사' 소동

정조의 특사 박명원이 열하에 다녀오다   151

'불상을 받들고 돌아온 사신'이 되다   183

Q/A 묻고 답하기   198

4부 박지원 『열하일기』의 '봉불지사' 변호론

청 예부의 거짓을 밝혀 사신을 변호하다   207

『열하일기』에 목격담과 전문을 뒤섞다   224

Q/A 묻고 답하기   251

5부 전환기의 조선·청 관계와 대청 인식

정조와 건륭이 양국 관계를 크게 바꾸다   265

건륭이 외번과 외국을 모아 '성세'를 자랑하다   300

Q/A 묻고 답하기   336

나가는 글   건륭의 제국과 만나며 역사를 기리다   347

"『열하일기』속의 '열하 이야기'가 사실을 그대로 옮긴 것이 아니라는 나의 발견과 1780년을 분수령으로 조선과 청의 관계가 크게 달라졌다는 나의 핵심 주장을 독자 여러분과 공유하고 싶다."

1780년의 열하를 가다

이 책의 제목 '1780년, 열하로 간 정조의 사신들'에서 '1780년'과 '열하'는 이야기의 중심을 차지하는 시·공간을 나타내고자 쓴 말이다. 역사에 상당한 조예가 있는 독자라도 '1780년에 도대체 어떤 중요한 일이 있었다는 거지?'라고 고개를 갸우뚱할 것 같다. 1780년은 지금까지 한국사에서 '아무 일도 없었던 해'로 여겨졌다고 해도 과언이 아니다. 하지만 열하라는 지명은 한국의 독자들에게 전혀 낯설지 않다. 열하 하면 금방 『열하일기熱河日記』라는 책 제목이 머릿속에 떠오르기 때문이다.

조선 시대 사람들이 중국을 여행하고 남긴 기록들은 보통 '연행록燕行錄'이라고 불린다. 여기서 '연燕'은 베이징北京

의 별칭이니, '연행록'이란 베이징에 다녀온 기록을 의미한다. 오늘날까지 수백 종이 전해오는 연행록 중에서도 박지원朴趾源(1737~1805)의 『열하일기』는 가장 유명할뿐더러 인기도 가장 높다. 번역본도 여러 종 나왔고, 내용을 축약하거나 번안한 출판물도 여럿이다. 실제로 읽어보면 결코 쉬운 책이 아닌데도 널리 사랑받고 있다. 200년 이상이나 된 옛날 책이 어떻게 해서 대중의 사랑을 받게 되었는지는 잘 모르겠지만, 여하튼 인기가 많은 것은 확실하다.

『열하일기』는 또한 국내외를 막론하고 학자들에게 뜨거운 관심의 대상이기도 하다. 한국학 분야의 학자들에 국한된 일이 아니다. 중국을 연구하는 외국 학자들도 『열하일기』에 주목한다. 중국사 연구자들에게 '1780년의 열하'는 당시 청의 황제였던 건륭제乾隆帝(1711~1799)가 자신의 '칠순 잔치'를 벌인 때와 장소로 유명한데, 『열하일기』에는 황제의 칠순 잔치와 관련하여 다른 곳에서는 찾을 수 없는 소중한 기록이 실려 있기 때문이다.

나는 청나라 역사를 공부하긴 하지만, 애시당초 『열하일기』에 관심을 두게 된 계기가 1780년의 열하에서 벌어진 일 때문은 아니었다. 사실은 정반대였다. 『열하일기』

로 인해 1780년의 열하에 주목하게 되었다. 나도 한국 사람인지라 오래전부터 익히 들어온 명성에 끌려『열하일기』를 읽어볼 생각을 품게 되었다. 실제로 읽어보니『열하일기』는 듣던 대로 재미가 있었다. 그런데 역사 연구자의 직업병 탓일까, 청나라에 관하여 사실과 다른 이야기들이 적잖이 눈에 들어왔다. 그동안 연구자들은 이런 문제에 별 관심이 없었던 것 같았다. '그렇다면 내가 한번 파고들어 볼까?' 하는 생각을 품게 되었다.

공부를 하다 보니, 박지원의 1780년 청나라 여행 및『열하일기』와 이런저런 관련이 있는 연구 질문이 꼬리에 꼬리를 물며 떠올랐다. 공부한 결과의 일부를 정리해서 몇 편의 논문을 발표하기도 했다. 그리고 이들 논문의 내용을 골자로 일반 대중을 위한 강의(2018년 6월 '서가명강')도 시도하였다. 나만의 착각인지 모르겠으나, 강의는 기대 이상의 호응을 얻었다. 그때의 호응은 다시 이 책을 집필하는 용기의 원천이 되었다.

하지만 그 뒤로는 말로 하는 강의와 글로 쓰는 책이 얼마나 다른 것인지를 절감하며 보낸 괴로움의 나날이었다. 학술 논문으로 썼던 이야기를 대중 친화적인 읽을거리로 탈

바꿈시키는 일은 나에게 언제나 어려운 작업이었다. 하나의 주제로 기승전결을 갖춘 완결된 이야기를 짜기도 어려웠다. 워낙에 꼬리에 꼬리를 물며 떠오른 문제들을 해결하는 과정에서 알아낸 사실들인지라, 그것들을 한데 엮어 일정한 흐름과 논리를 갖춘 큰 이야기를 구성하기가 쉽지 않았던 것이다. 결국에는 '1780년의 열하'를 키워드로 내걸고, 그것과 직접 또는 간접적으로 관련이 있는 이야기들을 독자 여러분과 공유하는 차원에 만족하기로 마음을 정리했다. 다만 『열하일기』 속의 '열하 이야기'가 사실을 그대로 옮긴 것이 아니라는 나의 발견과 1780년을 분수령으로 조선과 청의 관계가 크게 달라졌다는 나의 핵심 주장만은, 조선 후기 사신의 외교 활동 및 여행에 관한 한 다른 책에서는 접하기 어려운 '깨알 같은 지식'들과 더불어 독자 여러분께 고스란히 전달되었으면 하는 바람이다.

앞으로 이 책의 본문에서 펼칠 이야기는 주제와 분량을 고려하여 크게 다섯 꼭지로 나누었다. 첫 번째 꼭지에서는 1780년 이전 조선의 반청反淸 의식이 어떤 연유로 형성되어 어떤 식으로 표출되었는지를 대략 설명하고, 청에 대한 사신 파견은 어떻게 이루어졌는지를 소개할 예정이다.

이 꼭지에서 언급하는 사실들은 1780년 이후의 변화를 포착하는 데 반드시 필요한 것들이다.

두 번째 꼭지에서는 먼저 청의 황제들이 자신의 생일을 어떻게 기념했는지, 건륭이 1780년 열하에서 벌인 칠순 잔치가 청나라에서는 어떤 의미의 '이벤트'였는지 소개할 것이다. 이어서 1780년에 젊은 국왕 정조正祖(1752~1800)가 과거 조선이 청 황제의 생일을 축하하던 틀에서 벗어나 건륭의 칠순 생일을 '진하進賀 특사' 파견이라는 특별한 방식으로 축하하였음을 이야기할 것이다.

세 번째와 네 번째 꼭지는 박지원이 『열하일기』에 남긴 열하 이야기에 초점을 맞출 터인데, 아마도 이 책의 하이라이트에 해당한다고 할 수 있을 듯하다. 박지원은 자료를 정리하고 편집하는 과정을 거쳐 1783년경에 『열하일기』를 일단 탈고한 것으로 추정된다. 사후事後 편집의 결과물이라면 여행 당시의 견문을 있는 그대로 충실히 옮기기보다는 어떤 기획 의도를 전제로 취사선택하고, 그 의도가 가장 잘 드러나도록 글의 구성plot을 짰을 가능성이 크다. 그렇다면 『열하일기』 속의 역사적 사실과 다른 이야기들은 어떤 의도의 산물일 수도 있다.

이러한 견지에서 세 번째 꼭지를 통해서는 1780년 건륭 칠순 진하 특사의 활동에 관한 여러 역사적 사실을 면밀히 추적해볼 것이다. 1780년 조선의 정조가 건륭의 칠순을 축하하는 특별 사절을 보내지 않았다면 박지원의 열하 방문도, 따라서 『열하일기』의 탄생도 아예 불가능했을 터이니 진하 특사 파견의 중요성은 아무리 강조해도 지나치지 않다. 또한 『열하일기』 속의 열하 이야기가 역사적 실제와 어떻게 다른지 포착하려면 1780년의 진하 특사와 관련하여 사실관계를 파악하는 것이 논의의 전제 조건이 된다. 이어지는 네 번째 꼭지에서는 박지원이 특히 어떤 문제에 초점을 맞추어 『열하일기』 속 열하 이야기를 구성하고 서술하였는지, 그리고 그러한 구성과 서술은 어떤 배경과 의도에서 나온 것인지 탐구할 예정이다.

마지막 다섯 번째 꼭지에서는 먼저 1780년의 열하 이후 조선 사신들에 대한 청나라의 접대에 나타난 변화를 소개할 것이다. 조선 사신을 접대하는 데 어떤 변화가, 어떤 경위를 거쳐 일어났는지 그리고 조선·청 양국 관계의 역사라는 맥락에서 그 변화에 어떤 의미를 부여할 수 있을지 생각해볼 것이다. 또한 이런 청의 변화가 사실은 1780년대 이후 전체 제국 경영 및 대외 관계 운영에서 건륭제가 도입한 변화의 일부였음을 밝히고, 그러한 변화의 의도 및 효과에 대해서도 생각해볼 것이다.

끝으로 이 책의 집필은 아모레퍼시픽 재단의 학술 연구비 지원에 힘입어 이루어진 것이기에, 이 자리를 빌려 아모레퍼시픽의 서경배 회장과 아모레퍼시픽 재단의 아낌없는 지원에 특별한 감사의 뜻을 밝힌다. 아울러 일반 대중을 위한 강의의 기회를 제공하였을 뿐만 아니라 책의 집필을 독려하고 편집에 노고를 아끼지 않은 북이십일의 편집진에 감사의 말씀을 드린다.

2021년 3월
구범진

1부 _____

조선의

반청 의식과

사대 외교

조선은 건국 이래 수백 년 동안 여진인들을 변방의 보잘 것 없는 오랑캐라고만 여겼다. 그러나 병자호란에서 치욕적으로 패전함으로써 그들이 세운 청나라의 신하로 전락하였다. 그에 따라 병자호란 이전 명나라를 대국으로 섬겼던 것과 마찬가지로, 이제부터는 청나라를 대국으로 섬기며 때마다 사신을 파견하여 조공을 바쳐야 하는 신세가 되었다. 그렇게 시작한 조공을 위해 오랑캐 소굴 선양을 향한 사행길에 올라야 했던 조선 사신들의 심정은 얼마나 참담했을까?

치욕을 기억하며
오랑캐의 멸망을 꿈꾸다

정묘호란으로 오랑캐의 나라 후금과 형제가 되다

조선 왕조(1392~1910)는 건국 초기부터 중원의 주인 명^明나라(1368~1644)와 원만한 관계를 유지하기 위하여 무진장 애를 썼다. 조선의 국왕은 1년에 몇 번씩이나 명나라에 사신을 파견하였는데, 이를 보통 조공^{朝貢}이라고 부른다. 명의 황제는 비록 형식적이고 사후적인 행위이긴 했지만 조선의 국왕을 공식적으로 임명하였는데, 이를 책봉^{冊封}이라고 한다. 당시 사람들은 이러한 외교 관계의 역사적 연원을 고대 중국에서 천자^{天子}의 권위를 누리던 주^周나라 왕이 제후^{諸侯}를 책봉하고, 제후가 때마다 주나라 왕의 조정에 찾아가 인사를 올리고 공물을 바치던 관계에서 찾았다. 이에 따라 명 황제와 조선 국왕의 관계는 명분상 임금과 신하의 관계, 즉 군신君臣 관계로 인식되었다. 하지만 중국의 입장에서 조선은 엄연히 '외이外夷'의 나라였으며, 조선의 국왕은 명 국내의 문文·무武 신료, 즉 '내신內臣'들과 명백히 구별되는 '외신外臣'이었다. 조선의 문·무 신료들도 명 황제의 신하가 아니라 명 황제의 외신인 조선 국왕의 신하였기 때문에, 명의 '내신'들과 구별하기 위하여 국왕의 '배신陪臣'이라고 불렀다.

명 황제와 조선 국왕이 이와 같은 관계를 지속적으로 유지하는 데 가장 중요한 역할을 한 기제는 1년에 몇 차례씩이나 있었던 사신의 왕래였다. 아무리 옛날이라 해도 사신의 왕래가 명과 조선의 관계에만 나타난 현상은 물론 아니었다. 오늘날의 대사관과 같은 외교관의 상주 제도가 없던 시절이었기 때문에, 국교를 맺은 나라끼리 사신을 주고받는 것은 당연한 일이었다. 거꾸로, 정식으로 국교를 맺지 않은 관계에서라면 기껏해야 단발성의 사신 파견 정도가 가능할 뿐 사신의 잦은 왕래란 불가능하였다. 사신 왕래의 빈도가 곧 양국 관계의 친밀도를 반영하는 지표였다고 해도 과언이 아닌데, 그런 측면에서 명과 조선은 더

할 나위 없이 친밀한 관계였다고 말할 수 있다.

이러한 명과 조선의 관계는 보통 '사대자소事大字小' 관계의 전형이라고 한다. 사대자소란 '약소국은 강대국을 지성으로 섬기고, 강대국은 약소국을 자애롭게 보살핀다'는 의미이다. 대국과 소국의 관계를 마치 부모와 자식 사이 같은 따뜻한 관계에 빗댄 것이다. 관계의 실상이 정말 그러했다면, 약육강식의 냉혹한 국제 관계에 비하자면 정말 아름답기 그지없는 것이었다고 하겠다. 물론 주권 평등의 원칙을 무시한 것이므로 오늘날에는 절대 통할 수 없는 말이지만, 적어도 옛날 사람들한테는 아무런 문제가 없는 이야기였다고 할 수 있다. 그러나 어느 쪽이 강대국이 되고, 어느 쪽이 약소국의 입장에 설지 알 수 없는 경우가 문제였다. 청과 조선의 경우는 이게 정말 심각한 문제였다. 강대국과 약소국의 입장이 순식간에 뒤집혔기 때문이다.

조선은 명나라를 대국으로 섬기는 것을 당연시하였다. 마찬가지로 여진인女眞人들에게 섬김을 받는 것 또한 당연하게 여겼다. 훗날 청나라의 핵심을 형성하는 만주인滿洲人들은 여진인들의 후예였고, 여진인들은 원래 조선 땅 동북쪽에 빌붙어 지내는 '오랑캐'에 불과한 존재로 취급되었다.

조선 초기의 실록을 잠깐이라도 들여다보면 여진의 추장들이 때마다 예물을 바치러 찾아오고, 조선의 왕들이 선물을 하사하면서 그들을 다독이는 모습을 금세 찾을 수 있다. 말하자면, 여진은 조선을 섬기고 조선은 명을 섬기는 위계 hierarchy질서가 형성되어 있었다고 할 수 있다. 적어도 16세기 말까지는 그랬다.

여진인들은 수렵과 채집, 그리고 낮은 수준의 농경을 영위하며 광활한 지역에 흩어져 살았다. 오늘날 중국에서 '둥베이東北'라고 부르는 만주Manchuria 지역 대부분이 여진인들의 영역이었다. 만주 지역에서 명나라가 직접 지배하는 영역은 오늘날 랴오닝성遼寧省 중심부에 해당하는 요동 평야 지대로 제한되어 있었으니, 오늘날의 지린성吉林省·헤이룽장성黑龍江省 지역은 여진 오랑캐들의 세계였던 셈이다.

이런 오랑캐들의 세계에 17세기 초 강력한 군사력을 자랑하는 나라가 나타나더니만, 급기야는 이제 명나라와 맞먹겠다면서 조선에 자기들을 섬기라는 요구를 들이대는 상황까지 벌어졌다. 명이나 조선으로서는 정말 말도 안 되는 사태였다. 기존의 질서에서 위계의 맨 아래에 있던 오랑캐가 단숨에 위계의 꼭대기로 뛰어오르겠다는 상황인 것이다. 기존 위계를 지키려는 조선과 무너뜨리려는 오랑캐 사이에 마찰과 충돌이 불가피했다. 그리고 마찰과 충돌은 실제 무력 대결로 이어졌다. 대개는 두 번의 전쟁, 즉 정묘호란과 병자호란을 떠올리지만, 사실은 통틀어 세 번의 전쟁이 있었다.

첫 번째는 1619년의 전쟁으로 보통 '사르후 전투'라는 이름으로 알려져 있다. 청나라의 건국 시조 누르하치(1559~1626)가 독자적 세력 구축을 위한 군사 활동에 나선 것은 1583년의 일이었다. 급속도로 세력을 키운 누르하치는 이미 1590년대 초에 만주 지역의 최강자로 떠올랐다. 1616년에 이르러서는 마침내 '겅기연 한Genggiyen Han'을 칭하면서 '아이신 구룬Aisin Gurun'의 성립을 선포하였다. 그들의 언어에서 '아이신'은 '금金', '구룬'은 '나라'라는 뜻이므로 '아이신 구룬'은 '금나라'로 옮겨야 하겠지만, 12세기 초부터 약 100년간 만주와 북중국을 지배했던 금金나라(1115~1234)와 구별하기 위하여 보통 '후금'이라는 말을 쓴다. 1618년에 이르러 후금이 마침내 대명對明 전쟁을 선포하면서 요동을 공격하기 시작했다.

보복에 나선 명나라는 대규모 원정군을 조직하면서 조선

에도 파병을 요구하였다. 그때 조선은 남의 싸움에 끼기 싫었지만 명의 압박에 못 이겨 어쩔 수 없이 약 1만 3000명의 병력을 파견하였다. 그러나 1619년 봄에 벌어진 사르후 전투에서 명군은 후금군에 대패하였다. 조선군도 심하深河 부근에서 벌어진 전투에서 크게 패하였다. 도원수 강홍립姜弘立(1560~1627)은 무려 8000~9000명의 희생자를 낸 끝에 생존자들을 데리고 투항할 수밖에 없었다.

당시 강홍립의 투항 결정이 광해군光海君(1575~1641)의 밀지密旨에 따른 것이라는 이야기가 일찍부터 돌았는데, 20세기 전반 일본인 학자들은 이로부터 한 걸음 더 나아가 광해군이 명과 후금 사이에서 '중립 외교'의 길을 갔다는 주장을 내놓은 바 있다. 그러나 '밀지설'은 강홍립의 투항이 8000~9000명이나 희생될 정도의 격렬한 전투를 치른 뒤에야 결정되었다는 사실과 모순이니, 나중에 누군가가 지어낸 낭설에 불과하다고 보는 것이 타당하다. 설령 광해군이 정말 중립 외교를 추구했다손 치더라도 결국에 가서는 파병을 결정한 이상 그의 중립 외교는 기껏해야 실현하지 못한 바람에 불과하다.

사르후 전투에서 대승을 거둔 후금은 파죽지세로 진군

하여 요동 전역을 장악하였다. 언뜻 명의 원정군에 가담해서 자신들에게 선제공격을 가한 조선에 대한 보복에 나서는 것이 다음 수순으로 보이지만, 누르하치의 대(對)조선 정책은 애초부터 국교를 수립하여 평화를 유지하는 것이었다. 명나라를 주적(主敵)으로 전쟁을 벌여야 하는 마당에 배후의 조선까지 적으로 돌리는 것은 어리석은 일이었다.

그러나 조선은 후금을 국가로 승인하여 국교를 맺는 일이 영 내키지 않았다. 광해군으로서는 누르하치를 일개 '오랑캐 추장'은 몰라도 자신과 대등한 '일국의 군주'로까지 대우하고 싶지는 않았다. 결국 후금의 요동 침공 때 조선 땅으로 들어와 근거지를 구축한 명군의 존재가 양국 관계의 걸림돌로 부각되면서 조선과 후금의 국교 수립은 이루어지지 못했다. 간혹 있었던 사신의 왕래마저 험악한 분위기 속에 완전히 끊기고 말았다. 1623년 쿠데타로 집권한 인조는 '친명배금(親明排金)'의 구호를 내세웠다. 그러나 '친명'은 몰라도, 인조 정권이 '배금'을 행동으로 옮긴 적은 없었다. 그렇다고 후금과의 관계 개선을 시도한 것도 아니었다.

한편 1626년 후금의 두 번째 칸(한汗)으로 즉위한 홍타이지(1592~1643, 청 태종) 앞에는, 조선과의 관계와 관련하여 누르하치가 미처 처리하지 못하고 간 두 가지 과제가 놓여 있었다. 하나는 눈엣가시 같은 조선 주둔 명군의 처리였고, 다른 하나는 조선과의 국교 수립이었다. 1627년에 일어난 두 번째 전쟁 정묘호란은 바로 후금이 이러한 과제들을 해결하기 위해 일으킨 전쟁이다.

정묘호란 당시 후금의 일차적 공격 목표는 사실 조선이 아니라 당시 조선 서북부의 청천강 이북, 압록강 이남 지역에 주둔하고 있던 명군이었다. 조선과의 전쟁 개시 여부는 원정군이 조선 현지의 상황을 봐서 결정한 것으로 보인다. 조선 주둔 명군이 바다 쪽으로 달아나자 후금의 원정군 지휘부는 평양 쪽으로 계속 남진하여 조선을 공격하기로 결정하였다. 그러나 그들은 일찌감치 화의 和議를 제안하였고, 강화도로 들어간 조선 조정과 협상을 벌여 결국 '형제 맹약'을 체결하였다.

이 맹약은 요즘으로 치면 상호우호조약과 불가침조약을 한꺼번에 체결했다고 보아도 무방한 것이었다. 후금의 입장에서 말하자면, 정묘호란을 통해 조선 주둔 명군을 제거하지는 못했지만 조선과의 국교 수립이라는 해묵은 외교적 과제를 달성하는 데에는 성공한 셈이었다.

병자호란의 치욕적 패전으로 청의 신하가 되다

조선과 후금은 1619년과 1627년 두 차례의 전쟁을 치른 끝에 정식으로 국교를 맺고 서로 사신을 주고받는 관계가 되었다. 이 시기 조선과 후금의 관계는 형제 맹약에 입각한 '형제 관계'였으며, 이 관계는 명과 조선의 기존 '군신 관계'를 후금이 인정하고 존중한다는 전제 위에 성립한 것이었다.

그러나 당시 후금과 명은 적대 관계에 있었다. 정묘호란 이후 조선은 새로 체결한 후금과의 형제 관계를 명과의 군신 관계와 충돌하지 않도록 운영해야 하는 난제에 직면하게 되었다. 인조가 1633년 홍타이지에게 보낸 국서에서 "귀국이 바야흐로 천조天朝와 원수가 되니, 우리는 그 사이에 끼어 부자와 형제의 은의恩義를 둘 다 온전히 하고자" 한다며 고충을 토로했듯이, 그것은 정말 어려운 일이었다.

실제로 조선은 국교 수립 이후 여러 외교 현안을 놓고 후금과 시시비비를 따져가며 종종 다투었다. 다툼이 과열되면서 긴장이 조성되기도 하였다. 하지만 전쟁을 두 번이나 치른 끝에 겨우 국교를 수립한 두 나라가 각론적 현안을 둘러싸고 마찰과 갈등을 빚는 것은 당연한 노릇이었다. 조선과 후금 간에는 마찰과 갈등만 있었던 것이 아니라 극단적인 상황을 피하려는 양보와 타협도 있었다. 그에 따라 국교 수립으로부터 거의 10년이 지난 1635년 말의 시점에서 보면, 그간 마찰과 갈등의 원인이 되었던 문제들은 거의 해소되었다고 보아도 무방할 정도로 양국 관계는 안정 국면에 접어들고 있었다.

그러나 1636년에 이르러 양국 관계는 심각한 위기 국면으로 전환하였다. 후금이 사신을 파견하여 이제 명과의 관계를 단절하고 자신들과의 관계도 '형제'에서 '군신'으로 바꾸자는 일방적 요구를 들이밀었기 때문이다. 당시 조선은 명나라와 200년 넘게 책봉·조공 관계를 안정적으로 유지하였을 뿐만 아니라, 1590년대에 있었던 일본의 침략에 대한 명의 군사 원조를 "나라를 다시 만들어준 은혜[再造之恩]"로 기억하고 있었다. 조선의 입장에서는 후금의 요구가 갑작스러울뿐더러 얼토당토않은 것이었고, 따라서 단호하게 물리치는 것이 당연한 수순이었다. 하지만 조선은 결국 병자호란의 참극을 겪은 끝에 그들이 요구한 군신 관계를 억지로 받아들이게 되었다. 세 번째 전쟁이었던 병자호란의 발발에서 종결까지의 과정을 대략 정리하자면 다음과 같다.

인조 14년 병자년(1636) 이월(이 책에서는 음력의 달 이름에 아라비아 숫자 대신 한글을 써서 오늘날 사용하는 그레고리력의 달과 구별하기로 한다)에 후금의 사신이 홍타이지를 황제로 추대하자는 취지의 요구를 들이밀었다. 이는 기존의 형제 관계를 군신 관계로 전환하자는 의미였다. 조선 조정에서는 척화론斥和論이 들끓었고, 후금의 사신은 거의 쫓겨나다시피 하면서 귀국길에 올랐다. 그러나 양국 관계가 곧바로 단절되지는 않았다. 조선 조정은 매년 봄마다 보내던 춘신사春信使를 그대로 파견하였다.

같은 해 사월, 홍타이지의 '황제 즉위식'이 선양瀋陽에서 거행되었다. 이제 홍타이지는 '관온인성황제寬溫仁聖皇帝'(만주어로는 '고신 온초 후왈리야순 언두링거 한Gosin Onco Hūwaliyasun Endringge Han')로 불리게 되었고, 이에 맞추어 국호는 대청국大淸國(만주어로는 '다이칭 구룬Daicing Gurun')으로, 연호는 천총天聰에서 숭덕崇德으로 바뀌었다.

즉위식에서 홍타이지는 자신의 '칭제稱帝'를 정당화하

는 명분의 첫 번째로 '조선 정복'의 업적을 내걸었는데, 이는 정묘호란의 성과를 과장한 것이었다. 그런데 마침 선양에 머물던 중 즉위식 현장으로 끌려간 조선의 사신들이 홍타이지에 대한 삼궤구고두三跪九叩頭를 완강하게 거부하는 바람에 황제 즉위식 현장에서 한바탕 소란이 벌어졌다. 홍타이지는 아마도 조선의 사신들이 목숨이 아까워서라도 자신에게 '세 번 절하고 아홉 번 머리를 조아리는' 의례儀禮를 고분고분 수행하리라 기대했던 것 같은데, 사신들은 자신들의 삼궤구고두 수행이 곧 조선 또한 홍타이지의 칭제에 동참했다는 의미가 된다는 것을 잘 알고 있었던 터라 목숨을 걸고 저항한 것이다. 조선 사신들의 삼궤구고두 거부는 홍타이지가 칭제의 첫 번째 명분으로 내건 '조선 정복'이 허구에 불과하다는 사실을 폭로한 것이나 다름이 없었다. 이에 홍타이지는 자신의 칭제를 정당화하기 위해 진짜로 조선을 정복하는 전쟁을 일으키기로 결심하였다.

조선 사신들이 흙탕물을 끼얹었다고 할 수 있는 즉위식으로부터 여덟 달이 지난 병자년 십이월 초, 홍타이지가 마침내 청의 대군을 직접 이끌고 오늘날 우리가 병자호란이라고 부르는 전면전을 개시했다. 조선은 국왕과 조정은 강화도로 건너가고, 각 지역의 군·민은 평지의 성을 떠나 산성으로 들어가서 전쟁을 지구전으로 끌고 간다는 방어 전략을 세우고 청의 침공에 대비하고 있었다. 그러나 조선의 전략을 미리 간파한 홍타이지는 개전 초기 서울을 곧바로 기습 타격하는 작전과 조선군의 산성 방어 거점들을 그대로 지나치는 작전을 구사했다. 홍타이지의 작전은 매우 성공적이었다. 청군의 선봉대는 엄청나게 빠른 속도로 남하하였고, 전방 지역의 조선군은 그들의 초고속 진군을 저지하지 못했다.

청군 선봉대가 서울에 들이닥친 병자년 십이월 14일(1637년 1월 9일), 인조는 강화도로 갈 요량으로 궁궐을 나섰지만, 청군이 이미 길을 끊은 것 같다는 보고에 허둥지둥 남한산성으로 들어갔다. 청군은 남한산성을 포위하여 인조를 고립시켰다. 각 도의 조선군이 남한산성에 갇힌 인조를 구하기 위해 신속히 움직였지만, 청군의 선제 타격 작전에 하나씩 하나씩 각개격파되고 말았다.

인조 15년 정축년(1637) 정월 중순, 남한산성 포위망을 완성한 청군은 느긋하게 시간을 보내면서 남한산성의 식량이 바닥나기를 기다리는 고사^{枯死} 작전을 구사하고 있었다. 아무리 일러도 이월 말은 되어야 전쟁을 끝낼 수 있으리라는 것이 홍타이지의 예상이었다. 그러나 청군 진영에 천연두 환자가 발생하는 바람에 홍타이지는 서둘러 전쟁을 끝내고 귀국해야 하는 처지가 되었다. 당시 홍타이지를 포함한 청군 지휘부는 대다수가 어려서 천연두를 앓은 적이 없기 때문에 평소에도 늘 천연두, 즉 마마의 공포에 쫓기며 사는 사람들이었다. 그들은 마마 환자가 발발하면 감염을 피하고자 '자가격리'를 위한 칩거에 들어가곤 했다. 전쟁에 나가더라도 감염의 위험이 높은 지역에서의 작전 참가는 기피하였다. 따라서 병자호란 당시 청군 진영의 천연두 발발은 홍타이지가 전쟁의 조기 종결을 추진하기에 충분한 이유가 될 수 있었다.

마마로 인해 시간에 쫓기기 시작한 홍타이지는 조선 조정을 협상 테이블로 끌어들여 전쟁의 종결을 서둘렀다. 꼼짝없이 고사할 위기에 처해 있었던 만큼 남한산성의 조선 조정도 협상을 마다할 이유가 없었다. 홍타이지는 인조가 남한산성에서 출성出城하고 병자년 봄에 척화斥和를 주도했던 신하 두세 명의 신병을 넘기기만 하면 포위를 풀고 철군하겠노라고 제안했다. 그러나 인조는 출성을 몹시 두려위했다. 오랑캐의 신변 안전 보장을 믿을 수 없었기 때문이다. 인조는 출성 대신에 홍타이지가 원래 원했던 군신 관계를 받아들임으로써 사실상의 항복 의사를 밝혔다. 그러나 홍타이지는 인조의 출성을 고집했다.

인조의 출성 여부를 둘러싸고 협상이 교착상태에 빠진 가운데 청군은 인조의 출성을 압박하기 위해 한편으로는 남한산성을 공격했고, 다른 한편으로는 원래 예정보다 한 달가량을 앞당겨 강화도 점령 작전을 감행했다. 당시 강화도에는 종묘사직의 신주와 왕실 및 신료들의 가족이 피난을 가 있었던 터라, 청군의 강화도 점령은 남한산성의 농성 의지를 일거에 꺾고 인조의 출성을 이끄는 최후의 결정타가 될 수 있었다.

강화도를 지키던 조선 수군은 청군이 강화도 공격을 감행할 경우 우월한 해상 전력으로 저들을 바다에서 저지하여 강화도에 발을 디딜 수도 없게 한다는 생각이었다. 그러나 청군은 작은 배 수십 척을 만들어 수레에 싣고는 산을 넘어가 강화해협의 갑곶 나루에 나타났다. 염하수로鹽河水路라고 불리는 강화해협의 좁은 물길은 조석 간만의 차가 크고 조류의 속도가 빠르기로 유명한데, 염하수로의 남쪽 입구 쪽에 포진해 있던 조선 수군의 주력 함대는 작전 당시 염하수로의 조류가 밀물에서 썰물로 바뀌는 바람에 갑곶 앞 수역으로 접근하지 못했다. 그로 인해 청군의 작은 배들은 무인지경으로 열린 갑곶 나루의 뱃길로 염하수로를 건너, 육군이 거의 없던 강화도를 쉽사리 점령하였다.

강화도가 함락됐다는 사실을 청군이 증거와 증인을 갖추어 통보하자, 남한산성의 인조는 더 이상의 항전을 포기하고 출성하겠다는 결단을 내렸다. 이에 홍타이지는 인조의 신변 안전을 보장하겠다고 약속하는 동시에 전쟁 종결 이후 조선이 이행해야 할 의무사항들을 제시하였다. 정축년 정월 30일(1637년 2월 24일), 인조가 마침내 남한산성에서 내려와 한강 남안 물가의 삼전도三田渡에서 홍타이지에게 삼궤구고두를 올리며 그의 신하가 되기로 하였다.

청에 대한 복수를 꿈꾸며 명의 회복을 기대하다

조선은 건국 이래 수백 년 동안 여진인들을 변방의 보잘것 없는 오랑캐라고만 여겼다. 그러나 병자호란에서 치욕적으로 패전함으로써 그들이 세운 청나라의 신하로 전락하였다. 그에 따라 병자호란 이전 명나라를 대국으로 섬겼던 것과 마찬가지로, 이제부터는 청나라를 대국으로 섬기며 때마다 사신을 파견하여 조공을 바쳐야 하는 신세가 되었다. 그렇게 시작한 조공을 위해 오랑캐 소굴 선양을 향한 사행길에 올라야 했던 조선 사신들의 심정은 얼마나 참담했을까? 사실 우리 역사를 쭉 훑어보건대, 청에 대한 조공만큼 속상하고 화 나는 일도 없지 않았을까 하는 생각이 든다.

고구려, 백제, 신라의 중국 왕조들에 대한 조공 사신 파견은 대개 스스로가 원한 자발적인 행위였다. 특히 삼국 중에서 후발의 소국 처지였던 신라는 수隋·당唐에 대한 사신 파견에 매우 적극적이었다. 고려는 조공 대상을 여러 차례 바꾸었다. 당의 멸망에서 송宋의 건국(960)까지 혼란기를 논외로 하더라도, 처음에는 한족이 세운 왕조인 송나라(960~1279)에 조공 사절을 파견하더니 11세기 초에는 거란인들의 요遼나라(916~1125)에 조공하는 것으로 바꾸었고, 12세기 초부터는 여진인들의 금나라를 상대로 사대 외교를 진행하였다. 이어서 13세기에는 칭기스칸(1162?~1227)이 1206년에 세운 몽골 제국과 원元나라(1271~1368)로, 14세기 후반에는 주원장朱元璋(1328~1398)이 세운 명나라로 조공의 대상을 바꾸었다. 송부터 명까지 무려 다섯 왕조를 상대한 것인데, 이들에 대한 조공이 모두 고려의 자발성에서 비롯되었다고 말할 수는 없다. 하지만 명을 사대하던 조선이 1637년에 이르러 사대의 대상을 청으로 바꿀 때 겪었던 것만큼의 치욕을 경험한 적은 없었다.

고려가 요나라와 국교를 체결하기까지는 세 차례의 전쟁을 치러야 했을 만큼 그 과정에서 마찰과 갈등이 컸다. 하지만 고려는 거란인들에게 무릎을 꿇은 적이 없다. 요나라의 세 번째 침략(1018~1019)을 귀주 대첩으로 상징되는 대승으로 물리쳤음에도 오히려 그들을 대국으로 인정함으로써 국교를 체결하고 평화를 회복하였다. 금나라와는 비록 국내에서 적잖은 문제를 야기하긴 했지만 대외적으로는 피를 전혀 흘리지 않고 평화적으로 국교를 맺었다. 결국에 가서는 신속臣屬을 하긴 했지만, 원나라와의 관계는 수십 년간이나 적어도 지지는 않은 전쟁을 벌인 끝에, 그리고 부분적으로는 고려 자신의 선택에 의해 형성된 것이었다.

이러한 사례들과 비교할 때 조선이 병자호란의 결과로 사대의 대상을 명에서 청으로 바꾼 것은 정말 치욕 중의 치욕이었다. 당시 조선 조정은 적의 기습에 속수무책으로 무너지면서 남한산성에 꼼짝없이 갇히고 말았다. 인조는 거기서 버티다가 죽음을 맞이할 것이냐, 아니면 성에서 나와 항복해서 목숨을 부지할 것이냐 하는 양자택일의 상황에서 후자를 선택하였다. 고려 후기에는 왕이 원나라에 직접 가는 친조親朝가 자주 있었으니 고려의 왕이 원의 황제를 알현하면서 머리를 조아리는 광경이 종종 펼쳐졌을 것이다. 그러나 그것은 고려 땅에서 수십 일을 가야 도달하는 머나먼 이역에서 벌어진 일이었다. 그러니 어찌 보면 국왕이, 그것도 우리 땅에서 청의 황제를 향한 삼궤구고두를 강요당한 삼전도에서의 치욕보다는 한결 나았다고 할 수 있다. 삼궤구고두는 세 번 무릎을 꿇고 그때마다 세 번씩 땅바닥에 머리를 찧듯이 조아리는, 신하가 군주를 상대로 올리는 만주인들의 최고 예절이다. 인조는 조선 사람들이 금수와 다름이 없다고 무시하던 오랑캐의 우두머리 홍타이지에게 오랑캐의 방식으로 절을 하면서 오랑캐의 신하가 되었다.

이러한 치욕의 기억은 자연스럽게 분노와 원한, 그리고 복수의 감정을 낳기 마련이다. 그런데 당시의 조선인들에게 청에 대한 원한의 원천은 병자호란의 패전뿐만이 아니었다. 1644년 명 왕조의 갑작스러운 붕괴와 그에 뒤이은 청의 중원 정복 역시 원한과 복수의 중대한 이유가 되었다. 아니, 어쩌면 명의 멸망이 오히려 병자호란의 패전보다 더 큰 충격이었을지도 모른다.

오늘날 적잖은 사람들이 당시의 조선이 시대 변화에 어두웠다고들 비판하지만, 그것은 어디까지나 청의 중국 정복이라는 역사의 최종 결말을 알고 있기에 가능한 결과론적 해석일 뿐이다. 병자호란 무렵의 조선은 명이 많은 문제를 안고 있으며 국력도 크게 쇠퇴하였음을 분명히 알고 있었지만, 겨우 10년도 지나지 않아 멸망의 길에 들어서리라고는 상상조차 하지 못하였다. 이 점에서는 명은 두말할 나위가 없거니와 심지어 청도 마찬가지였다. 1644년에 시작된 급변 사태는 그야말로 '천붕지열天崩地裂', 즉 하늘이 무너지고 땅이 갈라지는 것과 같은 충격이었다.

당시의 조선이 보기에 명의 멸망과 청의 중국 정복이라는 사건은 한바탕의 비극이 분명했다. 그런데 이와 관련하여 나중에 조선에서는 거의 입에 올리지 않은, 어찌 보면 더 비극적인 사실이 한 가지 있다. 병자호란 이후 조선이 청의 동맹 세력에 편입되어 명과 싸웠다는 사실이 그것이다. 병자호란 직후 청이 눈엣가시와 같던 조선 연해 가도椵島 주둔의 명군을 제거할 수 있었던 것은 조선 수군의 참전이 없었다면 불가능한 일이었다. 또한 명과 청이 요서遼西의 진저우錦州 일대에서 운명을 걸고 벌인 한판 대결에서도 조선은 청을 위해 병력과 군량을 댔다. 1644년 섭정왕攝政王 도르곤(1612~1650)이 이끄는 청군이 명의 수도 베이징에 입성할 때 소현세자昭顯世子(1612~1645)가 그와 함께 있었다는 사실은 당시 조선의 비극적인 처지를 상징적으로 드러낸다. 명의 멸망 이후 조선인들이 명에 대하여 미안한 마음이 들었다면, 모르긴 몰라도 그 마음이 아마 조선을 이러한 비극적인 처지로 몰아넣은 청나라 오랑캐에 대한 원망으로 변환되어 삼전도의 치욕으로 생긴 원한을 증폭시키지 않았을까?

명에 대한 미안함이 청에 대한 원한을 증폭시켰든 아니든 간에, 중원으로 진입한 청이 중국 남부와 연해 지역에서 남명南明 등 저항 세력과의 전쟁에 몰두하던 시기에 조선의 젊은 국왕 효종孝宗(1619~1659)은 군사력을 길러 청을 치겠다는 북벌北伐의 꿈을 키웠다. 병자호란 직후 소현세자와 함께 청의 수도 선양으로 끌려가 볼모 생활을 했던 효종은 반청 의식이 남달랐던 것으로 잘 알려져 있다. 그러나 북벌을 위해 양성했다는 조선의 군사들은 1650년대에 청을 도와 만주 북부로 남하하는 러시아 세력을 저지하는 싸움에 투입되었을 뿐이다. 효종은 끝내 북벌의 기회를 잡지 못하고 "지극한 원통함이 마음에 있건만, 해는 저물고 갈 길은 멀다[至痛在心, 日暮途遠]."라는 안타까움 속에 세상을 떠났다.

오늘날 어떤 이들은 효종의 북벌 계획을 시세를 읽지 못한 무모한 망상이었다고 폄하하지만, 1650년대까지만 해도 남명 등의 무장 항청抗淸이 끝나지 않았기 때문에 명의 권토중래捲土重來를 기다렸다가 청을 협공한다는 발상이 불가능하지는 않았다는 점을 유념할 필요가 있다. 하지만 1662년 남명의 마지막 황제 영력제永曆帝(1625~1662)가 청에 죽임을 당한 이후로는 사정이 달라질 수밖에 없었다.

물론 그 뒤로도 조선에는 영력제가 생존해 있을지도 모른다는 실낱같은 희망을 간직한 이들이 있었다. 1670년대에는 오삼계吳三桂(1612~1678) 등이 '삼번三藩의 난'(1673~1681)을 일으키자, 반란이 성공하여 오랑캐들을 중원에서 몰아낼 수 있지 않을까 하는 기대감이 고조되면서 다시금 북벌론이 제기되기도 하였다. 1644년 당시 산해관山海關을 지키던 명의 장수 오삼계는 청이 중국을 정복하는 데 최대의 공을 세운 자였다. 명나라의 역적이 분명했던 오삼계를 내심 응원했다는 사실은 당시 조선의 반청 의식이 얼마나 강고했는지를 단적으로 보여준다.

1680년대 초 청이 중국 정복을 완료한 이후 조선에서 청에 군사적 공격을 가하자는 북벌 주장은 거의 사라졌다. 하지만 당시의 조선인들은 만주인들의 중국 지배가 결코 오래갈 수 없으리라고 철석같이 믿었다. 예컨대 1690년대부터는 청이 조만간 중원에서 쫓겨나 옛 본거지 영고탑寧古塔 지역으로 돌아가게 될 것이라는 '영고탑 회귀설'이 제기되곤 했다. 영고탑 회귀설을 주장한 사람들은 만주인들이 영고탑 지역으로 돌아가는 길에 조선 땅을 경유하며 난리를 일으킬 가능성을 우려하였다.

그러나 1700년대로 접어들면서 조선에서는 명의 회복을 완전히 단념하였는데, 1704년의 대보단大報壇 설치가 그 지표였다고 할 수 있다. 대보단은 임진왜란 때 조선에 원병을 파견했던 명나라 만력제萬曆帝(1563~1620)에 대

창덕궁 후원의 대보단

한 제사를 거행하기 위해 창덕궁 후원에 설치한 제단으로,
영조英祖(1694~1776) 때에는 명의 첫 번째 황제 홍무제洪武帝
(주원장)와 마지막 황제 숭정제崇禎帝(1611~1644)까지 대보단
의 제사 대상에 추가되었다. 이 대보단은 보통 조선이 명나
라에 대한 사대의 굴레로부터 끝내 벗어나지 못했음을 상
징하는 시설로 여겨진다. 하지만 명 황제의 후손이 아닌 조
선의 왕이 명 황제의 제사를 모신다는 발상은 명 왕조의 회
복 가능성이 완전히 사라졌다는 판단을 전제로 해야만 가
능하다는 점에도 유의할 필요가 있다. 게다가 대보단이 설

치된 1704년은 1644년으로부터 만 60년이 지난 해였다. 당시의 시간 사이클이었던 육십갑자가 한 바퀴를 돈 해인 것이다. 따라서 1704년의 대보단 설치에는 조선이 이제 명나라를 다시는 돌아오지 않을 과거의 존재로 정리했다는 의미도 있다고 하겠다.

'오랑캐의 운수는 100년을 가지 못한다'

1700년경의 조선은 명 왕조의 회복에 대한 희망을 접었지만, 청에 대한 반감은 여전했다. 또한 머지않아 청이 멸망하리라는 기대도 버리지 않았다. 예컨대 18세기 초에도 영고탑 회귀설은 살아 있었다. 몽골 같은 또 다른 오랑캐나 원 말의 주원장(명 태조 홍무제) 같은 중국의 영웅이 청나라를 중원에서 몰아낼지도 모른다고 기대하였다. 물론 이제는 청을 더 이상 변방의 오랑캐가 아닌 중국의 주인으로 인정하자는 목소리도 없지는 않았다. 하지만 그런 목소리는 극히 미약했다. 특히나 공론의 장에서 그런 소리를 했다가는 딱 경을 치기 십상인 분위기였다. 이러한 반청의 분위기는 적어도 영조 대까지는 거의 변함이 없었다.

조선의 반청 의식을 잘 보여주는 사례가 바로 국왕 영

조였다. 영조는 명의 숭정제가 비극적인 죽음을 맞이하고 청군이 베이징에 입성했던 1644년으로부터 딱 50년이 지난 1694년에 태어났다. 후사를 남기지 못한 형 경종 景宗(1688~1724)의 뒤를 이어 왕위에 오른 것은 1724년, 그의 나이 서른한 살 때였다. 1644년으로부터 60년의 한 사이클이 지나 대보단을 만든 때로부터 다시 20년이 흐른 뒤였다. 영조는 무려 52년간이나 왕위를 지키다가 1776년에 세상을 떠났다. 향년 여든셋이었다. 조선 왕조의 국왕 가운데 가장 오래 살았을뿐더러 재위 기간도 가장 길었다. 삼전도의 치욕을 겪었던 인조로부터 세대를 헤아려보면, '인조-효종-현종-숙종-영조'의 순서이니 영조는 인조의 고손자임을 알 수 있다. 영조는 자신의 조부·증조부·고조부를 직접 본 적이 없지만, 교육과 학습을 통해 형성된 치욕의 기억은 그들 못지않게 강렬했던 것 같다.

연잉군延礽君이라고 불리던 영조는 1704년에 훗날의 정성왕후貞聖王后(1692~1757)와 가례를 올렸다. 그때 나이는 열한 살이었다. 요즘의 열한 살은 초등학교 4학년생의 철부지 어린아이로 간주되지만, 조선 시대의 열한 살 왕자는 어른 취급을 받아도 크게 이상하지 않았다. 그리고 바로 그해에 영조는 부왕 숙종肅宗(1661~1720)이 대보단을 만드는 것을 보았다. 명나라의 부활은 이제 물 건너갔지만, 아무리 강한 오랑캐라도 그 운수는 100년을 넘기지 못한다는 것이 역사에서 배운 교훈이요, 철칙이었다. 역사상 가장 강력했던 천하무적의 몽골 오랑캐가 세웠다는 원나라도 남송을 멸망시킨 지 약 90년 만에 중원에서 쫓겨나지 않았던가. 그러니 1704년의 영조가 만약 이런 이야기를 들었다면 아마 고개를 끄덕이며 맞장구를 쳤을 법하다. '청나라 오랑캐들이 참람되게도 중원 땅을 훔쳐 주인 노릇을 한 지도 60년이나 되었다. 이제 아무리 길어야 30~40년만 더 참으면 옛날 명 태조께서 오랑캐의 원나라를 저 북쪽 사막 너머로 쫓아냈듯이 중국의 참된 주인[眞主]이 나타나 누린내 나는 오랑캐들을 만주 땅으로 몰아내는 날이 올 것이다.'

영조가 왕위에 오른 1724년은 1704년으로부터 다시 20년이 흐른 때였으니, 당시의 '희망적 관측wishful thinking'에서는 청의 멸망이 이미 카운트다운에 들어갔다고 할 수 있다. 더군다나 1720년대 전반 청나라 황실에서는 제위 계승을 둘러싸고 옹정제雍正帝(1678~1735)와 그의 형제들이 골육

상쟁을 벌이고 있었다.

그러나 모두가 잘 알다시피 청나라는 강희康熙–옹정 교체기의 정치 위기를 무사히 넘겼다. 그뿐만 아니라 옹정제가 밀어붙인 재정 개혁 덕분에 정권의 체질과 체력이 크게 강화되어, 건륭 연간의 전성기를 가능케 한 토대가 만들어졌다. 그 바람에 1644년으로부터 딱 100년이 지난 1744년이 되었건만 청나라는 여전히 건재했다.

그럼에도 '오랑캐의 운수는 100년을 가지 못한다'는 믿음은 쉽사리 무너지지 않았다. 다시 잘 따져 보면 명나라는 1644년에 망한 것이 아니었기 때문이다. 중국 남부 지역에서 명의 황족을 추대하여 청에 저항하던, 오늘날 남명이라고 통칭하는 세력이 완전히 종식된 것은 1662년이었다. 하늘이 청나라 오랑캐를 멸망시키지 않은 것은 아직 100년의 운수가 다하지 않았기 때문이라며, 희망의 끈을 부여잡고 있던 손에 다시금 힘을 줄 수 있었다.

결과적으로 헛된 희망이었지만, 미래란 원래 한 치 앞도 볼 수 없는 법임을 상기할 필요가 있다. 사실 1760년경까지의 청나라는 강력한 적들과 전쟁을 계속하고 있었다. 1662년까지는 남명 세력과의 전쟁이 있었고, 그 뒤로 겨우 10년밖에 지나지 않은 1673년부터는 삼번의 난이라는 대반란으로 절체절명의 위기로 내몰렸다. 보통 청이 1644년에 중국을 정복했다고들 말하지만, 사실 청의 중국 정복 과정은 1681년 삼번의 난을 진압한 데 이어 1683년 타이완臺灣 정복에 성공함으로써 약 40년간 동남 연해 지역과 해상을 무대로 청과 무력 대결을 벌인 정씨鄭氏 세력을 끝장낸 때에 가서야 비로소 완료되었다. 그리고 1680년대 말부터는 청의 서북방, 오늘날 신장위구르자치구新疆維吾爾自治區 북부의 초원을 근거지로 세력을 키우고 있던 준가르라는 유목민 국가와 열전熱戰과 냉전冷戰이 교차하는 장기전을 벌였다. 청이 준가르와의 전쟁에서 최후의 승리를 거두고 신장 지역을 판도에 편입한 것은 1760년경이었다. 따라서 준가르와 공방을 벌이던 18세기 전반의 청나라는 언제라도 준가르에 패하여 쇠망의 길로 접어들 가능성이 남아 있었다고 할 수 있다. 그러니 미래를 알 도리가 없었던 영조 대의 조선이 보기에 청의 멸망은 충분히 기대해볼 만한 사태였다. 기대와 동시에, 다른 한편으로 천하 대란의 와중에 조선 역시 전란의 소용돌이에 빨려들지도 모른다고 불안해하긴 했지만 말이다.

노년의 영조가 '황하가 맑아지는 날'을 고대하다

앞선 시기는 차치하더라도 1754년 영조가 스스로 밝힌 결코 "잊을 수 없는 네 가지 일"은 18세기 중엽 청의 멸망에 대한 조선의 기대감을 잘 드러낸다. 1754년이면 왕위에 오른 지 30년이 된 시점인데, 이때 영조는 자신이 절대 잊지 않고 사는 것 네 가지로 첫째 교목세신喬木世臣, 둘째 황하지청黃河之淸, 셋째 백성百姓, 넷째 조제調劑를 꼽았다.

여기서 주목하려는 것은 두 번째의 '황하지청'인데, 그 의미를 설명하기에 앞서 나머지 세 가지의 뜻부터 간단하게나마 풀이하고 넘어가는 것이 좋겠다. 첫 번째의 '교목세신'에서 '교목'은 곧게 자란 큰 나무를, '세신'은 대대로 충성하는 신하의 가문을 뜻한다. 요즘으로 치면 국가 보훈 정책을 강조한 것과 비슷하다. 세 번째의 '백성'은 자나 깨나 민생을 걱정한다는 말일 터이니 따로 설명이 필요하지 않을 것이다. 네 번째의 '조제'란 넘치는 곳에서 일부를 덜어 부족한 곳에 더해주는 행위로, 특정 당파의 권력 독점을 막겠다는 영조의 국정 기조인 탕평책을 가리키는 것으로 보인다.

'황하지청'은 황하가 맑아지기를 기다린다는 의미인

英祖大王御眞 英祖四年
戊子摹寫

영조

데, 『승정원일기承政院日記』와 『영조실록英祖實錄』에는 이 무렵부터 영조가 신하들과 나눈 대화에 이 문구가 등장하기 시작한다. 그 의미를 이해하려면, 먼저 영조가 청나라에 다녀온 사신들과 나눈 이야기들을 들여다볼 필요가 있다.

『승정원일기』영조 28년(1752) 사월 24일 기록을 보면, 영조가 전년 겨울 청나라에 갔다가 막 돌아온 사신 일행과 만나 이런 대화를 나누었다.

정사正使 이당李樘: 인심은 전과 크게 다르나 (직접) 본 것으로 말하자면 일찍이 듣지 못한 누대樓臺가 헤아릴 수 없을 지경입니다.

영조: 그렇다면 (수나라) 양제煬帝 때의 강도江都도 (그보다) 더할 수 없겠구나. (…) 오래갈 수 있을까?

부사副使 신사건申思建: 흙더미가 무너져 내리는 형세이니 10년을 넘기지 못할 것 같습니다.

1752년이면 건륭 17년으로, 준가르를 끝장낼 최후의 원정을 불과 몇 년 앞둔 시점이다. 이때 청에 다녀온 정사 낙창군洛昌君 이당(?~1761)은 청나라의 민심이 전과 크게 달라진 분위기를 감지했는데 그런 막연한 이야기일랑은 하지 않겠고, 다만 자신이 직접 목격한, 그러니까 확실한 사실만 말하겠다고 하면서 높고 큰 건물이 수도 없이 많아졌다고 말한다. 당시 사람들에게 높고 큰 건물이 수도 없이 많아졌다는 것은 곧 사치가 유행하고 백성을 괴롭히는 토목공사가 증가했음을 의미한다. 건륭제 치하의 청나라에 망조가 들었다는 것이 낙창군 이당의 발언 취지였다.

영조는 이당의 말뜻을 바로 알아들었다. '그렇다면 지금의 황제는 강도, 즉 오늘날의 양저우揚州에서 사치와 향락을 일삼다가 본인은 비명에 세상을 떠나고 자기 부친이 어렵사리 일군, 수백 년 만에 출현한 통일 제국을 순식간에 멸망으로 이끈 수나라 양제보다 더 한심한 암군暗君이로구나! 그러니 청나라가 오래갈 수는 없겠지?'

옆에 있던 부사 신사건도 맞장구를 치며 나서는 모습이다. 근래 폭우로 인해 산사태가 일어나는 장면을 찍은 동영상을 종종 접할 수 있다. 신사건이 말한 "흙더미가 무너져 내리는 형세"란 바로 그런 산사태처럼 청나라가 어느 순간 갑자기 무너질 것임을 의미한다. 그리고 그 순간은 10년 이내에 도래하리라는 것이 신사건의 관측이었다.

'황하가 맑아지기를 기다린다'라는 말의 의미는 바로 신사건이 말한 '흙더미가 무너져 내리는' 때를 기다린다는 것이었다. 앞서의 대화로부터 4년 남짓 시간이 지난 1756년 겨울, 예순세 살의 영조는 베이징으로 떠나는 동지사 일행을 창경궁 문정전文政殿으로 불러 만났다. 『영조실록』영조 32년 십일월 2일 기사는 그 장면을 이렇게 묘사한다.

"옛날 병자년(1636)에 김육金堉이 (사신으로) 나라를 나갈 때에 이 전殿에 입시했었다. (…) 경卿 등이 돌아올 때에 (내가) 만약 황하가 맑아진다[河淸]는 소식을 듣게 된다면 나의 마음에 위로가 될 것이다."라고 말씀하였다. 이어서 강개하여 오열하다가 몸소 글을 짓고 친히 (글씨를) 써서 선물로 주었다.

김육(1580~1658)은 명나라에 다녀온 조선의 마지막 사신이었다. 문정전이 병자년(1636) 당시 인조가 베이징으로 떠나는 김육을 위로하려고 만났던 장소임을 상기하면서, 영조는 사신 일행이 돌아올 때에는 부디 '황하가 맑아진다'는 소식을 가져왔으면 좋겠다는 바람을 밝힌 것이다. 비분강개와 오열은 자신이 예순세 살이 되도록 그렇게 바라던 청의 멸망 소식이 들리지 않는다는 절망감의 표출일 것이다. 사실 '백년하청百年河清'이라는 사자성어가 있듯이 황하가 맑아진다는 것은 원래 아무리 기다려도 실현되지 않는 일을 의미한다. 영조는 청의 멸망을 기다리기란 곧 황하가 맑아지기를 기다리는 것과 다를 바 없음을 시인하고 있었던 셈이다.

실현될 수 없는 일임을 잘 알고 있었건만 영조는 그래도 기다림을 멈추지 않았다. 1759년 겨울에는 사신을 떠나보내면서 "하청河清의 보고를 듣고 싶었으나 아득하니 소식이 없구나. 저 삼전도를 바라보니 가슴이 내려앉는 것만 같다."라고 말하였다. 삼전도의 치욕을 잊지 못하는 영조의 심정이 절절하게 느껴진다.

'인생칠십고래희人生七十古來稀'라는 말 그대로 옛날 사람들에게는 정말 드물었던 나이 칠순에 이른 1763년에도 영조는 막 귀국한 사신 일행에게 청 국내의 사정에 대해 듣고는 "황하가 맑아진다는 소식은 들을 가망이 없구나!"라고 탄식하였다.

같은 해 칠월에는 저 유명한 제갈량의 「출사표出師表」

를 읽고는 "내년은 갑신년이다. 황하가 맑아진다는 소리
는 아직 듣지 못하였는데, 북쪽에서 칙사가 또 온다. 이
를 읽노라니 애오라지 해는 저물고 갈 길은 멀다는 감회
를 북돋운다."라고 말하며 오랫동안 한숨을 내쉬었다. 이
듬해인 1764년은 간지로 갑신년이었다. 역시 갑신년이었
던 1644년으로부터 육십갑자가 두 바퀴를 돈, 달리 말해
서 120주년이 도래할 참이었다. 그럼에도 오랑캐는 여전
히 번영하고 있으며, 곧 서울로 칙사를 보낸다는 소식까
지 들릴 때 영조가 마침 제갈량의 「출사표」를 읽었던 것이
다. 칠순의 고령인지라 아마도 자신이 죽을 날도 머지않았
다고 생각했을 터이니, 중원 회복의 꿈을 끝내 이루지 못하
고 죽은 제갈량의 「출사표」는 영조에게 조바심과 안타까
움의 감정을 일으키기에 충분했을 것이다. 또한 '해는 저
물고 갈 길은 멀다'는 영조의 증조부 효종이 오랑캐에 대
한 복수를 이루지 못하는 안타까움을 표현한 "지극한 원
통함이 마음에 있건만, 해는 저물고 갈 길은 멀다."라는 말
을 상기한 것이기도 하다.

이듬해인 1764년 갑신년 삼월, 일흔한 살의 영조는 열
세 살의 정조에게 이렇게 당부하였다.

중원의 문물은 오직 우리나라에서만 볼 수 있다. 황단皇壇(대보단)으로 말하더라도, 황하가 맑아지고 성인聖人이 나오셔서 황명皇明이 부흥한다면 그만이지만, 그렇지 않다면 우리나라의 세 제단은 만세萬世가 지나도 철거하지 않을 것이다. 오늘의 이 말은 (옛날) 성현聖賢에게 묻더라도 의심의 여지가 없다. 너 또한 이 의리[義]를 알아야 한다.

중원의 문화는 오랑캐 청나라에 의해 사라졌으니 이제 그것은 우리 조선 땅에만 남아 있다는, 요즘 말하는 '조선중화주의'를 천명하면서, 영조는 자신의 왕위를 이어받을 세손에게 "세 제단", 즉 명나라의 홍무제·만력제·숭정제에 대한 대보단의 제사를 영원히 지켜가야 한다는 가르침을 전하고 있다. 만약 황하가 맑아지는 날이 온다면 명나라 황제들에 대한 제사를 중국에서 가져가겠지만, 그런 일은 일어날 것 같지 않으니 우리 조선에서 영원토록 제사를 거행해야 한다는 뜻이다.

어린 정조에게 이런 말을 한 후 엿새가 지난 삼월 19일은 명의 숭정제가 자금성紫禁城 북쪽의 '만세산萬歲山'(오늘날 베이징의 징산景山 공원)에서 스스로 목숨을 끊은 날이었다. 이날 대보단에서 제사를 마친 영조는 오시午時가 되도록 수라를 들지 않았다. 신하들이 건강을 염려하며 수라를 드시라고 청하자, 영조는 "옛날 만세산의 일을 생각건대 밥이 어찌 목구멍을 넘어가겠느냐?"라고 말하며 오열했다.

영조는 긴 치세의 전반기 동안 '오랑캐의 운수는 100년을 가지 못한다'는 역사의 가르침을 간직하며 청이 머지않아 멸망하리라는 기대를 품을 수 있었다. 그러나 그의 기대는 실현되지 않았다. 청은 멸망하기는커녕 시간이 갈수록 세력과 판도를 키우더니 1760년경에 이르러서는 숙적 준가르를 절멸시키는 데 성공하여 공전空前의 대제국을 건설하였다. 이제 청의 멸망은 황하가 맑아지는 것과 마찬가지로 아무리 기다려도 이루어질 수 없는 일이 되었다. 이에 영조는 한편으로 황하가 맑아지는 기적의 날을 여전히 기다리면서도, 다른 한편으로 중화 문명의 보존을 자임하였다. 앞의 인용문에서 보았듯이, 중원의 문물을 보존하면서 명 황제들에 대한 제사를 계속 이어가는 것이 조선의 도덕적 의무라고 여겼다. 영조는 1757년에도 "만약 황하가 맑아진다면, (중국은) 반드시 와서 우리나라를 본받을 것이다."라고 말한 바 있는데, 중화의 보존은 영조에

게 도덕적 의무이자 문화적 자존감의 원천인 동시에 조선
의 역사적 사명이기도 하였다.

영조의 반청 의식과 관련해서, 끝으로 사족 같은 이야기
를 덧붙이고자 한다. 영조의 강고했던 반청 의식은 그 자
체만으로 비난의 대상이 되지는 못한다. 17세기 말, 18세
기 초의 조선에서 태어나고 자라고 성인이 된 영조에게 반
청 의식이 뿌리 깊게 자리를 잡은 것은 어쩌면 당연한 일이
기 때문이다. 그러나 18세기 후반으로 접어든 뒤로도 여전
히 황하가 맑아지기를 희구하는 임금의 존재는 조선의 변
화를 가로막는 장애물로 작용했을 가능성이 크다. 영조
가 일흔일곱 살이던 1770년, 청나라에서 돌아온 사신 서
명응徐命膺(1716~1787)은 영조에게 이렇게 말하였다. "건륭
의 실덕失德이 자심滋甚하니 오래 버티기 어려울 것 같습니
다." 이날 대화에서 영조는 '하청' 소식을 묻지 않았다. 그
럼에도 서명응은 건륭제의 청나라가 조만간 망할 것 같
다는 말을 던진 것이다. 서명응은 노년의 영조가 청나라
가 번영을 계속하고 있다는 현실에 얼마나 낙담하고 있는
지를 잘 알고 있었기에 임금을 위한다는 마음에 이런 위로
의 말을 건넸을 것이다. 그러나 어떤 조직이든 구성원이 아

무런 근거도 없거나 심지어 사실에 반하는데도 지도자
가 듣고 싶어 하는 말을 하는 상황은 그 조직의 미래를 위
하여 결코 바람직하다고 할 수 없으리라.

청나라에
해마다 조공 사절을
파견하다

청나라가 1년에 네 번의 정기 사행 파견을 요구하다

매년 최소 두세 차례의 사신을 명에 보낸 조선은 유례를 찾아볼 수 없을 정도로 명과 친밀한 나라였다. 그러나 조선은 1637년 청나라의 무력 앞에 무릎을 꿇었고, 그들의 명령에 따라 그토록 친밀했던 명과의 사신 왕래를 하루아침에 단절해야만 했다. 그 대신에 병자호란이 끝난 직후 전쟁에 승리하고도 군사를 물림으로써 나라의 영토와 종묘사직을 그대로 존속시킨 은혜에 감사한다고 하면서 사은사謝恩使를 파견한 것을 필두로, 오랑캐의 수도 선양에 1년에도 몇 차례씩이나 조공 사절을 보내야 하는 처지로 전락하였다.

조선의 청에 대한 사신 파견은 크게 정기 사행과 비정기 사행의 두 종류로 나눌 수 있다. 비정기 사행은 축하·위로·감사 등의 뜻을 표할 필요가 있을 때나 특별한 현안이 발생했을 때 보내는 것으로, 초기에는 파견 빈도가 대단히 높았으나 시간이 갈수록 감소하는 추세를 보였다. 정기 사행은 양국 관계의 현안 유무와 무관하게 매년 정해진 때마다 파견하는 것이었는데, 그 파견 빈도는 병자호란 종결 직전에 문서로 규정되었다.

남한산성에 갇혀 있던 인조가 한강 남안의 삼전도로 내려와 항복 의식을 거행하기 이틀 전인 정축년 정월 28일(1637년 2월 22일), 홍타이지는 청군의 철수 이후 조선이 이행해야 할 의무사항을 열거한 국서를 보냈다. 의무사항 중에는 앞으로 "성절聖節, 정단正旦, 동지冬至, 중궁천추中宮千秋, 태자천추太子千秋"에, 그리고 청나라에 "경慶·조弔 등의 사안"이 생길 때마다 인조가 자신에게 사신을 파견하여 표문表文을 올려야 한다는 내용이 있었다. 여기서 표문이란 신하가 황제에게 올리는 일정한 격식을 갖춘 문서를 말한다. '경·조 등의 사안'이란 황제의 즉위나 죽음 같은 것을 가리키므로 매년 일어나는 일은 아니었다. 따라서 조선이 정기적으로 청

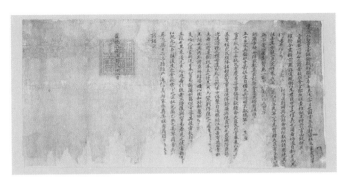

숭덕 2년 정월 28일 홍타이지 국서

에 파견해야 하는 사행은 애초에 매년 다섯 차례로 규정되었던 셈이다.

여기에 더하여 홍타이지는 해마다 엄청난 물량의 연공年貢을 납부하라고 요구하였다. 이 연공은 청나라가 승전국의 입장에서 패전국 조선에 일방적으로 부과한 것이었다. 말하자면 전쟁 배상금을 영구히 분할 납부하도록 만든 셈이다. 연공의 납부 역시 사신의 파견을 통해 이루어질 수밖에 없으므로, 홍타이지는 매년 여섯 차례의 사신 파견을 인조의 의무로 규정하였다고 할 수 있다.

그러나 실제로는 중궁천추와 태자천추, 즉 황후와 황태자의 생일에 대해서는 따로 사신을 파견한 적이 없다. 기록상 경위가 정확히 확인되지는 않지만 전쟁이 끝난 뒤에 모종의 협의를 통해 천추절 사신 파견은 면제하기로 한 것 같다. 그러므로 병자호란 이후 조선의 대청^{對淸} 정기 사행은 성절·정단·동지에 연공 납부를 더한 네 차례, 즉 '1년 4행'으로 정해졌다고 할 수 있다.

성절·정단·동지 등은 모두 옛날 사람들이 해마다 축하하고 기념하는 절일^{節日}, 즉 명절이었다. 성절은 '성탄절^{聖誕節}'이라고도 하는데 황제의 생일을 가리키는 말이다. 지금이야 크리스마스를 가리켜 성탄절이라고 하지만 원래는 황제의 생일에나 쓰는 말이었던 것이다. '만수성절^{萬壽聖節}' 또는 '만수절^{萬壽節}'이라는 말도 썼는데, 글자 그대로 만 년을 장수하라는 축수^{祝壽}의 의미였다. 오늘날에도 북한 같은 권위주의 국가에서 최고 지도자의 생일을 국경일로 기념한다는 점을 떠올린다면 옛날의 왕조 국가에서 군주의 생일이 명절 가운데 하나였다는 사실을 자연스럽게 이해할 수 있을 것이다.

정단은 음력 정월 초하루, 즉 새해 첫날의 아침을 가리킨다. 정조^{正朝}, 원단^{元旦}, 원조^{元朝}라고도 썼다. 오늘날에도 중국에서는 '춘제^{chun jie[春節]}'라는 이름으로 정월 초하루를 연중 최대의 명절로 �🔘다. 우리나라에서도 설날은 민족 최대의 명절이다. 조상에게 차례를 올리기도 하지만, 설날에는 떡국을 차려놓고 나이를 한 살씩 먹게 된 것을 모두 함께 기념한다.

동지는 24절기의 하나로 연중 낮이 가장 짧고 밤이 가장 긴 날이다. 오늘날, 특히 도시에서는 동지 하면 팥죽 정도를 떠올릴 따름이지만 옛날에 동지는 1년의 새로운 주기가 시작되는 중요한 명절이었다. 음陰의 기운이 극점에 도달하여 이제부터는 양陽의 기운이 점점 자라기 시작하는 전환점이기 때문이다. 전통 달력의 정월 초하루나 오늘날 달력의 1월 1일January 1이 사람에 의해 인위적으로 정해진 1년의 첫날이라면, 동지는 우주의 자연이 정한 1년의 첫날이었다고 할 수 있다. 그래서 명·청의 황제들이나 조선의 왕들은 큰 제사를 거행하여 동지를 기념하였다. 요즘 달력으로 동지는 12월 21일이나 22일에 오지만, 음력으로 동지는 늘 십일월에 있었다. 아니, 좀 더 정확히 말하자면 동지가 반드시 십일월에 오도록 달력을 만들었다. 그래서 한 해의 마지막 달을 십이월 대신에 섣달로 부른 것처럼 십일월은 동짓달이라고 불렀다.

청나라가 국가 차원에서 기념한 3대 명절, 즉 성절·정단·동지에 조선에서 파견한 사신은 절사節使로 통칭되었다. 각각에 대해서는 약간씩 다른 이름이 혼용되었는데, 여기에서는 성절사·정조사·동지사로 명칭을 통일하기로 한다. 이 세 가지 절사 외에 경조사나 기타 중요한 외교 사안이 발생했을 때 보내는 사신은 별사別使라고 한다. 절사든 별사든 조선의 사신은 국왕 명의로 작성한 표문을 지참하였는데, 이런 표문에는 응당 선물, 즉 예물이 뒤따라야 했다. 이런 예물은 원래 받는 사람이 쉽게 구하기 힘든 귀한 물건을 보내는 것이었다. 대개 조선의 지방 특산물로 구성되었으므로, 조공 사절이 가져가는 예물을 방물方物이라고 불렀다. 청나라에 보내는 방물은 모시를 비롯한 직물류와 종이 등이 대종을 이루었다. 명나라 때에는 인삼, 즉 산삼이 방물로 많이 사용되었지만, 청나라 때에는 그렇지 않았다. 누르하치가 산삼 채취로 나라를 일으켰다고 해도 과언이 아닐 정도로 청나라 자체가 '산삼의 나라'였기 때문이다.

한 번의 사신 파견으로 '1년 4행' 의무를 해결하게 되다

3대 명절의 절사에다 연공 납부를 위한 연공사까지 합

하면, 홍타이지는 매년 최소 '1년 4행'의 사신 파견을 조선에 요구한 셈이다. 그러나 실제 상황을 들여다보면 '1년 4행'의 의무를 글자 그대로 네 차례씩 사신을 보내는 방식으로 이행한 적은 없었다. 전쟁에 지는 바람에 억지로 조공 사신을 보내게 된 조선의 입장에서는 굳이 네 번씩이나 사신단을 꾸려 보낼 필요도 없었기 때문이다.

우선 연공은 1년에 한 차례 보내기만 하면 되는 것이었다. 그러니 절사 중 하나에 연공 납부 임무를 맡겨도 상관이 없었다. 다음으로 성절사 파견은 홍타이지의 생일이 음력 시월 25일이라는 점이 변수였다. 십일월의 동지로부터 그리 멀지 않으니, 한 번의 사신 파견으로 성절·동지의 표문·방물 전달을 한꺼번에 해결할 수가 있었다.

이처럼 한 번의 사신이 둘 이상의 조공 임무를 한꺼번에 수행하는 것을 병공倂貢이라고 한다. 병자호란 이후 몇 년 동안 갖가지 이유로 별사 파견이 매우 잦았지만, 조선은 적어도 '1년 4행'의 정기 사행에 관한 한 실제로는 두 차례 정도의 사신 파견으로 청이 부과한 의무를 그럭저럭 이행할 수 있었다.

그러나 이러한 방식은 영원히 계속될 수 없었다. 우

선 1643년 음력 팔월 9일 홍타이지가 사망하자, 조선에서는 먼저 구월에 성절사 대신 조문을 위한 사신을 파견하였다. 이어서 십일월 1일에 동지사와 연공사를 겸한 사행을, 십일월 24일에 정조사를 각각 출발시켰다. 그리고 새로 즉위한 순치제順治帝(1638~1661)의 생일이 정월 30일이었기 때문에, 그에 맞춰 십이월 2일에 성절사를 따로 파견하였다.

만약 후술하는 청의 베이징 천도가 없었더라면 순치제의 재위 동안 조선의 정기 사행은 동지사겸연공사, 정조사, 성절사 등 세 차례의 사신 파견으로 구성되었을 터였다. 하지만 1644년에 예상치 못한 사태가 벌어지면서 조선의 대청 사행 파견에는 또 다른 변화가 불가피하게 되었다.

1644년 명나라의 수도 베이징이 이자성李自成(1606~1645)이 이끄는 농민 반란군에게 떨어지고 숭정제가 자결하는 돌발 사태가 일어났다. 청나라는 이 천재일우의 기회를 십분 활용하여 베이징을 점령하고는 아예 자신들의 수도마저 그곳으로 옮겨버렸다. 이 사건은 보통 청의 입관入關이라고 불린다. '천하제일관天下第一關'이라고 하는 만리장성 동쪽 끝의 산해관 안쪽으로 들어왔다는 의미이다.

입관 전 시기 서울과 선양을 왕래하던 조선 사신들의 입장에서 청나라의 베이징 천도는 여행 거리와 기간, 그리고 여행으로 인한 노고가 대폭 증가함을 의미했다. 압록강을 건너 선양까지는 옛날 거리 단위로 540리에 불과했다. 대략 일주일 조금 넘게 가면 도착할 수 있는 거리였다. 그러나 베이징까지는 무려 2,000리가 넘는 길이었다. 여행이 아주 순조롭더라도, 가령 중도에 비가 너무 많이 내려 강을 건너지 못하는 일 등이 벌어지지 않는다고 하더라도 한 달 가까운 시간이 걸리는 거리였다. 서울에서 압록강까지의 여정을 합하면 대략 한 달 보름의 여행이 된다. 단순 왕복으로만 석 달이 걸리는 여정이었다. 일행 중에 지체 높은 사람들은 물론 말이나 수레를 탈 수 있었지만, 대다수는 그 먼 거리를 터벅터벅 걸어서 갈 수밖에 없었다. 빈 몸도 아니고 짐을 잔뜩 지고 갔을 터이니, 여행이란 비행기에 기차나 버스를 타고 다니는 것이라고 여기는 우리로서는 그 노고를 상상조차 할 수 없다.

여행의 노고가 아무리 늘었더라도 사신을 보내긴 보내야 했다. 여행 거리가 늘었으니 시간에 맞추려면 사신이 출발하는 날짜부터 앞당겨야 했다. 1644년의 동지사겸연공사는 음력 구월 16일, 정조사는 시월 24일, 성절사는 십일월 17일에 서울을 출발했다. 정조사를 예로 들면 출발 날짜가 전년도의 십일월 24일이었던 데 비해 한 달이 앞당겨진 셈이다.

이처럼 구월·시월·십일월에 잇따라 사신을 출발시켜야 했던 조선의 입장에서는 매우 다행스럽게도, 동지사 겸연공사 일행이 베이징에 도착한 음력 십일월에 청나라가 삼절三節, 즉 동지·정조·성절의 병공과 동시에 연공 방물의 감축을 발표하였다. 베이징 천도로 인해 조선 사신의 여정이 길어지면서 부담이 너무 커졌다는 것을 주된 이유로 제시하였다.

이에 따라 조선은 이듬해인 1645년부터 '1년 4행'의 의무를 단 한 차례의 사신 파견으로 해결할 수 있게 되었다. 세 차례의 절사와 연공사를 합한 사행이었으므로 '삼절연공행三節年貢行'이라고 부를 수 있는데, 어떤 명절에 맞추어 보낼 것인지가 문제였다. 청나라는 이 문제에 대한 해답도 제시하였다. 그들은 정월 초하루, 즉 설날을 선택하였다.

왜 하필 정조사로 단일화한 것일까? 여진-만주 사회에서 전통적으로 연중 최대의 명절은 단연 설날이었기 때문이다. 입관 전의 실태는 정확히 알 수 없지만, 입관 후의 경우 십이월 하순에서 정월 대보름을 지난 이후까지 대략 25일간 관청 문을 아예 닫고 업무를 보지 않을 정도였다.

그야 어쨌든, 정월 초하루에 맞추어 보내는 사신들이었으므로 조선에서는 늦어도 십이월 말에는 베이징에 도착할 수 있도록 삼절연공행의 여정을 짰다. 그런데도 삼절연공행을 위해 떠나는 사신 일행을 당시 조선 사람들은 관행적으로 '동지사'라고 불렀다. 동지를 축하하는 표문과 방물도 가져가긴 했지만, 동지 자체와는 사실상 무관한 사행임에도 그렇게 부른 것이다. 가까운 과거에 명나라로 가던 절사 중에서 동지사를 가장 중요하게 생각했던 관행을 계속 이어간 것일까? 아니면, 시월 말에서 십일월 초에 서울을 떠나 동짓달의 대부분을 길에서 보내는 사행이었기 때문일까? 여전히 이유는 모르겠지만, 여기에서는 '삼절연공행' 대신에 '동지사'라는 명칭을 쓰기로 한다. 이름이 짧기도 하거니와 당시 사람들의 관행을 존중한다는 의미도 있다. 게다가 동지사라고 하면 그것이 겨울 여행이었다는 사실을 잘 드러낸다는 장점도 있다.

베이징에 간 조선 사신이 할 일이 없어 괴로워하다

『통문관지通文館志』라는 조선 후기에 만들어진 책이 있다. '통문관'이란 외교 실무를 담당하는 역관들이 근무하던 사역원司譯院의 옛 이름이니, 『통문관지』는 사역원이라는 관청의 역사이자 외교의 '실무 매뉴얼'이었다고 할 수 있다. 이 책을 보면, 중국에서 일어난 명에서 청으로의 왕조 교체에도 불구하고 조선 사신들이 압록강을 건넌 이후에 소화한 공식 일정과 활동에는 이렇다 할 변화가 없었던 것으로 보인다. 명나라 때든 청나라 때든 간에 사신들의 공식 일정과 활동은 의외로 단순했다. 서울과 베이징을 오가는 외교문서의 전달 및 물자의 운송이라는 임무를 제외하면, 베이징의 궁궐에서 거행되는 조회에 참여하고 예부禮部에서 열어주는 환영·환송 연회에 참석하는 것이 사실상 전부였다.

그런데 18세기 말의 사신들, 특히 동지사로 파견되어 연말연시를 베이징에서 보낸 사신들이 남긴 여러 기록을 보면, 『통문관지』에는 전혀 언급되지 않은 다채로운 활동이 갑작스레 나타나기 시작한다. 19세기의 사신들도 마찬가지였다. 조선의 사신들이 연말연시에 황제가 직접 참석하는 청 궁정의 다채로운 연회와 각종 오락 활동에 초대된 것이다.

그렇다면 『통문관지』에는 왜 이런 활동들이 전혀 언급되어 있지 않을까? 이 질문에 대한 답은 간단하다. 『통문관지』에서 사신의 공식 일정에 관한 부분은 1778년까지의 상황만을 반영한 것으로, 그 뒤에 바뀐 것은 업데이트하지 않았기 때문이다.

여기서 이런 질문이 꼬리를 물고 떠오른다. 연말연시를 베이징에서 보낸 조선 사신들이 청 궁정의 황제 친림親臨 행사에 초대되기 시작한 것은 도대체 언제부터였을까? 사신들이 참석한 황제 친림 행사들은 어떤 성격이었고, 그로 인해 사신의 활동은 과거와 비교해서 어떻게 달라졌을까?

흥미롭게도, 이 책에서 자세히 살펴볼 건륭의 칠순을 축하하는 사행은 18세기 말 이후의 변화를 반영하지 못한 『통문관지』 기록의 종점終點인 1778년으로부터 겨우 2년 뒤인 1780년에 있었다. 게다가 건륭 칠순을 축하하러 간 사신 일행은 비록 때와 장소가 연말연시의 베이징은 아니었지만 청 궁정의 황제 친림 행사에 초대되었으며, 그것은 당시 사신에 대한 전례 없는 우대 조치로 인식되었다. 그렇다면 1780년 열하에서의 일은 18세기 말 사신 활동의 변화와도 모종의 관계가 있는 것은 아닐까?

이 책에서는 이러한 의문들을 풀기 위해 다섯 번째 꼭지에서 사신들의 공식 활동에 언제, 어떤 변화가 일어났는지 구체적으로 살펴볼 예정이다. 궁정의 황제 친림 행사들이 기본적으로 크고 작은 연회와 그에 동반된 오락 활동이었다는 점을 중시하여 연회의 변화 양상에 서술의 초점을 맞출 것이다. 무엇이, 언제, 어떻게 달라졌는지를 알려면 먼저 변화 이전의 상황부터 들여다보는 것이 당연한 순서이기에 여기서는 1780년 이전 조선 사신들이 베이징에서 무엇을 하며 지냈는지를 간단히 소개하고 넘어가고자 한다.

신년 하례와 태화전 연회

앞에서 언급했듯이, 사신들의 공식 일정은 베이징의 자금성에서 조회에 참여하고 예부의 환영·환송 연회에 참석하는 정도에 그쳤다. 18세기 말 이전에는 조회 참여가 사실상 사신이 황제의 모습을 볼 수 있는 유일한 기회였다. 따라서 조회 참석은 대개 연회와는 관계가 없다 하더라도 사신의 공식 활동 중에서 가장 중요한 일이었다고 할 수 있다. 다만, 동지사의 경우는 연회와 아예 무관한 것도 아니었다. 매년 연말연시 베이징에 머물렀던 동지사 일행은 그 파견 목적이 신년을 축하하는 하례에 참석하는 것이었는데, 규정상 신년 하례를 마친 뒤에는 연회가 열리게 되어 있었다.

신년 하례를 비롯한 모든 조회는 보통 자금성 태화전*

*和殿에서 거행되었다. 청에서는 조회에 참석하는 외국 사신들을 태화전 앞뜰 서쪽 편의 맨 끝에 서도록 했다. 청의 신년 하례에 매년 빠짐없이 사신을 보낸 외국은 조선뿐이었는데, 마침 여러 나라에서 사신이 왔을 때에는 조선 사신이 외국 사신 중에서 가장 상위라 할 수 있는 자리에 섰다.

하례가 끝난 뒤 태화전에서 연회를 여는 경우, "여러 나라의 사신 일행은 겨우 한 상을 주지만, 우리나라는 세 사신에게 각각 한 상씩 주고 대통관*通官 이하 세 사람은 합쳐서 한 상을 주었다." 또한 연회 개최와 무관하게 조회에 참석한 조선의 정사가 국왕의 근친인 경우에는 특별한 우대를 받았다. 청의 고위 왕공들에게나 자리가 허락되었던 태화전 안으로 인도되어 황제가 하사하는 차*茶를 받아 마셨다. 조선의 왕족에게는 먼발치가 아니라 아주 가까이에서 황제를 직접 대면하는 기회가 주어진 것이다.

이러한 대우는 명 대의 경우와 비교해도 분명 우대였다. 특히 16~17세기의 조선 사신은 명 황제의 모습을 볼 기회가 사실상 없었다고 해도 과언이 아니다. 만력제처럼 정무를 멀리한 황제들은 아예 조회에 나타나지도 않았다. 설사 황제가 조회에 참석했다고 하더라도 조선 사신들의 자리에서 보이는 황제의 모습은 아득한 실루엣에 불과했다.

그러나 조선 사신이 정월 초하루의 하례와 연회에 참석하고, 특히 정사가 종친이면 태화전 안까지 들어가 황제를 가까이에서 보는 기회가 주어진다는 것은 어디까지나 제도상의 규정일 뿐이었다. 왜냐하면 청에서 정월 초하루의 하례나 연회를 매년 반드시 거행한 것은 아니었기 때문이다. 특히 정월 초하루의 연회는 거의 열리지 않았다고 하는 편이 실상에 더 가깝다.

순치 연간 18년 동안 정월 초하루 하례가 실제로 열린 것은 여덟 차례에 지나지 않았다. 태화전에서의 연회는 그보다 적은 여섯 차례였다. 강희 전반기에는 특별한 사유가 없는 한 하례를 꼬박꼬박 거행했고, 평균 2년에 한 번꼴로 태화전 연회가 열렸다. 그러나 강희 후반기에는 하례만 거행했을 뿐 연회는 줄곧 생략했다. 이런 관행은 옹정 연간에도 이어져, 정월 초하루에 하례와 연회를 둘 다 거행한 것은 옹정 4년(1726) 단 한 차례뿐이었다.

건륭제 역시 이러한 전통을 기본적으로 계승하였다. 신년 하례는 국상 기간을 제외하고 빠짐없이 거행하였지만, 태화전 연회는 건륭 3년(1738) 정월 즉위 후 최초로 거행한 이래 황제가 마흔 살을 먹게 된 건륭 15년(1750)에 이르러서야 비로소 두 번째로 개최하였다. 그 뒤로 연회는 건륭 25년, 35년, 45년, 55년 등에 10년 간격으로 열렸다. 즉, 건륭 연간의 태화전 연회는 황제가 사순, 오순, 육순, 칠순, 팔순 등을 맞이하는 해에만 열린 셈이다.

따라서 조선의 동지사 일행이 청의 황제가 함께하는 태화전 연회에 실제로 참석하는 기회는 거의 없었다고 해도 과언이 아니다. 그나마 건륭 15년(1750) 이후 10년에 한 번씩 그런 기회를 만났을 뿐이다. 이러한 상황은 명 대의 경우와 별반 차이가 없다고 할 수 있다.

그렇다면 정월 초하루의 하례·연회와는 별개의 연회였던 환영·환송 연회의 실태는 어떠했을까?

하마연과 상마연

사신에 대한 환영연과 환송연은 각각 하마연下馬宴, 상마연上馬宴이라고 불렸다. 도착하면 '말에서 내리기' 마련이고, 떠나려면 '말에 오르기' 마련이기 때문에 붙은 이름이다. 명 대의 하마연과 상마연은 모두 예부상서禮部尙書의 주재로 열렸지만, 명분상으로는 황제가 음식을 하사하는 연회였다. 문자 그대로라면 하마연은 사신이 베이징에 도착한 직후에, 상마연은 베이징을 출발하기 직전에 여는 것이 정상이라고 할 수 있다. 17세기 초의 기록이 전하는 바에 따르면, 하마연은 사신이 베이징에 도착한 지 6~7일 안에, 상마연은 베이징을 떠나기 전 5~6일 안에 열리는 것이 원래의 관례였다고 한다.

그러나 명의 예부는 사신이 베이징에 도착하고 한참 뒤에야 하마연을 개최하는 경우가 다반사였다. 예를 들면 이런 식이었다. 1539년의 동지사 임권任權(1486~1557)은 주청사奏請使 권벌權橃(1478~1548)과 함께 서울을 떠나 시월 19일 베이징에 도착했다. 그런데 이들보다 앞서 베이징에 와 있던 천추사 일행이 임무를 마치고도 상마연이 지연돼 아직 귀국길에 오르지 못하고 있었다. 예부는 십일월 6일에야 임권 일행을 위한 하마연을 열었는데, 이는 천추사 일행의 상마연을 겸한 것이었다. 상마연을 마친 천추사 일행은 사흘 뒤 베이징을 떠났다. 임권 일행에 대한 상마연은 같은 달 21일에 열렸는데, 이는 일행이 베이징을 떠나는 십이월 16일까지 한 달 가까운 시간이 남은 때였다. 하마연은 베이징에 도착한 때로부터 보름 이상이 지난 뒤에야 열렸고, 상마연은 베이징을 출발하기까지 25일 정도가 남은 시점에 열렸으니 임권 일행에게 이들 연회는 명칭과 실상이 전혀 부합하지 않았다고 하겠다.

그렇다면 청은 조선 사신에 대한 하마연·상마연을 어떻게 운영했을까? 『통문관지』만 보자면, 세부 절차를 논외로 할 경우 하마연·상마연의 명·청 간 차이는 개최 장소의 변화가 유일했다. 하마연은 명 대처럼 예부에서 개최되었지만, 상마연은 사신이 머무는 숙소에서 열린 것이다. 그러나 실제 연행 기록을 살펴보면 청대의 하마연·상마연은 시간의 경과와 더불어 사신을 환영하고 송별하는 의례로서의 의미가 점차 퇴색했음이 눈에 띈다. 몇몇 동지사 일행이 남긴 연행 기록만 보아도 변화의 추세를 읽을 수 있다.

• 강희 16년 십이월 24일(1678년 1월 16일) 베이징에 도착한 조선 사신 일행은 강희 17년 정월 22일 예부에서 하마연을, 정월 25일 숙소인 옥하관玉河館에서 상마연을 받았고, 정월 28일 베이징을 떠났다. 베이징 도착 이후 거의 한 달 만에야 하마연이 열렸고, 그로부터 겨우 사흘 뒤에 상마연이 열렸으며, 다시 사흘 뒤 베이징을 떠난 셈이다.

• 강희 38년 십이월 26일(1700년 2월 14일) 베이징에 도착하여 강희 39년 이월 13일 베이징을 떠난 사신 일행의 하마연은 이월 9일에야 열렸고, 상마연은 바로 다음 날인 이월 10일에 있었다.

• 강희 51년 십이월 27일(1713년 1월 23일) 베이징에 도착한 사신 일행의 하마연과 상마연은 일행이 베이징을 떠나기 이틀 전인 강희 52년 이월 13일 한꺼번에 열렸다.

• 강희 52년 십이월 27일(1714년 2월 11일) 베이징에 도착했던 사신 일행의 하마연과 상마연 역시 베이징을 떠나기 이틀 전인 강희 53년 이월 12일에 있었다. 게다가 그날 저녁 사신 일행의 숙소에서 있었던 상마연의 경우는 예부시랑禮部侍郎이 와서 인사치레만 한 후 돌아갔고, 예부에서 제공한 음식으로 사신 일행끼리 연회를 벌였다.

• 건륭 11년 십이월 28일(1747년 2월 7일) 베이징에 도착한 사신 일행의 경우에도 베이징을 떠나기 전날인 건륭 12년 이월 14일에야 하마연과 상마연이 열렸다. 상마연은 음식만 보내오는 수준에 그쳤으니, 사실상 생략된 것이나 마찬가지였다.

이처럼 청대의 하마연·상마연은 17세기 후반 점차 본래의 의미를 상실하는 퇴화 과정을 겪었다. 늦어도 강희 50년대에 이르러서는 하마연은 이미 환영 연회가 아니라 환송 연회로 변질되었다. 상마연 역시 청의 예부가 음식만 보낼 뿐 실제로는 개최하지 않게 되었다. 따라서 18세기 중엽 매년 십이월 말 베이징에 도착하여 청 궁정의 신년 하례에 참석했던 동지사 일행은 외교문서와 방물의 전달 및 하례 참석을 제외하면 달리 할 일이 없었다고 할 수 있다.

예컨대, 건륭 11년 십이월 28일 베이징에 도착한 사신 일행은 건륭 12년 이월 15일 베이징을 떠날 때까지 날수로 47일간 베이징에 머물렀다. 정사·부사·서장관 등 삼사三使가 공식 일정 때문에 숙소를 나선 날은 십이월 28일과 29일, 정월 1일, 이월 14일 등 딱 나흘뿐이었다. 앞의 사흘은 외교문서 제출, 하례 예행연습, 자금성 태화전에서의 하례 참석 등을 위한 것이었고 마지막 이월 14일은 자금성 오문午門 앞에서 황제가 내린 상물賞物을 수령하고 예부에서 개최하는 연회에 참석하기 위한 외출이었다. 나머지 43일간 삼사가 소화해야 할 공식 일정은 전무하였다. 다만 정월 16일, 이월 1일과 4일 등 사흘에 숙소를 벗어나 베이징 시내를 관광할 기회가 주어졌다. 일행의 부사 윤급尹汲(1697~1770)은 정월 7일의 일기에 "날을 보내기가 어렵다[消日爲難]."라고 토로했다. 할 일이 없어도 너무 없어 지내기가 힘들 정도였다는 말이다.

Q 묻고

A 답하기

청나라가 주도하던 국제질서에서 조선
의 위상은 어땠는가?

청을 중심으로 한 국제질서 체제를 이야기
할 때 조선은 외국 가운데 첫 번째로 호명된다. 그
것은 오늘날의 연구자들이 조선의 중요성을 고
려하여 그렇게 평가하기 때문만은 아니다. 청 왕
조 자신이 조선을 첫 번째 조공국으로 꼽았고, 그
에 앞서 명 왕조 역시 그러했다. 더군다나 청은 중
원이 아니라 만주에서 일어난 나라였기 때문에,
특히 왕조 초기 청의 대외 관계에서 조선의 중요

성은 아무리 강조해도 지나치지 않다. 17세기 전반 후금-청을 둘러싼 세계에서 조선은 사실 명에 다음가는 큰 나라였기 때문이다. 이 점을 지적하는 것만으로도 조선의 위상에 대해서는 더 이상의 부연 설명이 필요하지 않을 터이지만, 1637년 2월 24일 삼전도의 항복 의식이 끝난 뒤에 열린 연회에서 인조에게 주어졌던 의전상 지위를 소개하는 것으로 조선의 위상에 대한 설명을 대신하고자 한다.

인조가 삼궤구고두를 올림으로써 홍타이지의 신하가 된 직후에 열린 연회에서 홍타이지는 인조를 그의 세 아들 소현세자, 봉림대군, 인평대군과 함께 단상에 올라와 자리를 잡도록 했다. 당시 단상의 자리 배치를 보면, 남쪽을 향해 앉은 홍타이지를 중심으로 왼쪽의 가장 상석에 인조가 앉았고, 그다음에 청의 왕공 세 명과 소현세자가 순서대로 자리를 잡았다. 오른쪽에는 청의 왕공 네 명 다음에 봉림대군과 인평대군이 앉았다. 삼전도 의례가 사실상 항복 의식이었다는 사실에 비추어 보자면, 이날의 연석에서 인조 부자를 단상으로 올라와 앉게 한 것도 뜻밖의 일인 터에 인조의 석차가 홍타이지 바로 다음이었다는 점은 더더욱 의외라고 하겠다.

인조를 제2위의 자리에 앉힌 것은 홍타이지의 결정이었다. 『청태종실록淸太宗實錄』에 따르면, 그가 이런 뜻밖의 결정을 하면서 내세운 이유는 비록 어쩔 수 없이 항복을 하긴 했지만 인조는 그래도 "역시 한 나라의 왕"이라는 것이었다. '한 나라의 왕'이라는 구절은 만주어 기록에서 "다른 나라의 왕"이라고 표현되어 있으니, 홍타이지는 인조를 엄연한 외국의 군주로 대우했다는 말이다. 조선의 기록도 이날의 잔치에서 홍타이지가 인조에 대한 존경과 우대의 뜻을 표한 사실을 밝히고 있다. 아마도 자신이 아는 범위의 세계에서 조선이 명나라 다음가는 대국이라는 인식의 발로였을 터이지만, 그 동기야 어쨌든 간에 이날 홍타이지의 인조에 대한 우대는 훗날 청 중심의 국제질서에서 조선이 높은 위상을 점하게 되는 역사적 연원이 되었다.

참고로 한 가지 덧붙이자면, 청 궁정의 의례에서 조선 사신의 석차가 몽골에서 온 왕공들보다 한참 아래였다는 점을 강조하는 경우가 있는데, 이는 의전상 지위의 비교 대상을 잘못 선정한 것이다. 조선의 국왕은 청 궁정을 직접 방문하는 친조의 의무가 없었기 때문에 사신들을 파견하는 데 그쳤지만, 몽골의 왕공들은 정기적으로 베이징에 와서 황제를 알현할 의무가 있었다. 만약 몽골의 왕공들처럼 조선의 국왕이 친조를 했다면 청 궁정에서 그의 의전상 지위는 삼전도에서와 다를 바 없었을 것이다.

조선 후기에 청나라 여행을 경험한 사람들은 얼마나 많았는가?

조선 후기에 청나라 여행이란 오직 베이징으로 파견되는 사신단에 끼어야만 가능한 일이었다. 사신단은 사신 이하 짐꾼에 이르기까지 다양한 신분의 사람들로 구성되어 있었는데, 일행의 대다수를 차지한 것은 이름 모를 하층 신분의 사람들이었다. 따라서 조선 후기 청나라 여행 경험자의 총수를 헤아리기란 사실상 불가능하다. 다만 다음과 같은 대략적인 계산이 가능할 뿐이다.

청일전쟁(1894~1895)으로 청에 조공 사신을 파견하는 역사가 막을 내릴 때까지 조선은 절사와 별사를 합해서 대략 500회의 정식 사행을 청나라에 보냈다. 1년에 평균 두 번 정도 보낸 셈이다. 여기에 재자관齎咨官이라고 불리는 연락관의 파견이 꽤 잦았다. 국왕이 황제 이외의 청나라 관원, 가령 예부상서에게 외교문서를 보내는 경우 연락관을 베이징으로 파견한 것인데 이런 경우가 400회쯤 되었다.

이로부터 전체 참여 인원을 계산하려면 매회 참여 인수를 알아야 한다. 1712년 연말의 동지사 일행은 사람이 524명, 말이 442필이나 되었다. 박지원이 참여했던 1780년 건륭의 칠순을 축하하러 간 사행의 경우는 그보다 규모가 작아서 사람이 270명, 말이 194필이었다. 보수적으로 잡아 500회의 정식 사행에는 약 300명의 인원이, 400회의 연락관 사행에는 약 50명이 참가했다고 쳐도 조선 후기 청나라 여행 경험자는 연인원 기준 17만 명이 넘었던 것으로 계산된다. 근대 이전의 시기에 이렇게나 많은 사람이 국경을 가로지르는 장거리 여행에 참여한 일은 세계사적으로 유례를 찾기 어렵다.

말이 나온 김에, 조선의 사신단이 단지 외교 사절의 성격만 띤 것이 아니라는 점도 강조하고 싶다. 만약 단순 외교 사절이라면 몇 명만 가도 충분하지 않았겠는가. 잘 알려진 얘기지만, 조선 사신단은 여행 구간이 사막이나 초원이 아니었을 따름이지 사실 카라반, 즉 대상隊商과 다를 바 없었다. 사행 참가자들은 오늘날 한·중을 오가는 속칭 '따이궁'이라는 보따리상들과 비슷했다고 보아도 무방하다. 다들 인삼이나 은처럼 가볍고 값

나가는 것들을 힘이 닿는 대로 바리바리 싸서 가지고 갔다. 각 개인의 무역 규모는 그리 크지 않았다고 할지라도, 워낙에 인원이 많고 빈도가 잦다 보니 전체 무역 규모는 매우 컸다.

조선의 국왕이 청의 황제에게 신하를 칭하고 조공을 한 것을 두고 경제적 이익을 중시한 '실리 외교'였다고 평가할 수 있는가?

조선의 대청 사신단은 카라반과 다름이 없었지만, 그렇다고 해서 당시 조선 정부가 무역의 이익을 노리고 그렇게 자주 사행을 파견했다고 여긴다면 그것은 심각한 오해이다.

청 황제에게 신하를 칭하고 조공 사절을 파견하는 것을 가리켜 일종의 '실리 외교'라고 규정하는 견해의 근거 논리는 대략 이렇다. 주변 소국의 왕들이 신하를 칭하면서 조공을 바치는 등 신하의 예의를 잘 지키는 경우, 대국인 중국의 황제들은 조공으로 받은 것의 몇 배 가치를 지닌 귀한 물건들을 선물로 하사했다는 것이다. 게다가 조공에 부수하여 대규모의 무역 행위가 이루어졌으니, 설령 정치적으로야 비굴하게 신하를 자처했다고 할지라도 그러한 조공은 경제적 이익을 추구하는 합리적 '실리 외교'로 평가할 수 있다.

얼핏 그럴듯하게 들린다. 중국의 역사 교과서 등에서도 너그럽고 통이 큰 자기네 황제들이 주변의 소국에 대하여 늘 '되로 받고 말로 주었다'고 강조한다. 하지만 정말 그랬을까? 1960년대 중엽에, 그러니까 벌써 반세기 이상 과거의 일인데, 한국의 어떤 역사학자가 바로 그런 질문을 던지고 연구를 진행한 적이 있다. 그는 '1년 4행'의 의무를 수행하기 위해 매년 연말에 파견했던 동지사를 대상으로 조선의 왕이 실제로 얼마나 많은 방물을 청의 황제에게 보냈고, 청의 황제는 그에 대한 보답으로 또 얼마나 많은 선물을 보냈는지 따져보았다. 물건들의 가치를 1800년경의 가격으로 환산하여 계산한 결과, 조선 정부는 동지사를 보낼 때마다 전錢으로 대략 6만 8000냥兩씩의 적자를 감수한 것으로 드러났다.

동전으로 6만 8000냥이라고 하면 어느 정도인지 전혀 감을 잡을 수 없을 것이다. 무게 단위인 '냥'은 중국에서는 보통 은의 무게를 헤아릴 때 썼지만, 조선에서는 동전 세는 단위로도 썼다는 점에 주의가 필요하다. 그 때문에 몇 냥이라고 말할 때는 그것이 은인지, 아니면 전인지 꼭 밝혀야 한다. 그렇다면 전을 세는 단위 냥은 동전 몇 개를 가리킬까? '엽전 열닷 냥'이라는 말을 들어본 적이 있을 것이다. 그리 많지 않다는 느낌을 주는 말이라서 전 1냥이 곧 전 1개를 가리키는 것이 아닐까 생각할 수 있다. 그러나 전을 세는 단위 1냥은 100개를 의미한다. 놀랍게도 '엽전 열닷 냥'은 무려 1500개의 동전을 뜻하는 것이다. 그러니 전 6만 8000냥의 적자를 보았다는 것은 곧 조선 정부가 동지사를 보낼 때마다 무려 680만 개의 동전을 손해 본 셈이라는 말이 된다. 쌀로 치면 1만 5000~2만 석 정도가 된다.

동지사는 그나마 사정이 나았다. 비정기 사행의 경우에는 원칙상 방물에 대해 보답으로 황제가 국왕에게 보내는 선물이 따로 없었다. 정기건 비정기건 먼 길을 오느라 수고한 사신에게 선물을 주었을 따름이다. 그러므로 정기와 비정기 사행을 모두 합하면 조선 조정의 손해 규모가 훨씬 더 커진다. 앞서의 계산을 수행한 학자에 따르면, 청에 대한 조공 관계를 유지한 258년 동안 조선은 해마다 평균 전 18만 냥씩의 적자를 보았다.

특히 병자호란 직후에는 조공으로 인한 재정 손실이 정말 심각했다. 나중에는 점차 그리고 대폭 줄어들었지만, 전쟁 직후 청나라에서 매년 바치라고 요구한 연공의 규모는 실로 엄청났다. 근년에 또 다른 연구자가 계산한 결과에 따르면, 연공 방물의 가치는 전으로 약 40만 냥에 달하는 거액이었다. 1640년의 경우 삼절과 연공의 방물 합계는 전 50만 냥 정도의 가치로 계산된다. 이 무렵 조선 정부의 호조[戸曹]에서 거두어들인 연간 세입은 전 34~35만 냥으로 평가되는 수준이었다. 당시 조선의 재정 운영이 여러 기관에 분산되어 있었기 때문에 호조의 세입을 곧 국가 세입 전체와 동일시할 수는 없다. 하지만 그렇다고 하더라도 정부의 최대 재정 기관이었던 호조 세입의 약 1.4배에서 1.5배를 청나라에 보내는 조공 방물을 마련하는 데 써야 했으니, 조선 조정이 경제적 이익을 위한 '실리 외교'의 차원에서 청나라에 조공을 계속했다는 말은 성립할 수 없다.

요컨대, 조선은 청나라의 침략을 받아 무릎을 꿇었기 때문에 청나라에 대한 조공을 시작하였다. 청에 대한 조공은 군사적 참패의 결과였으며, 정치적으로도 수치였다. 또한 경제적으로는 감내하기 버거울 만큼의 부담이었다. 그러나 청나라의 재침을 면하려면 그들의 요구를 받아들일 수밖에 없었다. 조선의 청에 대한 조공은 기본적으로 국가의 안전 보장과 왕조의 체제 유지를 위한 것이었다는 말이다. 아무리 자존심이 상하더라도 사실은 사실로 인정해야 한다. 물론 정부는 손해를 볼지라도 민간에서 청과의 무역을 통해 큰 이익을 거둘 수 있도록 '실리 외교'를 했다고 말할 수도 있다. 이 또한 검증이 필요하겠지만, 적어도 조선 정부가 민간의 무역 이익을 위해서라면 국가가 재정 손실을 감수해야 한다는 국정 철학의 신봉자가 아니었다는 것은 분명하다.

그렇다고 해서 우리가 이런 역사를 부끄러워할 필요는 전혀 없다. 사실 어떤 나라이든지 역사상 벌어진 모든 전쟁에서 승리를 거둘 수는 없는 노릇이다. 전쟁에서 승리한 적도 있고, 패배한 적도 있었다. 전쟁에서 패한 때에는 정치적 굴욕과 경제적 손실을 감수할 수밖에 없었다. 심지어 중국과 같은 대국도 군사력이 약했을 때에는 북방 민족의 약탈·침공을 모면하고자 경제적 수탈을 감수한 사례가 비일비재하다. 앞에서 언급한, 중국이 '되로 받고 말로 주었다'는 이야기 중에는 사실 사나운 오랑캐의 약탈·침공을 모면하기 위해 취한 일종의 고육책을 그럴듯한 말로 꾸민 것에 불과한 경우가 많다.

2부 _____

정조의

건륭 칠순

진하 특사
파견

조선의 사신이 140년 만에 청 황제의 만수절 하례에 참석한 일은 두말할 나위 없이 조선의 정조가 파견 의무도 없었던 진하 특사를 자발적으로 보냈기 때문에 가능했다. 더군다나 청에 조공하는 여러 외국 가운데 1780년 열하의 칠순 잔치에 축하 사절을 보낸 나라는 조선이 유일했다. 조선의 진하 특사 파견은 당시 건륭제도 기대하지 않았던 이례적인 성의 표시였으며, 바로 그러한 까닭에 앞선 황인점 사행의 칠순 축하 이상으로 "대단하게 생색"이 났다.

1780년 청 황제 건륭이
칠순 잔치를 열다

청 황제들이 자기 생일을 대수롭지 않게 보내다

'인생칠십고래희'라는 말대로 옛날에는 일흔 살의 고령까지 생존하는 수복壽福을 누린 사람이 매우 드물었다. 더군다나 그 어렵다는 고희古稀가 다른 사람도 아니고 황제의 나이라면 어떨까? 20세기, 21세기에조차 국가 지도자의 생일을 '태양절', '광명성절'이라는 이름의 절일로 기념하는 나라가 있음을 상기한다면 옛날의 왕조 국가 청나라에서 사람들이 나라의 주인인 황제의 생일, 그것도 칠순 생일을 얼마나 큰일로 여겼을지는 상상하기 어렵지 않다.

어떤 일을 온 나라가 대대적으로 축하하고 기념하는 것을 가리켜 '대경大慶'이라고 불렀다. 글자 그대로 '큰 경사'라

는 뜻이다. 황제의 칠순이 대경으로 축하해야 마땅한 일이
라는 것은 두말할 나위 없다. 그러나 뜻밖에도 건륭제는 자
신의 칠순 생일을 대경으로 기념하고 축하하지 않았다. 신
료들이 일찍부터 대경으로 기념해야 한다며 성화였음에
도 불구하고, 건륭은 이런저런 이유를 대면서 한사코 고사
固辭했다.

언뜻 보면 건륭의 고사는 자신들의 생일을 거창하게 기
념하는 것을 꺼렸던 앞서간 황제들의 전통을 계승한 것처
럼 보인다. 순치제 이후 청의 역대 황제들이 자신의 생일
을 공적 행사로 치르는 데 매우 소극적이었던 것은 분명 사
실이다.

청 왕조의 의례 규정에 따르면 황제의 생일에는 하례
를 거행하고 연회를 베풀어야 했다. 그러나 여섯 살에 즉
위한 순치제가 규정대로 자신의 생일을 기념한 것은 그
가 열네 살의 나이로 친정親政을 시작하고 성절 관련 의례 규
정을 제정한 직후의 몇 년 동안에 불과했다. 그는 1655년
부터 자신의 생일에 연회는 물론 하례조차 생략했다.
1661년 겨우 여덟 살에 즉위한 강희제康熙帝(1654~1722)
는 1680년대 중엽까지 특별한 사정이 없는 한 대체로 의

례 규정을 준수하려는 모습을 보였지만, 1685년부터는 순치제와 마찬가지로 성절 하례를 개최하지 않았다. 물론 예외는 있었다. 특별한 의미가 있었던 1711년과 1713년에는 신료들의 성화를 이기지 못하고 하례를 거행했다.

1711년은 청의 연호로 '강희 50년'이었다. 즉 강희제가 즉위 50주년을 맞이한 해였던 것이다. 그럼에도 불구하고 고작 하례 거행이 기념행사의 사실상 전부였으며 연회 등은 여전히 생략되었다. 하지만 1713년 강희제의 육순 만수절만은 특별하고 떠들썩하게 기념되었다. 강희 52년(1713) 삼월 18일의 만수절은 반드시 대경으로 축하해야겠다는 신료들의 강청強請을 강희제가 받아들였기 때문이다.

그 밖에 강희제의 오순 만수절이었던 강희 42년(1703) 삼월 18일에는 비록 하례는 거행하지 않았어도 범죄자들을 대거 사면해주는 등 천하의 백성들에게 황제가 은혜를 베푸는 은조恩詔를 반포하였다. 겉으로 드러내지 않는 방식으로 오순의 특별한 만수절을 기념한 것이다.

생일 축하를 거부하기로는 옹정제가 역시 최고였다. 그는 만수절 하례를 한 번도 허락하지 않았다. 심지어 1726년의 오순 만수절에조차 아무것도 하지 못하게 했다.

건륭제가 자신의 생일을 열하의 피서산장에서 지내다

성절 축하와 관련하여 건륭제는 옹정제와 같은 결벽증의 소유자는 아니었다. 그는 별 사정이 없는 한 자신의 생일에 하례와 연회를 꼬박꼬박 챙겼다. 단, 건륭 연간의 만수절 행사에는 다른 황제의 시대에는 발견할 수 없는 고유의 특징이 있었다. 그것은 바로 대부분의 만수절 행사가 베이징의 자금성이 아니라 열하의 피서산장避暑山莊에서 개최되었다는 점이다.

건륭제가 열하 피서산장에서 만수절을 기념하게 된 데에는 두 가지 요인이 동시에 작용하였다. 첫째는 가을 사냥이 황제의 연례행사였다는 점이고, 둘째는 공교롭게도 그의 생일이 음력 팔월 13일이었다는 점이다. 건륭제는 매년 가을 정기적으로 만리장성 북방의 전용 사냥터에서 대규모 사냥을 벌였는데, 그의 생일 음력 팔월 13일은 우리에게도 익숙한 명절인 팔월 보름 중추절仲秋節의 이틀 전이었다. 이에 건륭제는 매년 만수절을 열하에서 보낸 다음에 가을 사냥을 떠나는 일정을 되풀이하게 된 것이다.

황제의 가을 사냥이라는 연례행사를 처음 시작한 것은 강희제였다. 강희제는 1680년대 초부터 매년 가을 만리장성 너머에 있는 목란위장木蘭圍場으로 대규모 사냥 여행을 떠났다. '목란木蘭'을 한어漢語 발음으로 읽으면 'mulan'이 되는데, 이는 사슴 사냥을 가리키는 만주어 'muran'의 음차 표기였다. '위장圍場'이란 몰이사냥을 하는 장소라는 뜻이다. 목란위장의 면적은 약 1만 제곱킬로미터로 한국의 경기도만 하였는데, 그 안에는 사냥터가 일흔두 곳 있었다고 한다.

황제는 매년 가을 사냥감이 풍부한 사냥터들을 골라 돌아다니며 몰이사냥을 벌였다. 몰이사냥은 많은 인원을 동원하여 드넓은 사냥터를 조직적으로 둘러싼 다음에 포위망을 서서히 좁혀가는 방식으로 진행되었다. 따라서 단순한 레저 활동이 아니라 만주인 고유의 상무尙武 정신을 고양하고 실전 능력을 배양하기 위한 군사 훈련이었다. 그리고 가을 사냥을 다니기 시작한 지 약 20년이 지난 강희 42년(1703)에 이르러 강희제는 열하에 행궁行宮을 조성하기 시작했고, 그 행궁에 피서산장이라는 이름을 붙였다.

옹정제가 재위 기간 내내 정무에 쫓겨 한 번도 베이징

을 벗어나지 못한 탓에 열하의 피서산장은 약 20년 동안 주인이 한 번도 오지 않아 거의 버려진 것이나 다름없는 장소가 되었다. 그러다가 건륭 6년(1741)에 이르러 건륭제가 가을 사냥을 격년 행사로 부활시키면서 피서산장에 다시 활기가 돌기 시작했다. 10년 뒤인 건륭 16년(1751)부터는 가을 사냥의 주기가 격년에서 매년으로 단축되었다.

건륭제는 매년 칠월이면 열하의 피서산장으로 와서 머물다가 팔월 13일의 만수절과 팔월 15일의 중추절을 지낸 직후 목란위장에 들어가 약 한 달 동안 가을 사냥을 벌인 다음에 베이징으로 돌아오곤 했다. 행궁의 이름 '피서산장'에는 여름 더위를 피한다는 뜻이 있지만, 사실은 계절이 가을로 접어드는 음력 칠월부터 피서산장에 머물렀던 것이다. 그러나 그의 나이가 60대에 들어선 뒤인 건륭 37년(1772)부터는 열하 도착 시기를 음력 오월로 앞당김으로써 더위가 한창 기승을 부리는 오뉴월을 피서산장에서 보내기 시작했다. 이제 열하는 황제가 매년 거의 다섯 달을 머무는 장소가 된 셈이니, 사실상 베이징에 버금가는 청나라의 두 번째 수도가 되었다고 해도 과언이 아니다.

건륭제

1780년 건륭제가 열하에서 특별한 칠순 잔치를 벌이다

20년 가까이 단절되었던 가을 사냥의 전통을 부활시킨 건륭 6년(1741), 그는 자신의 생일을 사냥터에서 맞이했다. 건륭 16년(1751) 이후 열하로의 순행巡幸과 가을 사냥이 연례행사로 정착되고 황제가 대부분의 만수절을 열하에서 보내게 됨에 따라, 만수절 하례의 장소 역시 자금성의 거대한 태화전에서 피서산장의 아담한 담박경성전澹泊敬誠殿으로 바뀌었다. 건륭은 자신의 부조父祖와 달리 자기 생일을 꼬박꼬박 챙기긴 했지만, 그 장소의 아담함 때문에라도 사치스러운 대규모 의식이나 연회는 벌일 수 없었다고 볼 수 있다.

하지만 건륭제가 모든 생일을 열하에서 보낸 것은 아니었다. '순경지년旬慶之年', 즉 10년 주기의 경사가 돌아오는 해의 만수절은 예외였다. 열하로의 순행과 가을 사냥이 연례행사로 정착하기 이전인 건륭 5년(1740)의 삼순과 건륭 15년(1750)의 사순은 물론이거니와 매년 열하에 갔던 시기에 속하는 건륭 25년(1760)의 오순과 건륭 35년(1770)의 육순에는 만수절 하례를 열하가 아닌 베이징에서 거행하였다. 신료들에게 10년에 한 번은 황제의 생일을 정식으로 축하할 기회를 준 셈이다. 이처럼 만수절 하례를 베이징에서 치렀다고 해서 가을 사냥을 빼먹은 것은 물론 아니다. 1760년에는 팔월 18일에, 1770년에는 팔월 16일에 열하를 향해 떠났다.

이처럼 건륭제는 10년에 한 번씩 만수절을 베이징에서 보냈다. 이에 따라 그가 건륭 45년(1780)의 칠순 만수절 또한 베이징에서 기념하리라는 것이 당시 사람들의 예상이었다. 더군다나 황제의 칠순 잔치를 베이징에서 개최해야 할 또 다른 이유가 있었다. 칠순 만수절은 응당 제국의 수도 베이징을 중심으로 거행되는 거국적 차원의 축전, 즉 대경으로 기념할 일이었기 때문이다. 앞에서 언급했듯이, 남다른 검소함으로 유명했던 강희제조차 강희 52년(1713)의 육순만은 대경을 허락하지 않았던가.

사실 강희제의 선례에 따라 건륭 35년(1770) 건륭제의 육순대경六旬大慶이 논의된 바 있었다. 당시 건륭제는 바로 그 이듬해인 건륭 36년에 자신의 생모 숭경태후崇慶太后(1692~1777)의 팔순대경八旬大慶이 예정되어 있다는 이유로 자신을 위한 육순대경을 한사코 사양했다. 연년連年으로 대경을 치르면 백성들에게 부담을 줄 수 있다는 것이었다.

황제의 고집을 꺾지 못해 1770년의 육순대경을 성사

시키지 못했던 건륭의 신료들에게 1780년의 칠순은 기필
코 대경으로 기념해야 할 일이었다. 더군다나 황제의 칠순
은 청의 건국 이래 처음 맞이하는 경사였다. 중국 역사 전
체로 보아도 통일 제국 성립 이후 그 시점까지 고희의 경
지에 도달한 황제는 겨우 여섯 명뿐이었다. 즉, 역사상 일
곱 번째의 '고희천자古稀天子'가 탄생할 참이었던 것이다.

그러나 건륭은 자신의 칠순 만수절을 대경으로 치를 생
각이 없다는 뜻을 일찌감치 드러냈다. 건륭 41년(1776)부
터 수도와 지방의 신료들을 상대로 칠순대경七旬大慶을 거행
해야 한다는 주청奏請이나 특별한 축하 예물의 진상을 금
지한다는 취지의 명령을 여러 차례 하달했다. 그 대신 일
흔 살을 먹게 된 날인 건륭 45년(1780)의 설날, 즉 정월 초
하루에 자신의 칠순을 기념하는 은조를 반포하였다. 강희
제의 선례를 따른 것이었다.

결과적으로 베이징에서의 칠순 만수절 기념 행위는 정
월 초하루의 은조 반포가 마지막이 되고 말았다. 오순과 육
순 때에는 그래도 만수절 당일을 베이징에서 보낸 뒤 열하
로 떠났건만, 1780년에는 건륭이 아예 일찌감치 열하로 떠
나버렸기 때문이다.

황제가 칠순 만수절을 열하에서 보낸다는 것은 사실 이미 전년도부터 기정사실로 확정되어 있었다. 칠순 만수절을 1년 앞둔 건륭 44년(1779) 팔월, 건륭제는 칠순 만수절을 '상년례常年例'로 치를 것임을 거듭 강조했다. 동시에 1780년 초에 떠나기로 예정되어 있던 강남 지방 순행, 즉 남순南巡에서 돌아오면 곧바로 열하로 가겠다는 일정을 밝혔다. 오순이나 육순 때처럼 만수절을 베이징에서 보내게 되면 신료들이 거창한 행사를 꾸밀 것이 뻔하니 아예 열하로 몸을 피해 그럴 가능성을 원천봉쇄하겠다는 의지의 표명으로 보인다. 종래 건륭은 순경지년이 아닌 평년의 만수절을 열하에서 보냈으므로, 그가 말한 '상년례'란 곧 피서산장의 담박경성전에서 열리는 아담한 하례를 가리킨다는 것은 새삼 강조할 필요가 없을 것이다.

　그러나 칠순 생일을 여느 생일과 다름없이 평범하고 소박하게 보내겠다는 것은 그저 듣기 좋은 수사修辭였을 따름이다. 1780년 열하에서 열린 건륭의 칠순 잔치는 결코 평범한 이벤트가 아니었다.

　그해 음력 칠월과 팔월, 열하의 피서산장에는 예년에 볼 수 없었던 특별한 하객들이 모습을 드러냈다. 먼저 판첸 라마Panchen Lama 6세(1738~1780)가 있었다. 판첸 라마(이하 '판첸'으로 약칭)는 티베트 불교 세계에서 달라이 라마Dalai Lama에 버금가는 권위를 누리는 신성한 존재였다. 그런 티베트의 판첸이 멀고 험한 여로에도 불구하고 청을 방문하여 건륭제와 회견한 일은 1650년대 초에 있었던 달라이 라마 5세(1617~1682)의 베이징 방문 이래 약 130년 만의 대사大事였다.

신장 북부 초원에서 유목을 하던 두르베트Dörböt, 토르구트Torghut, 우량하이Uriyangkhai 등의 왕공·대신들과 신장 남부 위구르인 도시들을 관리하던 벡beg[伯克]이라고 불리는 무슬림 관원들, 그리고 쓰촨성四川省 서부 금천金川 지역 티베트계 주민들의 수장으로 청의 토사土司 관직에 있던 사람들도 건륭 칠순 잔치의 특별 하객이었다. 이 가운데 1750년대와 1770년대에 각각 청에 복속한 두르베트와 토르구트에서는 복속 이후 최초로 칸을 비롯한 고위 왕공 전원이 한꺼번에 열하를 방문하였다. 신하가 임금을 직접 알현하러 오는 것을 조근朝覲이라고 하는데, 두르베트·토르구트의 고위 왕공들이 동시에 열하로 조근하러 온 것은 일찍부터 건륭의 입김이 작용하여 성사된 일이었다. 우량하이는 질과 양에서 종래의 조근과 별다를 게 없었지만, 청의 실록 등에서 1780년의 우량하이 조근을 종래와는 분명히 구별되는 방식으로 특필特筆하여 기록한 것은 주목할 만하다. 위구르 무슬림 벡 관원들은 원래 매년 베이징의 신년 하례와 1770년 베이징에서 열린 건륭 육순 만수절 하례에는 참석했지만, 열하를 방문한 것은 1780년이 사상 처음이었다. 건륭은 원래대로라면 이듬해 설날로 예정되어 있던 베이징으로의 조근을 대신하여 이들을 칠순 만수절에 맞춰 열하로 오도록 조치했던 것이다. 금천 지역의 티베트계 토사들도 위구르 무슬림 벡 관원들과 마찬가지로 이듬해 설날 베이징으로의 조근 대신에 처음으로 열하에 온 것이었는데, 그 인원수가 전무후무하게 많았다는 점도 특기할 만하다.

이러한 특별 하객들의 구성을 실마리로 건륭제에게 열하의 칠순 만수절이 과연 어떤 의미였을지 생각해보자.

건륭은 멀리 티베트에서 오는 판첸의 편의를 위해 칠순 만수절에 열하로 가는 것이라고 말한 적이 있다. 이 말을 액면대로 받아들인다면, 언뜻 건륭은 자신의 칠순 만수절을 판첸에게 '헌정'한 것처럼 보인다. 티베트 불교를 믿

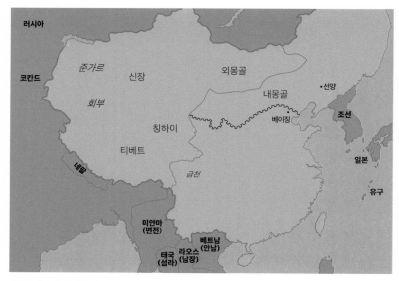

러시아
준가르
신장
외몽골
코칸드
회부
내몽골
선양
칭하이
베이징
조선
티베트
네팔
금천
일본
유구
미얀마
(면전)
베트남
(안남)
태국 라오스
(섬라)(남장)

1780년경의 청 제국과 그 주변

었던 토르구트는 판첸을 배알하기 위해 고위 왕공의 동
시 조근을 요청하였고, 건륭은 그들의 요청을 수락하면
서 두르베트에도 고위 왕공의 동시 조근을 명하였다. 그
는 또한 판첸의 방문을 이유로 내세워 금천 지역 티베트
계 토사들의 조근 시기를 앞당기고 조근 인원수를 극대화
했다. 열하 칠순 만수절의 하객 대부분은 티베트 불교에서
도 황교黃敎(겔룩파)라고 불리는 교파의 신도였고, 당시 달라

이 라마 8세(1758~1804)는 갓 20대에 접어든 청년이었으므로 황교의 최고 수장은 판첸이었다고 할 수 있다. 게다가 건륭은 칠순 만수절을 상년례로 치를 것을 거듭 천명하여 자신의 칠순에 그다지 큰 의미를 두지 않는 듯한 태도를 보이지 않았던가. 그렇다면 건륭제에게 자신의 칠순 생일은 자신과 판첸의 만남이라는 역사적 사건을 위한 '무대 장치'에 불과했다고 보아야 하지 않을까?

그러나 이 같은 '종교적' 해석에는 결정적인 약점이 있다. 건륭제가 이슬람교를 믿는 위구르인 왕공 및 벡 관원들까지, 그것도 조근의 시기와 장소까지 바꿔가며 일부러 열하로 오게 한 사실을 설명할 수 없기 때문이다. 이제 시각의 전환이 필요하다. 판첸이라는 종교적 존재를 일단 제쳐두고 보면, 위구르인 왕공 및 벡 관원들까지 포함한 건륭 칠순 잔치의 특별 하객들에게 한 가지 공통점이 있다는 사실을 깨닫게 된다. 그들은 한결같이 건륭의 치세에 이르러서야 비로소 청에 복속한 집단의 지도자들이었다. 두르베트, 우량하이, 위구르 무슬림 등의 복속은 1750년대 후반에 이루어진 제1차와 제2차 준가르 원정, 그리고 회부回部 원정의 결과였다. 금천 지역의 평정은 1747~1749년의 제1차 금천 원정과 1771~1775년의 제2차 금천 원정을 거쳐 이루어진 것이었다. 이 다섯 차례의 전쟁은 1792년 건륭제가 『어제십전기御製+全記』에서 스스로 자랑해 마지않은 이른바 '십전무공+全武功'의 첫 번째에서 다섯 번째까지이다.

토르구트의 복속은 건륭의 시대에 성취한 무공의 결과는 아니었다. 하지만 토르구트는 신장 북부의 초원에서 살다가 1630년대 저 멀리 카스피해 북안의 볼가강 유역으로 떠난 유목민이었다. 그로부터 130년이 넘는 세월이 흐른 뒤 토르구트는 러시아의 압박에서 벗어나고자 막대한 희생을 감수하며 천신만고한 끝에 1771년 신장 북부의 초원으로 '귀향'했다. 만 리 밖에서 제 발로 찾아온 셈이니, 건륭제의 입장에서 토르구트의 복속은 어떤 무공보다도 오히려 더 큰 자랑거리가 될 수 있었다. 토르구트의 복속을 "정벌을 가하지 않았는데도 스스로 신속"하러 온 '귀순'으로 규정한 건륭제는, 이로써 "몽골에 속하는 모든 족속은 우리 대청국의 신하가 되지 않은 자가 없게" 되었다고 기뻐하였다.

1780년 음력 팔월 13일, 건륭제는 열하 피서산장 내 담박경성전에서 자신의 무공과 성덕聖德으로 복속시킨 여러 집단의 최고위 지도자들에게 고희의 수복에 대한 하례를 받았다. 낮고 아담한 궁전일지언정 담박경성전의 보좌에 앉아 있는 고희천자 건륭에게 하례의 광경은 어떤 의미로 다가왔을까? 머나먼 이역에서 찾아와 자리를 함께한 특별 하객들은 바로 건륭 자신의 손으로 이룩한 '제국'의 각 부분을 대표하는 존재였으니, 그날 하례의 광경은 모르긴 몰라도 그 자신이 일군 제국의 축도縮圖로 비치지 않았을까?

만약 그렇다면, 자신의 칠순 생일을 여느 생일과 다름없이 보내고 싶다면서 고희에 그다지 큰 의미를 두지 않는 듯 보였던 건륭제의 태도는 어떻게 이해해야 할까? 이 의문에 대한 해답은 간단하다. 건륭제는 말만 그렇게 했을 뿐, 사실은 자신의 칠순 생일에 대단한 의미를 부여하고 있었던 것이다.

건륭제가 베이징에서의 칠순대경을 거부하고 열하에서의 상년례를 고집한 것은 사실이었다. 그러나 왕조의 의례 규범에서라면 상년례로 간주될 수 있을지언정, 1780년 열하에서 열린 칠순 잔치의 실상이 분명 상년례와는 질적으로 다른 일대 이벤트였다는 것 또한 사실이다. 여기에는 물론 판첸의 방문이 크게 이바지하였다. 그러나 판첸이 자신을 만나러 오겠다는 뜻을 밝혔을 때 만남의 장소를 베이징이 아닌 열하로 결정한 것은 바로 건륭 자신이었다. 건륭제는 또한 열하에 제국의 "외번外藩이 모두 모이는" 칠순 잔치를 준비했고('외번'에 대해서는 다섯 번째 꼭지에서 자세히 설명하기로 하고, 여기에서는 몽골과 신장 지역의 왕공 귀족들을 가리키는 말이라는 것만 밝혀둔다), 앞에서 본 특별 하객들을 열하로 '초대'하는 과정에 적극적으로 개입했다. 사실 1780년 열하에서 열린 칠순 잔치의 주인공은 어디까지나 건륭이었고, 판첸의 방문은 그의 칠순 잔치를 위해 활용되었다고 해도 지나치지 않다.

열하의 칠순 잔치는 건륭 자신이 이룩한 제국을 표상하는 기념비적 이벤트였다. 그것이 그저 우연이 아니라 건륭이 구상하고 추진한 '기획'의 산물이었다면, 건륭제는 왕조의 의례 규범과는 다른 차원의 대경으로 자신의 칠순 생일을 기념했다고 할 수 있다. 그리고 그는 자신에게 그럴 자격이 충분하다고 생각했다.

건륭제는 자신의 고희를 기념하여 「고희설古稀說」이라

는 글을 썼다. 거기서 건륭은 "삼대三代(중국 고대의 하·은·주 세 왕조) 이후에 천자가 된 자로 수명이 고희에 오른 자는 겨우 여섯 명을 찾을 수 있을 따름이다."라고 하며 역대 제왕 가운데 고희의 나이까지 장수하는 복을 누린 이가 문자 그대로 얼마나 드물었는지 강조한다. 건륭의 말대로 당시까지 고희에 이른 황제는 전한前漢의 무제武帝(기원전 156~87), 남조南朝 양梁의 무제武帝(464~549), 당의 현종玄宗(685~762), 남송의 고종高宗(1107~1187), 원의 세조世祖(1215~1294), 명의 태조 등 여섯 명밖에 없었다. 이어서 그는 "이른바 고희에 이른 여섯 황제라 할지라도, 원 세조와 명 태조는 창업의 군주로 예악정형禮樂政刑(의 제도를 마련하기)에 겨를이 없었고, 그 나머지 네 황제는 내가 족히 본받을 만하지 못하니, 그 시대와 그 정치 또한 어찌 오늘날만 하겠는가? 이것이야말로 진실로 고래로 드문 일[古稀]이다."라고 큰소리를 쳤다. 자신의 장수도 물론 역사상 드문 일이라고 하겠지만, 자신의 시대와 정치가 그보다 더 드문 일이라는 것이다. 건륭은 또한 제왕으로서 자신의 삶을 이렇게 요약했다. "황제의 자리에 정정당당하게 올라, 영토를 크게 넓히고 온 세상을 신하로 복속시켰으며, 뭇 백성을 편안하게 만들었다." 자신의 시대와 정치를 이 정도면 "소강小康이라고 말할 만하다."라면서 짐짓 겸손謙遜한 체했지만, 공전의 성세盛世를 일군 고희천자의 자부심을 감출 방도는 없었다.

정조가
건륭의 칠순을 축하하러
특사를 보내다

조선이 요식 행위로 청 황제의 생일을 축하하다

1780년 열하에서 열린 건륭의 칠순 잔치가 앞에서 살펴본 것과 같은 특별한 의미의 이벤트였다면, 건륭의 제국에서 최대의 조공국으로 여겨졌던 조선은 이 특별한 황제의 생일에 어떻게 대응했을까 궁금해진다. 사실 당시 조선의 국왕 정조는 건륭의 칠순을 그냥 넘기지 않고 '특별한 생일'에 어울리는 '특별한 축하'를 하였다. 정조의 대응이 얼마나 특별한 것이었는지를 이해하려면 영조 대까지의 조선이 청 황제의 생일을 어떻게 축하했는지 먼저 돌아볼 필요가 있다.

중국에서 황제의 생일을 국가적 차원의 절일 또는 축

일祝日로 기념하기 시작한 것은 양귀비楊貴妃와 '세기의 사랑'을 나눈 것으로 유명한 당나라 현종 때로 알려져 있다. 송나라 때에 이르러 황제의 생일은 정월 초하루 설날과 더불어 국가 최대의 절일로 자리를 잡았다. 황제의 생일을 절일로 기념하는 전통은 원나라와 명나라를 거쳐 청나라로 이어졌다. 황제의 생일은 설날, 동짓날과 나란히 3대 명절[三大節]의 하나로 꼽혔다.

앞서 설명했듯이, 홍타이지가 황제였을 때 조선은 그의 생일(시월 25일)에 맞추어 매년 성절사를 파견하였고 그 성절사에게 동지사와 연공사의 임무까지 한꺼번에 맡겼다. 그러면 청에서 새 황제 순치제가 즉위하고 수도를 베이징으로 옮긴 이후 1780년 건륭제가 칠순을 맞이할 때까지, 청 황제의 생일에 대한 조선의 축하는 어떤 방식으로 이루어졌을까?

홍타이지의 어린 아들 순치제가 즉위하고 나서 맞이한 첫 번째 성절은 1644년 음력 정월 30일이었다. 이때는 단 한 차례의 사신 파견으로 '1년 4행' 의무를 한꺼번에 해결하는 병공 조치가 나오기 전이었다. 조선에서는 전년 십이월 2일에 성절사를 따로 선양으로 보낼 수밖에 없었다. 청이 베이징으로 수도를 옮긴 뒤인 순치 2년 (1645)의 성절에 대해서도 순치 원년 십일월 17일 성절사를 베이징으로 떠나보냈다. 하지만 조선은 순치 2년 이월에 청의 병공 조치를 통보받았고, 이 조치에 부응하여 1645년 음력 구월 말에 처음으로 '삼절연공행'을 파견해서 연공 주본, 동지 표문, 정조 표문, 성절 표문 및 각각에 해당하는 방물을 한꺼번에 청에 전달하였다. 연공 주본의 날짜는 '순치 2년 구월 28일'로 사신이 서울에서 출발한 날짜에, 동지 표문은 '순치 2년 십일월 4일'로 1645년의 동짓날에 맞추었다. 정조 표문의 날짜는 물론 '순치 3년 정월 1일'이었고, 성절 표문은 '순치 3년 정월 29일'이었다. 이 성절 표문의 날짜가 실제 생일보다 하루 당겨진 것은 순치 3년의 정월이 작은달이어서 30일이 없었기 때문이다.

번거로움을 피하기 위해서 연공·동지·정조의 표문은 논외로 하고, 실제 성절과 표문의 날짜에 초점을 맞추어 이야기를 계속하기로 하자. 바로 앞에서 소개한 조선의 첫 번째 삼절연공행은 순치 3년 설날을 축하하는 사신이 다른 세 가지 임무를 겸한 것이었다. 따라서 황제의 실제 생일보다 약 한 달 앞서 성절 표문을 제출한 셈이니 '이른 축하'였다고 할 수 있다. 요즘 부모님의 생신 때 가족 모두가 모이기에 편하도록 대개 직전 주말로 앞당겨 축하 파티를 하는 방식과 별반 다르지 않다. 순치제의 재위 기간에는 이런 식의 이른 축하가 반복되었지만, 성절에 대한 이른 축하는 변동의 가능성을 내장하고 있었다. 새로운 황제가 즉위하면 성절 날짜도 당연히 바뀌기 때문이다.

순치제는 순치 18년(1661) 음력 정월 7일에 사망하였다. 당시 조선은 이른 축하 방식에 따라 이미 성절 표문과 방물을 청에 전달한 상태였다. 새로 즉위한 강희제의 생일은 삼월 18일이었지만, 조선이 청에서 파견한 칙사를 통해 강희제의 즉위 사실을 공식 통보받은 시점은 이월 28일이었기 때문에 새 황제의 첫 번째 성절에 대해서는 별도의 조치를 취하는 것이 원천적으로 불가능했다. 시간이 없었기 때문이다. 게다가 청에서도 삼월 18일에 아무런 기념 의식을 거행하지 않았다. 국상 중이었으니 당연한 노릇이다.

당시 조선의 입장에서는 다음 해인 강희 원년(1662)의 성절 표문·방물을 언제, 어떻게 보낼지가 고민거리였다. 청에 물어보지도 않은 채 순치 연간과 마찬가지이겠

거니 하고 동지사 편에 맡길 수는 없었다. 청에서 순치제의 경우는 성절이 설날과 같은 달에 있었기 때문에 병공을 허락했던 것이라고 나올 수도 있기 때문이다. 강희제의 생일은 삼월 중순이니 따로 성절사를 보내라고 하지는 않을까?

이에 조선 조정은 순치제 때와 마찬가지로 병공을 허락해달라고 요청했다. 다행히 청에서도 대수롭지 않은 문제라는 듯 요청을 수락했다. 이로써 조선은 강희 연간에도 매년 설날에 성절 표문·방물을 전달하는 이른 축하 관행을 이어나갈 수 있었다. 그러나 이른 축하는 강희-옹정 교체기를 거치면서 늦은 축하로 바뀌게 된다.

강희 61년(1722) 십일월 13일 강희제가 사망하였다. 조선이 이미 시월 말에 동지사를 파견하여 '강희 62년 삼월 18일'로 날짜를 적은 표문을 보낸 뒤였다. 순치 18년 정월의 성절과 유사한 상황이었지만, 중대한 차이가 있었다. 조선은 새로 즉위한 옹정제의 첫 생일인 옹정 원년(1723) 시월 30일을 위하여 따로 성절사를 파견하기에 충분한 시간적 여유가 있었다. 게다가 만약 종래와 마찬가지로 이듬해 정월에 성절을 축하하게 되면, 이번에는 황제의 생일을 뒤늦게 축하하는 '결례'가 초래될 수도 있었다.

옹정 원년 이월 조선에서는 종래의 병공 관행을 계속 유지하게 해달라고 요청하였다. 이에 대하여 청의 예부는 옹정 원년의 성절에 대해서는 따로 성절사를 파견하고, 병공은 옹정 2년 성절부터 적용하는 것이 마땅하다는 의견을 내놓았다. '이른 축하'가 '늦은 축하'로 바뀌어서는 곤란하다고 보았기 때문이다.

하마터면 성절사를 따로 보내야 하는 번거로움을 감수할 뻔했지만, 다행히 옹정제가 예부의 의견을 물리치고 옹정 원년 성절사의 별도 파견 없이 종래의 병공 방식을 그냥 유지하라는 명령을 내렸다. 이에 따라 옹정 연간에는 시월 말의 성절을 그냥 보내고 약 두 달 뒤인 이듬해 정월 초하루에 가서 늦은 축하의 표문·방물을 전달하는 방식을 매년 반복하게 되었다.

늦은 축하는 건륭 연간에도 그대로 유지되었다. 옹정 13년(1735) 팔월 23일 옹정제가 사망하였다. 그런데 조선에서는 황제의 부고를 받은 지 한 달이나 되었음에도 십일월 2일 서울을 떠난 동지사를 통해 이미 지난 '옹정 13년 시월 30일'의 성절을 축하하는 표문·방물을 청으로 보냈다. 분명 이례적인 조치였기 때문에 조선은 그 사유를 청 예부에 따로 밝혔다. "상례襄禮로 따지자면 성절 방물은 응당 당해 연도의 원단에" 바쳐야 한다는 것이었다. 그간 비록 늦은 축하가 용인되었으나, 원래는 이른 축하가 마땅한 예의인지라 옹정 13년 정월에 보냈어야 할 것이라고 여겨 뒤늦게나마 보낸다는 의미였다. 또한 과거 강희제의 사망 후에 성절 표문을 전달한 선례도 언급하였다. 옹정 연간의 성절에 대한 늦은 축하가 상례에 어긋난다는 사실을 내심 우려해왔고, 그 때문에 이번과 달리 강희제의 사망 소식을 미처 접하기 전에 사행을 출발시켰던 '강희 62년 삼월 18일' 성절 표문의 사례까지 끌어들여 '옹정 13년 시월 30일' 성절 표문의 전달을 강행했던 것으로 보인다. 청에서도 이미 사망한 황제에 대한 조선의 생일 축하 선물을 별 이의 없이 받아들였다.

한편 조선은 곧이어 앞으로 다가올 새 황제의 첫 성절, 즉 건륭 원년 팔월 13일에 대해서도 표문·방물을 종래와 마찬가지로 건륭 2년 설날에 맞춰 파견하는 동지사 편에 맡겨 보내도록 해달라고 요청했다. 사실은 상례에 반하는 늦은 축하 관행을 바로잡을 뜻이 없었음을 알 수 있

다. 청의 예부는 이번에도 건륭 원년의 성절에 맞추어 별
도의 성절사를 파견하고 그다음부터 종래의 방식을 따르
는 것이 마땅하다는 의견이었다. 그러나 건륭제는 옹정제
와 똑같이 예부의 제안을 물리치고 조선의 늦은 축하 관행
을 용인하였다.

이에 따라 건륭제 즉위 당시 조선의 국왕이었던 영조
는 52년의 재위 기간 내내 건륭의 생일을 이듬해 정월에
야 뒤늦게 축하하는 관행을 단 한 번의 예외도 없이 지켰다.
1776년 조부의 뒤를 이어 왕위에 오른 젊은 국왕 정조도 즉
위 후 처음 3년 동안은 종래의 관행을 그대로 이어갔다.

그러나 정조 3년(1779) 겨울의 시점에서 보기에 다가오
는 정조 4년, 청의 연호로 건륭 45년은 무슨 특별한 일이라
도 있느냐는 식으로 그냥 넘어갈 수 없는 해였다. 신년 정
월 초하루가 되면 청의 황제가 마침내 일흔 살이 될 참이었
기 때문이다. 실제로 정조는 종래 볼 수 없었을 정도로 각
별한 정성을 기울여 건륭제의 칠순을 축하했다.

정조가 건륭의 칠순을 특별히 축하하다

정조 3년(1779, 건륭 44년) 음력 시월 29일, 조선에서는 여

느 해와 마찬가지로 동지사 일행이 베이징을 향해 서울을 떠났다. 이번 사행의 정사는 창성위昌城尉 황인점黃仁點(1732~1802)이 맡았다. 황인점 일행은 해마다 가져가는 표문 세 통(「성절표」, 「동지표」, 「정조표」)과 주문奏文 한 통(「연공 주본」), 그리고 각각에 상응하는 방물 외에 표류민을 구조하여 송환한 것에 감사한다는 「사은표」 등을 아울러 전달하는 임무를 띠었다. 사행의 공식 명칭은 이런 임무들에 맞추어 '삼절연공겸사은행三節年貢兼謝恩行'으로 기록되었다.

삼절연공행이 사은행을 겸하는 일은 일상다반사였으므로 황인점의 사행이 그냥 삼절연공겸사은행에 그쳤다면 굳이 주목할 가치가 없다고 할 것이다. 그러나 황인점 일행에게는 출발 당시의 공식 명칭에 반영되지 않은 특별 임무가 부여되어 있었다. 그것은 바로 건륭 45년 정월 초하루에 일흔 살 나이를 먹게 된 건륭제에게 특별한 축하의 뜻을 표하는 진하 표문 「하황상칠순표賀皇上七旬表」와 방물을 전달하는 일이었다.

앞에서 보았듯이, 건륭 연간 조선은 신년 정월 초하루에 전년의 성절에 대한 표문과 방물을 전달하는 늦은 축하 관행을 지속하고 있었다. 황인점 일행이 가져간 「성절

표」의 날짜 역시 '건륭 44년 팔월 13일'이었다. 만약 건륭 45년의 성절이 매년 돌아오는 '일상적' 절일이었다면, 늘 하던 대로 건륭 45년 말에 서울을 떠나는 동지사가 건륭 46년 정월 초하루에 '건륭 45년 팔월 13일' 날짜의 「성절표」를 제출하는 늦은 축하를 반복했을 터였다.

여기서 전통적으로 오순·육순 같은 10년 만에 돌아오는 경사, 즉 순경旬慶은 특별하게 취급되었던 만큼, 청나라의 가장 '모범적인 조공국'으로 알려진 조선이라면 설마 상례에 어긋나는 일인 줄 알고 있던 늦은 축하에 그쳤겠느냐는 의문이 들 수 있다. 그러나 청의 입관 이후 1779년까지 사행 파견의 실제를 검토해보면, 청 황제가 육순과 같은 특별한 생일을 맞이한 경우라 할지라도 조선이 '특별한 축하'를 위해 '특별한 사행'을 파견한 사례는 눈에 띄지 않는다.

입관 이후의 첫 황제인 순치제는 20대의 젊은 나이에 천연두에 걸려 죽었기 때문에 조선이 그의 장수를 축하할 기회는 아예 없었다. 그런데 강희제는 예순아홉 살까지 장수했다. 사순까지는 그냥 지나쳐도 아무런 상관이 없다 치더라도 오순과 육순의 경우에는 특별한 축하의 기회가 있었다고 할 수 있다. 더군다나 청에서는 1713년 강희제의 육순을 대경으로 축하하였다. 그럼에도 불구하고 조선에서는 강희제의 오순과 육순에 별도의 사행을 파견하지 않았다. 그뿐만이 아니라 동지사를 통해 전달한 「성절표」도 정해진 서식의 문장을 그냥 그대로 썼다. 이번 성절이 황제의 오순 또는 육순이라 더욱 축하한다는 식의 언급은 전혀 없었다. 해마다 으레 하게 되어 있는 '영혼 없는 축하'에 그쳤다는 말이다.

다만, 1703년(강희 42년)과 1713년(강희 52년) 음력 삼월 18일 황제의 오순·육순 만수절에 은조가 반포되었을 때 청에서 그 조서를 조선에 전달하기 위해 칙사를 파견하자, 조선에서 그에 대한 「사은표」를 보낸 일이 있었을 따름이다. 이 가운데 1703년의 사은사는 같은 해에 있었던 왕비 책봉 및 강희제가 직접 쓴 글씨 하사 등에 대한 사은이 주된 명목이었다. 은조에 대한 「사은표」에서도 황제의 오순에 대한 언급은 전혀 없었다. 반면에 1713년의 경우는 은조 반포에 대한 사은 표문 외에 진하 표문을 따로 작성하여 그해 칠월 말 진하겸사은행進賀兼謝恩行 편에 보냈다. 1703년과 1713년의 차이는 후자의 경우 은조의 내용에 황제의 육순과 더불어 역사상 유례없는 장기간의 재위 사실이 부각되었을 뿐만 아니라, 강희제가 조서와 함께 보낸 별도의 칙서에서 "짐의 나이 육십을 축하하는 예의"로서 이번에 칙사를 보낸다는 뜻을 밝혔기 때문이다. 이런 칙서와 은조를 받고도 황제의 육순에 마냥 침묵을 지킬 수는 없는 노릇이었다. 거꾸로, 만약 1713년에 청의 은조 반포와 칙사 파견이 없었다면 조선이 어떤 형태로든 강희제의 육순을 따로 축하하는 일 또한 없었을 것이다.

그런데 1713년의 진하 표문에서 조선이 주로 축하한 것은 황제의 육순 자체가 아니었다는 점이 흥미롭다. 물론 황제가 육순이라는 사실에 대한 언급은 있었으나, 황제 개인의 장수보다는 온 천하의 태평을 축하한다는 은조 반포의 명분에 맞추어 강희의 치세에 천하가 태평을 누리고 있음을 축하하였다. 하긴, 육순 생일이 몇 달이나 지난 시점에 '아, 이번이 육순이었나요? 그럼 특별히 감축드립니다.' 하는 식으로 뒷북을 치는 것은 그냥 가만히 있느니만 못한 일이었을 것이다. 더군다나 조선은 그해의 육순 만수절(강희 52년 삼월 18일)에 대한 축하를 평년과 다름없는 이른 축하 방식으로 이미 해버린 뒤였으니 새삼 육순을 다시 축하한다고 하기도 어색했을 것이다.

옹정 연간에는 황제가 1727년에 오순을 맞이했으나, 앞에서 보았듯이 청에서도 이렇다 할 조치가 없었다. 또 옹정제는 쉰여덟 살에 사망했으니 황제의 육순은 고려 사항이 될 수 없었다. 건륭제의 경우를 보면, 건륭 25년(1760)과 건륭 35년(1770)에 각각 황제의 오순과 육순 만수절이 있었지만, 애초에 청에서 강희제 때의 조서 반포와 같은 일이 없었던 까닭에 조선에서도 특별한 조치를 취할 필요 없이 그냥 넘어갈 수 있었다.

과거 청 황제 생일 축하의 실제가 이상과 같았으니, 칠순이 아무리 대단하다고 한들 청에서 먼저 무슨 요구가 있었던 것도 아닌데 조선이 먼저 특별한 축하의 표문을 보내기로 한 것은 전에 없던 성의誠意 표시였다고 보지 않을 수 없다. 그러나 좋은 일이건 나쁜 일이건 간에 전례 없는 일을 벌이기란 아무래도 부담스럽기 마련이다. 당시 조선 조정에서는 이 진하 표문이 아무리 선의에서 나온 것일지라도 워낙 전례가 없는 행위이기 때문에 섣불리 표문·방물을 전달했다가 자칫 예상치 않은 사달이 나지는 않을까 우려하였다. 그래서 황인점 일행은 건륭의 칠순에 대한 진하 표문을 일단 베이징까지 가져가기는 하되 실제 제출 여부는 베이징 현지의 상황을 살펴 결정하기로 했다. 건륭제가 칠순 만수절 1년 전부터 자신은 중앙과 지방의 신료들이 칠순을 축하하겠다며 나서는 것을 결코 원하지 않으며, 따라서 칠순 만수절에는 아예 열하의 피서산장으로 몸을 피할 작정임을 분명히 밝힌 사실을 인지하고 있었기 때문이다.

황인점 일행은 베이징으로 가는 도중에도 관련 정보를 탐문하였다. 그 결과 이번 칠순 만수절에는 특별한 경축 행사가 예정되어 있지 않지만, 신년 정월 초하루에 강희제의 육순 만수 때 사례를 원용하여 은조를 반포할 예정이라는 정보를 입수하였다. 이에 황인점 등은 정월 초하루의 진하 표문 제출은 은조 반포에도 딱 들어맞으리라고 판단하였고, 청의 예부에 제출하는 사신의 명목도 진하를 맨 앞에 내세우기로 하였다.

황인점의 보고에 따르면, 진하 표문을 접수한 청의 예부시랑은 '희색喜色'을 감추지 못하였다. 건륭제 역시 조선의 진하 표문과 방물을 기꺼이 받겠다는 뜻을 밝혔다. 청 예부 등의 관원들은 조선이 이번에 스스로 알아서 칠순을 미리 축하한 덕분에 황제께서 이토록 기뻐하며 따뜻한 말씀을 내리신 것이라며 치하하였다. 또한 황인점 일행이 서울에 도착해서 정조에게 귀국 보고를 한 것은 사월 19일이었는데, 그 자리에서 정조가 이번 사행에 대한 청의 반응이 어떠하였느냐고 묻자 황인점은 이렇게 대답했다. "이번 사행은 대단하게 생색이 났습니다."

이렇게 해서 황인점 일행은 자신들에게 주어진 특별한 임무, 즉 전례 없는 진하 표문 전달에 성공하였다. 앞에서 서술했듯이, 조선은 종래 청 황제의 오순·육순 등에 대하여 아무런 조치도 취하지 않았다. 여느 해와 마찬가지로 동지사가 가져간 성절 표문과 방물로 이른 축하 또는 늦은 축하를 하는 데 그쳤다. 따라서 황인점 일행이 칠순에 이른 황제에게 특별한 축하의 뜻을 밝히는 진하 표문을 올린 것은 이례적인 성의 표시가 분명했으며, 청 예부의 관원들이 이에 대해 반색하며 좋아한 것도 당연한 반응이었다고 할 수 있다.

그러나 황인점 일행의 특별한 축하는 건륭제가 전통적인 나이 계산법에 따라 건륭 45년 정월 초하루에 일흔 살을 먹게 된 사실을 축하한 것이었지, 칠순 만수절 자체에 대한 축하는 아니었다. 팔월 13일의 생일에 대한 축하는 또 다른 사안이었다. 당시의 늦은 축하 관행에 따르자면, 이제 조선은 '건륭 45년 팔월 13일'의 칠순 만수절에 대해서 여느 해와 마찬가지로 그해 연말에 파견할 동지사를 통해 「성절표」를 전달하면 그만이었다. 그러나 실제 상황은 그렇게 전개되지 않았다. 정조가 종래의 관행을 깨는 선택을 하였기 때문이다.

건륭의 칠순 만수절에 진하 특사를 파견하기로 하다

건륭 45년(1780) 정월 초하루, 청에서는 황제의 칠순을 기념하는 조서가 반포되었다. 조선은 외국 가운데 유일하게 이 조서의 반포 대상이 되었다.

황제가 조서를 보낼 때마다 조선에서는 감사의 뜻을 표하는 것이 '사대 외교'의 규칙이었다. 게다가 청은 이 조서를 따로 파견한 칙사가 아니라, 황인점 일행의 귀국 편에 맡겨 보냈다. 이런 경우를 가리켜 '순부順付'라고 하였다. 조서의 순부는 칙사 접대에 뒤따르기 마련인 조선의 행정적·재정적 부담을 덜어주는 효과가 있었기 때문에 조선으로서는 더더욱 사은하지 않을 수 없었다.

이처럼 청에 대한 사은의 필요가 생긴 경우에는 어떤 방식을 취하여 사은할 것인지도 문제였다. 오로지 사은만을 위해 따로 사신을 파견할 것인가? 아니면, 조서의 순부와 마찬가지 방식으로 어차피 매년 보내기로 예정되어 있는 동지사 편에 사은의 표문과 방물을 맡겨 보낼 것인가? 전자를 가리켜 별사를 파견한다고 하고, 후자를 가리켜 표문을 '겸부兼付'한다고 한다.

사은 방식의 문제와 관련하여, 옹정제는 조선에 대하여 앞으로 모든 사은 표문은 동지사 편에 겸부함으로써 별사 파견의 부담을 덜도록 규정한 바 있다. 황제가 조선을 위한답시고 어떤 조그만 혜택이라도 베풀면, 조선 국왕의 입장에서는 그에 대한 사은이 마땅한 도리가 된다. 이런 경우 작은 호의가 도리어 조선에 더 큰 부담을 안기는, 말하자면 '되로 주고 말로 받는' 일이 되는 역설적 메커니즘이 되리라는 점은 누구라도 어렵지 않게 상상할 수 있을 것이다. 청은 이처럼 되로 주고 말로 받는 메커니즘을 거의 100년간 작동시킨 뒤에야 비로소 문제시하면서 바로잡은 것이다.

옹정 연간의 규정에 따라 별사를 파견하지 않기로 하

더라도 결정해야 할 문제가 또 있었다. 사은 표문에 방물을 딸려 보낼 것이냐, 말 것이냐가 그것이다. 당시에는 방물을 보내야 한다는 것이 이 문제에 대한 '정답'이었다. 강희 말년에 청이 조서 반포에 대한 사은을 제외하고 기타 사안으로 사은 표문을 보낼 때에는 방물을 딸려 보내지 말라고 통보한 바 있기 때문이다. 이는 별사를 파견하지 않고 사은 표문을 겸부하는 경우라 할지라도 방물을 갖추게 하면 그것만으로도 조선에 만만치 않은 경제적 부담을 안기게 되는 문제를 시정한 것이었지만, 조서 반포에 대한 사은만은 이 조치의 예외였다.

그러므로 1780년 초의 시점에서 관련 규정 및 선례에 근거하여 황인점 일행이 가져온 은조에 대한 사은 방식을 결정하자면, 1780년 연말에 떠날 동지사 편에 표문과 방물을 겸부하는 것이 정답이었다고 하겠다. 그러나 황인점이 발송한 장계가 서울에 도착한 뒤 정조와 그의 신료들은 이 정답에 만족하지 않았다. 그해 팔월 13일의 만수절은 전례를 찾을 수 없는 일대 경사이기 때문에 단지 기존 규정이나 선례에만 비추어 의사를 결정할 수 없다고 생각했다.

만약 청에서도 팔월 13일의 만수절과 관련하여 아무런 일도 벌이지 않는다면 물론 고민할 필요가 전혀 없었다. 앞서 언급했듯이 황제는 아무것도 하지 않겠노라고 선언한 상태였고, 조선에서도 그것을 알고 있었다. 그런데 황인점이 귀국길에 오르면서 서울로 먼저 보낸 장계에는 이런 정보도 포함되어 있었다. 베이징에 머무는 동안 역관들이 요처를 탐문한 결과 비록 황제가 칠순 만수절에 축하 인사와 예물을 받지 않겠다며 '겸손'의 뜻을 분명히 밝힌 것은 사실이나, 베이징의 왕공·대신들과 각 성의 총독·순무들은 황제의 칠순 만수절에 기필코 표문과 예물을 올릴 기세라는 전망적 관측을 입수했다는 것이었다.

어떻게 해야 좋을까? 이 질문을 둘러싼 논의 과정에서 영의정이 '진하겸사은사進賀兼謝恩使'의 특파를 제안하였다. 제안의 논거는 이랬다. 황태후의 칠순(1761년)과 팔순(1771년) 때가 이번의 조서 순부와 유사한 선례라고 할 수 있는데, 당시 그에 대한 표문과 방물을 모두 동지사 편에 겸부하였다. 이번은 황제의 칠순이니 황태후에 대해서보다 격을 한 단계 높여야 한다. 그러므로 사은사를 따로 파견해야 하는데, 어차피 황인점 일행의 귀국 후 머지않아 사신을 보내야 한다면 차라리 칠순 만수절을 직접 겨냥하여 진하겸사은사를 파견하는 것이 좋지 않을까? 정조가 좌의정에게 영의정의 제안을 어떻게 생각하냐고 묻자, 좌의정 역시 마땅히 별사를 파견해야 한다며 찬동하였다. 논의 결과, 정조는 삼월 20일 금성위錦城尉 박명원朴明源(1725~1790)을 진하겸사은사의 정사로, 정원시鄭元始(1735~1782)를 부사로 임명하였다. 서장관 인선은 한 차례 변경을 거쳐 조정진趙鼎鎭(1732~1792)으로 최종 결정되었다.

이제부터는 금성위 박명원이 이끈 사행을 가리켜 '진하 특사'라고 부르기로 한다. 전례가 없는 특별한 축하 사절이었으니 '특사'라고 불러도 별문제가 없지 않을까 해서이다. 여기에 오늘날 외국에 특사를 파견할 때 국가 최고 지도자의 최측근 인사나 친인척을 임명하는 사례가 종종 있다는 점도 고려하였다. 정사로 임명된 박명원은 정조의 고모부였기에 바로 그런 종류의 특사에 속한다고 볼 수 있기 때문이다.

특사 박명원이 열하의 칠순 만수절 하례에 참석하다

1780년 진하 특사 박명원에게 주어진 주된 임무는 물론 팔월 13일의 칠순 만수절을 축하하는 것이었지만, 공식 명칭이 '성절겸사은사'가 아니라 '진하겸사은사'였다는 점도 주의를 요한다. 칠순 만수절이라는 아주 특별한 성절을 축하하기 위한 것이었기 때문에 여느 성절에 대한 축하보다 격을 한 단계 높여 '진하'라는 명목을 붙인 것이다. 방물 또한 진하의 사례에 맞추어 성절보다 많이 준비하였다.

한편 진하 표문의 날짜는 칠순 만수절 날짜에 맞춘 '건륭 45년 팔월 13일'이었다. 앞서 서술했듯이, 건륭 44년까지의 성절 표문은 늦은 축하로 전달되었다. 그러나 건륭 45년의 진하 표문만은 진하 특사 파견에 의해 성절 당일에 전달되었다. 1645년 병공 조치가 시행된 지 135년 만에 처음 있는 일이었다.

조선의 사신이 청 황제의 만수절 하례에 직접 참석한 것은 더 오랜만이었다. 청 황제의 생일에 맞추어 성절사를 따로 파견한 것은 순치 2년의 성절이 마지막이었지만, 순치 초년에는 국상으로 인해 애초에 만수절 하례가 열리지 않았다. 홍타이지의 말년에도 국상 또는 천연두 유행 등으로 인해 만수절 하례가 실제 거행된 것은 1640년이 마지막이었다. 따라서 건륭 칠순 진하 특사 박명원이 만수절 하례에 참석한 것은 조선·청 관계의 역사상 140년 만에 처음 있는 일이었다고 하겠다.

이처럼 조선의 사신이 140년 만에, 그리고 청 입관 이후 처음으로 청 황제의 만수절 하례에 참석한 일은 두말할 나위 없이 조선의 정조가 파견 의무도 없었던 진하 특사를 자발적으로 보냈기 때문에 가능했다. 더군다나 청에 조공하는 여러 외국 가운데 1780년 열하의 칠순 잔치에 축하 사절을 보낸 나라는 조선이 유일했다. 조선의 진하 특사 파견은 당시 건륭제도 기대하지 않았던 이례적인 성의 표시였으며, 바로 그러한 까닭에 앞선 황인점 사행의 칠순 축하 이상으로 "대단하게 생색"이 났다. 그리고 건륭으로부터 그에 상응하는 만큼의 후대를 받았다.

그러나 박명원 일행은 1780년의 열하에서 만수절 하례 참석에 못지않게 특별하지만, 동시에 꿈에도 생각지 못할 정도로 당혹스러운 경험을 하게 된다. 아득하게 머나먼 서쪽의 티베트에서 온 '살아 있는 부처' 판첸과의 조우가 그것이다.

Q 묻고

A 답하기

오순·육순 때처럼 베이징에서 생일을 보내더라도 '외번이 모두 모이는' 잔치가 가능했을 텐데 건륭제가 1780년 칠순 잔치 장소를 굳이 열하로 정한 이유는 무엇인가?

종래 건륭이 칠순 잔치의 장소로 베이징이 아닌 열하를 선택한 데에는 판첸의 방문이 결정적인 영향을 끼친 것으로 이해되었다. 그러나 판첸이 먼저 열하로 건륭을 만나러 오겠다고 한 것은 아니라는 사실에 주의해야 한다. 청의 실록 기록에 따르면, 처음에 판첸이 1780년이 되면 건륭의 칠순을 축하하러 베이징으로 오고 싶다는 의사를 전했을 때 건륭은 그의 제안을 흔쾌히 수락했으나, 다시 사흘 뒤에 칠순 생일 때 자신이 열하에 머문다면 "외번이 모두 모이게" 될 것이라면서 판첸도 그때 열하로 오면 가장 좋겠다는 뜻을 밝혔다고 한다. 그런데 연구 결과에 따르면, 판첸은 단지 베이징 방문의 의사만 밝혔을 뿐 그 시기까지 밝히지는 않았으며, 방문 시기를 자신의 칠순 생일에 맞추도록 한 것은 사실 건륭이었다고 한다.

이처럼 판첸의 방문 시기 및 목적, 심지어는 방문의 최초 제안자까지도 논란의 대상이지만, 여기서 특히 주목할 것은 애초에 판첸의 목적지가 베이징이었다는 사실이다. 판첸의 방문은 원래 1650년대 초에 있었던 달라이 라마 5세의 베이징 방문을 재현한다는 의미가 있었다. 그런 점에서 판첸의 목적지는 베이징이 자연스러웠으며, 실제로 건륭은 칠순 잔치 이후 판첸을 열하에서 티베트로 돌려보낸 것이 아니라 베이징까지 오게 하였다. 따라서 건륭이 칠순 잔치 장소를 열하로 정한 주된 이유를 판첸의 방문에서 찾는 것은 설득력이 떨어진다.

그러면 건륭이 칠순 잔치 장소를 열하로 정한 이유는 무엇일까? 건륭은 칠순 생일 무렵 자신이 열하에 가 있으면 '외번이 모두 모일' 수 있다고 했다. 이를 뒤집어 말하자면 베이징에서는 '외번이 모두 모이기' 어렵다는 의미도 된다. 열하와 베이징 사이에는 도대체 무슨 차이가 있었는가?

해답의 실마리는 천연두 문제에서 찾을 수 있다. 다섯 번째 꼭지에서 자세히 소개하겠지만, 청의 외번에 속하는 몽골의 왕공 귀족들은 정해진 순서에 따라 돌아가며 베이징을 직접 방문하여 정월 초하루의 하례에 참석하는 의무를 지고 있었다. 그러나 천연두 면역이 없는 왕공 귀족은 감염의 위험을 무릅쓰지 않는 한 베이징에 올 수 없었다. 한겨울의 베이징은 천연두 감염의 위험이 컸기 때문이다. 이에 건륭제는 천연두 면역이 없

는 왕공 귀족을 위하여 매년 연말 베이징으로 오
는 대신 팔월 중순 자신의 생일에 맞춰 열하로 오
게 하였다. 만리장성 이북 지역은 남쪽보다는 천
연두로부터 훨씬 더 안전했기 때문이다.

따라서 베이징은 천연두 면역이 없는 왕공들
을 불러들이기에 부담스러운 장소였다고 할 수 있
다. 특히 신장 지역에서 유목하던 두르베트나 토
르구트의 왕공들은 당시 천연두 면역이 거의 없었
기 때문에 베이징에서는 건륭이 바라는 대로 '외
번이 모두 모이는' 환경을 만들기가 곤란했다. 반
면에 열하에서라면 건륭제 자신이 '초청'하고 싶
은 '특별 하객'들을 천연두에 대한 염려 없이 모이
게 할 수 있었다.

조선에서는 어떤 사람을 청나라에 파
견하는 사신으로 뽑았는가?

병자호란이 끝난 뒤 선양으로 가는 조선 사행

의 정사는 청의 요구에 의해 1품의 정승이, 부사
는 2품의 판서가 맡게 되었다. 그러나 청의 입
관 후인 1649년에 이르러 정사는 정2품의 판
서 이상을, 부사는 종2품의 참판 이상을 임명
할 수 있도록 인선 조건을 완화하였다. 연로한 사
람이 많은 정승급 대신 중에 서울과 베이징을 왕
래해야 하는 힘든 여행을 감당할 만한 이가 많
지 않았기 때문이다.

그런데 이러한 인선 원칙은 매년 정기적으
로 파견하는 동지사의 정·부사 임명에 적용되
는 것이었다. 조선에서 따로 요청할 사안이 있거
나 청 황제에게 축하 또는 감사 인사를 할 때에
는 인선 대상의 품급을 한 단계씩 높여 정·부사
를 임명하였다. 특히 축하를 위한 진하사, 감사
를 위한 사은사의 경우에는 가능한 한 1품의 종
친이나 부마를 정사로 임명하였다. 다만, 사신
의 임무를 차질 없이 수행하려면 경륜과 학식
도 어느 정도는 갖추어야 했기 때문에 아무리 가
까운 종친이나 부마라도 너무 어리거나 무능하

면 곤란했다.

말이 나온 김에 정조가 1780년 건륭제의 칠순과 관련하여 청에 파견한 전후 두 차례의 특사 인선에 대해서 보충 설명을 하고자 한다. 진하사·사은사는 되도록 가까운 종친이나 부마를 임명하는 것이 관례였지만 1780년경의 정조에게는 혈연상 가까운 종친이 거의 없었다. 잘 알려져 있듯이 효종 이후의 조선 왕실에서는 아들이 매우 귀했다. 현종顯宗(1641~1674)은 효종의 외아들, 숙종은 현종의 외아들이었고, 경종은 아들이 없어 아우 영조가 왕위를 이었다. 여든 살을 넘기도록 장수했던 영조의 경우도 장성하여 자식을 낳은 아들은 사도세자(1735~1762) 한 명뿐이었다. 정조에게는 이복동생들이 있었지만, 1780년경에 생존한 이는 은언군恩彦君(1754~1801) 한 사람뿐이었고, 그나마 사신의 임무를 맡기기에는 너무 젊었다. 이렇게 적당한 종친을 찾기 어려웠던 까닭에 정조는 부마들에게로 눈을 돌릴 수밖에 없었다. 정조의 매제들은 아직 나이와 경험이 부족했지만, 다행스럽게도 고모부들, 즉 영조의 부마들이 있었다.

영조의 부마 일곱 명 중에서 1780년경의 생존자는 네 명이었다. 그 가운데 사신으로 다녀올 만한 연령대에 속하는 이는 딱 두 사람, 즉 금성위 박명원(1725~1790)과 창성위 황인점(1732~1802)밖에 없었다. 정조가 1780년의 정월 초하루에 황제가 칠순에 도달했음을 축하하도록 파견한 사행의 정사로 황인점을, 팔월 13일의 칠순 만수절을 위한 사행의 정사로 박명원을 낙점한 것은 두 사람이 자신의 고모부였기 때문이다. 특히 박명원은 사도세자와 동복이었던 화평옹주和平翁主(1727~1748)의 남편이었으니, 특사 임무를 맡기기에 가장 적합한 사람이었다고 할 수 있다.

3부 _____

진하 특사

박명원의
사행과

'봉불지사'

소동

박명원 일행은 열하에서 역사상 유례를 찾을 수 없을
정도의 환대를 받고 돌아왔다. 조선 조정이 사은사를
따로 파견하지 않으면 안 된다고 판단할 정도로 융숭한
대접이었다. 황제의 융숭한 대접만 있었다면 참 좋았
을 텐데, 박명원 일행이 귀국한 지 얼마 되지 않아 열하
에서 받아 온 '금불' 때문에 그만 사달이 나고 말았다.

정조의 특사 박명원이
열하에 다녀오다

박명원의 사행이 박지원의 『열하일기』를 낳다

앞에서도 언급했듯이, 박지원의 『열하일기』는 오늘날에도 인기가 꽤 많은 책이다. 김창업金昌業(1658~1721)의 1712~1713년 연행 기록인 『연행일기燕行日記』, 홍대용洪大容(1731~1783)의 1765~1766년 연행 기록인 『연기燕記』와 더불어 18세기 연행록의 최고 걸작으로 꼽히는 작품이기 때문에 한국 문학사와 사상사 등 다양한 분야에서 수많은 연구가 이루어졌다. 여러 차례 번역되었고, 다양한 형태의 번안 작품도 만들어졌다. 조선 시대 한문으로 쓴 작품으로 이만한 대중적 인기를 누리는 것은 아마 없지 않을까 싶다. 기본적으로 문학 작품으로서의 우수성에 더하여 저자 박지원이 18세기 후반의 조선에서라면 '진보 지식인'이라 부를 만한 북학파北學派의 대표자이며, 당대의 조선 사회에 대한 신랄한 비판을 담았다는 점도 작용했을 것이다. 또한 『열하일기』는 만주인들이 세운 청 왕조 치하의 중국에 대한 외국인의 관찰 기록이라는 측면에서도 그 가치를 널리 인정받아왔다.

하지만 막상 『열하일기』를 직접 읽어본 독자라면 결코 쉬운 책이 아니라는 생각이 들었을 것이다. 그도 그럴 것이, 『열하일기』는 워낙에 한글이 아니라 한문으로 쓴 책이다. 번역본이 있다 해도 한자 어휘가 많아서 21세기의 한국인에겐 낯설고 어려울 수밖에 없다. 하지만 박지원과 동시대를 살았던 지식인들에게 『열하일기』는 대중 친화적인 글로 인식되었던 것 같다. 고전의 고문을 문체의 모범으로 삼아야 한다고 생각하던 국왕 정조가 『열하일기』를 당시 중국에서 유행하던 통속적인 글들과 비슷한 문체를 구사한 대표적인 책으로 꼭 집어 비판했을 정도이다. 이는 박지원의 『열하일기』가 문학적으로 그때까지 볼 수 없었던 참신한 문체의 책이었기 때문이라지만, 문학적 감별 능력은 없고 그저 문장의 의미를 파악하기도 벅찬 역사학도의 입장에서는 무엇을 보고 새로운 문체라고 하는지 잘 모르겠다. 단지 『열하일기』에 등장하는 역사적 사실들에 저절로 눈이 갈 따름이다.

박지원이 『열하일기』에 펼쳐놓은 이야기는 정말 다양하지만, 오늘날 최소 500종 이상에 달하는 다른 연행록 작품들에 견주어 『열하일기』의 최대 특징은 역시 조선인이 직접 겪은 '열하 이야기'를 최초로, 그것도 빼어난 글솜씨로 생생하게 그려냈다는 점일 것이다. 연행록 작품들은 대개 베이징에 다녀온 이야기였지만, 『열하일기』에는 제목이 표방한 대로 다른 작품에서는 볼 수 없는 열하 이야기가 있는 것이다. 『열하일기』 전체 분량의 30~40퍼센트가 직접 또는 간접의 열하 이야기라고 할 수 있는데, 박지원은 자신을 포함한 조선 사신 일행이 겪은 열하 이야기를 「태학유관록太學留館錄」, 「찰십륜포札什倫布」, 「반선시말班禪始末」, 「황교문답黃敎問答」, 「행재잡록行在雜錄」 등에 집중적으로 펼쳐놓았다.

'태학유관록'은 열하의 태학에 머문 기간의 기록이라는 의미로, 여기서 태학은 열하에서 조선 사신 일행이 사용한 숙소를 말한다. '찰십륜포'는 티베트에서 판첸이 살던 절의 티베트어 이름 '타시룬포'를 한자로 음차 표기한 말인데, 『열하일기』의 「찰십륜포」는 판첸이 열하에 왔을 때 머물 수 있도록 건륭제가 새로 지어준 절을 가리킨다. 이 절의 한자 이름 '수미복수지묘須彌福壽之廟'는 '타시룬포'의 뜻을 중국어로 번역하여 붙인 이름이다. '반선시말'의 반선은 현대 중국어로 '반찬ban chan'이라고 읽히니 판첸을 한자로 음차 표기한 말임을 알 수 있는데, 청에서 판첸에게 부여한 정식 칭호는 '판첸 어르더니[班禪額爾德呢]'였다. '황교문답'의 황교란 판첸이 속한 티베트 불교의 교파인 겔룩파를 가리키는 말이다. 따라서 '반선시말'과 '황교문답'은 판첸과 티베트 불교에 관한 이야기라고 풀이할 수 있다. '행재잡록'의 행재라는 말은 정식 수도가 아닌 곳으로 임금이 임시로 머무는 장소를 뜻하니, 1780년 당시의 열하를 가리킨다. 박지원은 열하에서 얻은 잡다한 기록들을 「행재잡록」에 실은 것이다.

이 가운데 「찰십륜포」에 묘사된 건륭과 판첸의 만남은 청·티베트 관계의 성격을 둘러싼 국제 학계의 논쟁에서 특별한 가치를 인정받아 많이 인용되고 있다. 국내에서도 『열하일기』 속의 열하 이야기에 관한 한, 「찰십륜포」

를 위시하여 앞에서 언급한 여러 편을 통해 드러나는 판첸에 대한 박지원의 묘사와 인식, 그리고 조선 사신 일행과 판첸의 만남 장면 등에 관심이 집중되었다. 그러다 보니 저자 박지원이 참여했던 조선 사행, 즉 금성위 박명원이 이끌었던 1780년 진하 특사의 활동은 줄곧 관심의 사각지대에 머물러 있었다.

그러나 박지원이 『열하일기』에 풀어놓은 열하 이야기는 기본적으로 박명원의 특별한 사행이 낳은 산물이었다. 『열하일기』의 열하 이야기가 박명원 일행의 활동 내용을 반영한 것임은 당연하다. 따라서 『열하일기』의 텍스트 내용을 온전히 파악하기 위해서는 박명원의 사행 활동을 반드시 이해해야 한다.

더군다나 박명원의 사행과 『열하일기』의 관계는 단지 후자가 전자의 활동 내용을 반영하는 수준에 그치지 않는다. 박지원은 자료의 정리 및 편집 과정을 거쳐 1783년경 『열하일기』를 일단 탈고한 것으로 추정된다. 그는 『열하일기』를 집필하면서 연행록의 일반적 형식인 일기체를 작품 전체에 걸쳐 채용하지는 않았다. 압록강을 건넌 1780년 음력 유월 24일부터 사신 일행이 열하에 갔다가 베이징으로 돌아온 팔월 20일까지만을 일기체로 썼을 뿐이다. 그 나머지는 다양한 견문을 내용에 따라 여러 편篇으로 분류하여 기술하였다. 서울 출발에서 압록강 도강渡江까지와 베이징을 떠나 귀국하기까지의 여정은 아예 쓰지 않았다. 여행 과정의 견문을 있는 그대로 충실히 옮기기보다는 어떤 의도하에 견문을 취사선택하고 그 의도를 가장 잘 드러낼 수 있도록 배치하는 방식을 취했을 가능성을 충분히 상정할 수 있다.

여기서 열하에서 겪은 이야기의 텍스트화 과정, 즉 견문의 취사선택 및 구성plot에도 박지원의 어떤 의도가 작용한 것은 아닐까 하는 질문을 던질 수 있다. 하지만 어떤 의도의 존재 여부 및 그 영향 여하는 텍스트 내부에서 파악하기 어렵다. 이로부터 텍스트 내부에서 벗어나 박명원의 사행 활동을 들여다볼 필요성이 더욱 절실해지는데, 문제는 박명원 일행의 활동을 살펴보려 할 때『열하일기』보다 나은 자료가 존재하느냐이다. 여기서 이런 의문을 던지는 까닭은 이렇다.

오늘날 한국의 고전문학이나 역사를 연구하는 사람들은 박지원이라는 인물과『열하일기』라는 작품을 대단히 높게 평가한다. 예컨대, 이런 식의 이야기까지 나올 정도이다. 건국 초부터 불교 배척을 구호로 내세웠던 '성리학의 나라' 조선은 박명원 일행이 판첸과 같은 불교 승려, 그것도 중국이 아니라 티베트의 승려와 만났다는 사실을 왕조의 공식 기록에 올리고 싶지 않았다. 그래서 『정조실록 正祖實錄』이나 『승정원일기』 등에는 박명원 등이 판첸과 만났다는 이야기를 아예 쓰지 않았다. 침묵으로 은폐를 기도한 것이다. 그러나 박지원은 『열하일기』에서 국가가 은폐하고 싶었던 이야기를 남김없이 다 폭로했다. 당시의 기록물들이 제도적·사회적·이데올로기적 제약을 받았던 것과 대조적으로, 『열하일기』는 시대를 앞서가던 자유로운 인간 박지원이 쓴 책이기에 그러한 제약에 구속되지 않을 수 있었다. 이처럼 다른 기록에서는 판첸과의 만남 등을 은폐한 반면에 오직 박지원만이 어떠한 왜곡이나 은폐도 시도하지 않고 사실을 있는 그대로 다 썼다고 한다면, 『열하일기』 이외의 사료들은 볼 필요가 없지 않은가?

그러나 어떤 일에 대한 기록이 '전혀 없다'는 주장과 그 주장에 근거하여 전개된 논의는 언제 무너질지 모르는 위험에 노출되기 마련이다. 기록이 하나라도 발견되면 모든 것이 한순간에 무너지기 때문이다. 조선의 국가 기록이 박명원과 판첸의 만남을 은폐했다는 말은 전혀 사실이 아니다. 『정조실록』의 해당 시기 기사들을 찾아보는 정도에서 조사를 멈춘 탓이다. 앞의 주장을 전개한 사람들은 '내 눈에 띄지 않았으니 존재하지 않는 것이다'라고 오해한 것에 불과하다.

박명원과 판첸의 만남에 관한 기록은 적잖이 남아 있다. 이제 어떤 기록이, 어떻게 만들어져, 어떻게 남아 있는지에 각별하게 신경 쓰면서 1780년 박명원의 사행 활동을 자세히 들여다보기로 하자.

건륭제가 뜻밖에도 박명원 일행을 열하로 부르다

진하 특사 박명원 일행이 서울을 떠난 것은 1780년 음력 오월 25일이었다. 일행은 음력 유월 24일에 압록강을 건넜고, 팔월 1일 베이징에 입성하였다. 박명원 일행은 압록강을 건너 베이징까지는 18세기의 여느 사행이 줄곧 다니던 길을 갔지만, 베이징과 열하 사이를 왕복했다는 점에서 남다른 여행을 경험했다고 할 수 있다. 또한 겨울이 아니라 한여름에 그 머나먼 길을 간 것이라는 점도 유

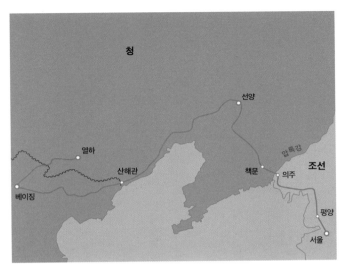

청

선양

열하

산해관

압록강

책문

조선

의주

베이징

평양

서울

1780년 진하 특사 박명원 일행의 여행 경로

넘할 대목이다. '오뉴월 서릿발'이니 '오뉴월 감기'니 하
는 말이 있다. 양력으로 5월에는 비록 자주는 아닐지라
도 어쩌다 '서릿발'을 볼 수 있다. 물론 감기도 곧잘 걸린
다. 하지만 여기서 '오뉴월'은 음력 오월과 유월을 가리킨
다. 1780년 박명원 일행의 서울 출발과 베이징 도착 날짜
를 양력으로 환산하면, 각각 6월 27일과 8월 30일이 된다.
오늘날 대학의 여름방학에 해당하는 기간에 서울에서 베

이징까지를 주파한 것이다. 일행이 장마와 무더위에 시달리는 모습을 충분히 그릴 수 있다.

여기서 누군가는 동지사의 한겨울 여행보다는 그래도 낫지 않을까 하는 생각이 들지도 모르겠다. 문득 30년 전 8월의 어느 날 밤 논산훈련소에서의 야간 행군이 떠오른다. 캄캄한 어둠 덕에 햇볕 걱정이 없었음에도 푹푹 찌는 무더위 탓에 탈진한 동료들이 하나씩 하나씩 길가 무논으로 풍덩 처박히던 소리가 지금도 귓가에 생생하다. 그때의 경험을 떠올리면서 무거운 짐을 바리바리 지고 여름날 땡볕 속을 걸어가는 모습을 상상해보건대, 아마 고역도 그런 고역은 없지 않을까 한다. 먹구름이 몰려와 비가 쏟아진다고 해서 좋을 것도 없다. 옛날 길에는 아스팔트가 깔려 있지 않았다. 비가 오면 길은 진창으로 돌변한다. 사람이든 말이든 진창은 마른 길보다 걷기가 훨씬 더 힘들다. 조선 사신단은 압록강을 건넌 뒤 삯을 주고 운송업자를 고용해서 무거운 짐을 나르게 하였는데, 수레도 바퀴가 진창에 빠지면 애물단지로 돌변한다. 흙탕물이 급류를 타고 넘실넘실 위태롭게 흐르는 강물은 건너갈 엄두조차 내기 어렵다.

조선 후기 사신들의 여정은 압록강을 건넌 뒤 베이징 도착까지 28일 일정이 표준이었건만, 박명원 일행은 36일이나 걸렸다. 그러니 모르긴 몰라도 1780년 박명원 일행은 계절 변수에 관한 한 최악의 상황을 경험했다고 보아야 할 것이다. 『열하일기』에도 행여 일정을 맞추지 못할까 노심초사하는 모습이 잘 묘사되어 있지만, 1780년 박명원 일행의 베이징행은 실로 여름철 장맛비와 진창길 그리고 무더위를 뚫고 간 고난의 행로였다. 팔월 1일 베이징에 도착했을 때 일행이 얼마나 큰 안도감을 느꼈을지는 상상이 가고도 남는다.

베이징에 도착하자마자 바로 처리해야 하는 급선무는 역시 칠순 진하 표문과 방물, 그리고 앞서 황인점 일행에게 베푼 청의 외교적 우대 조치 등에 감사의 뜻을 표하는 표문 몇 통을 청 예부에 전달하는 일이었다. 이번 사행 임무의 성격상 약 2주 후에 열릴 만수절 당일의 축하 의식에 참석해야 한다는 가장 중대한 일이 남아 있지만, 그것은 전혀 염려할 필요가 없었다. 황제가 베이징에 없었기 때문이다.

앞에서 봤듯이 건륭제는 칠순 잔치를 열하에서 벌일 계획을 세우고는, 박명원 일행의 서울 출발 무렵인 음력 오월 21일에 이미 베이징을 떠나 줄곧 열하에 머물고 있었다. 박명원 일행으로서는 팔월 13일(1780년 9월 11일)의 칠순 만수절에 베이징의 청나라 관원들과 함께 멀리 열하의 황제를 향해 하례를 올리는 망하례望賀禮에 참석하기만 하면 모든 임무가 완수되는 상황이었다. 다른 공식 일정도 딱히 없었다. 여행의 피로를 풀면서 이따금 여유롭게 관광을 다니는 일만 남은 듯했다. 그러나 상황은 전혀 예상치 못한 방향으로 흘렀다.

청나라는 베이징과 열하 간에 매우 신속하고 효율적인 연락 체계를 운영하고 있었다. 1년에 몇 달씩이나 베이징을 떠나 있음에도 불구하고 황제가 정무를 처리하는 데 아무런 지장이 없을 정도였다. 팔월 1일 박명원 일행이 베이징에 도착하자, 베이징의 예부는 늘 하던 대로 이 사실을 열하의 건륭제에게 보고했다. 그런데 뜻밖에도 건륭제는 조선에서 만수절을 축하하러 사신이 도착했다면 곧장 열하로 보냈어야지 왜 베이징에 붙잡아두었냐고 역정을 내면서 당장 열하로 보내라는 명령을 내렸다. 베이징의 예부도, 박명원 일행도 예상치 못했던 황제의 명령은 팔월 4일 저녁 베이징의 사신 숙소에 전달되었다. 박명원은 전체 일행에서 일부 인원만 뽑아 부랴부랴 짐을 꾸려 이튿날 아침 일찍 열하로 향했다. 일행은 황제의 노여움을 사지는 않을까 노심초사하면서 허겁지겁 발걸음을 재촉했다.

박명원 일행이 열하에서 건륭의 특별한 환대를 받다

박명원 일행이 베이징을 향해 서울을 떠난 날짜는 음력 오월 25일이었다. 그날 이후 서울의 조선 조정이 그들의 활동 상황을 파악할 수 있는 수단은 오직 문서뿐이었다. 일반적으로 사신이 베이징으로 가져간 외교문서에 대한 청나라의 공식 회답 문서는 그 사신의 귀국 편에 맡겨졌다. 그러니 서울의 조정이 사행의 경과나 결과를 파악하기까지는 오랜 시간이 걸릴 수밖에 없었다. 이래서는 특별한 사안이 발생했을 때 신속히 대처하기가 어려웠다. 이런 문제를 보완하기 위하여 사신들은 베이징을 떠나면서 서울로 장계를 띄웠다. 일행에는 인마와 짐이 워낙 많아 여행의 속도가 느릴 수밖에 없었으므로, 수행 무관 중에서 몇 명을 뽑아 역관과 함께 사신의 장계를 들고 먼저 귀국하게 하였다. 이처럼 사신의 장계를 들고 먼저 돌아온 무관을 가리켜 '선래군관先來軍官'이라고 불렀다. 1780년의 진하 특사 박명원 역시 이런 규칙을 충실히 따랐다.

음력 팔월 9일 열하에 도착했던 박명원은, 팔월 15일에 열하를 떠나 20일에 베이징으로 돌아왔고, 그로부터 약 한 달이 지난 구월 17일에 베이징을 떠나 귀국길에 올랐다. 이날 그는 그간의 주요 활동을 날짜별로 정리하여 보고하는 장계를 선래군관에게 주어 먼저 서울로 보냈다. 박명원은 그로부터 다시 한 달 남짓이 지난 음력 시월 20일 압록강을 건너 조선 땅으로 돌아왔고, 다시 일주일이 지난 시월 27일 서울에 도착했다.

팔월 9일 열하에 도착한 이후 박명원 일행이 겪은 일들을 가장 자세하게 전하는 것은 물론 박지원의 『열하일기』이다. 하지만 박명원이 구월 17일에 베이징을 떠나면서 서울로 띄운 장계는 사신 본인이 작성한 공식 보고라는 측면에서 주목할 가치가 충분하다. 이제부터 이 장계를 「구월 17일 장계」라고 부르기로 하자.

「구월 17일 장계」가 전하는 열하 체류 기간 사신 일행의 주요 활동 내역을 약간의 설명을 덧붙여 날짜별로 정리하자면 다음과 같다.

팔월 9일

일행이 열하에 도착한 것은 진시辰時(오전 7~9시)였다. 숙소는 승덕부承德府의 태학으로 정해졌다. 황제가 특별히 보낸 군기장경軍機章京 소림素林이, 조선 사신의 열하 방문은 역사상 최초일 뿐만 아니라 자신의 생일을 축하하러 온 것이므로 파격적인 은혜["格外之恩"]를 베풀어 만수절 하례를 거행할 때 정사는 2품 관원, 부사는 3품 관원의 대열에 서도록 하라는 황제의 명령을 전했다. 군기장경은 오늘날 한국의 대통령 비서랑 비슷한 관직이다. 원래 조선 사신을 위시한 외국 사신들이 자금성 태화전에서 거행하는 의식에 참석할 때의 자리는 태화전 앞뜰 서쪽 편의 말석으로 지정되어 있었다. 청의 최하급 9품 관원들보다도 아래에 자리를 잡았던 것이다. 그러니 조선의 정사·부사를 청의 2품·3품 관원들과 나란히 서게 한 것은 파격적인 우대라고 할 만했다.

저녁이 되자 예부상서가 청의 통역관을 보내어 황제로부터 지금까지 경험하지 못한 특별한 은혜를 입었으니 감사의 마음을 표하는 정문呈文을 써서 제출하면 예부에서 황제에게 대신 상주하겠다고 하였다. 이에 대해 박명원은 아무리 황제의 은혜를 입었다고 하더라도 조선 국왕의 신하로서 국왕을 건너뛰어 사적으로 감사를 표하는 것은 불가하다고 답하였다. 그러나 예부에서는 황제가 특별히 관원을 보내기까지 했는데 당장 감사의 뜻을 표하지 않는 것은 말이 안 된다고 하면서 거듭 재촉하였다. 이에 박명원은 예부의 강경한 태도를 보건대 아무래도 이번 건은 예부만의 생각은 아닌 듯하다는 판단에서 어쩔 수 없이 감사한다는 마음을 대략 담은 정문을 써서 제출하였다.

팔월 10일

새벽에 박명원은 피서산장으로 갔다. 전날 자신이 감사의 뜻을 담은 정문을 올렸다는 예부상서의 상주를 황제가 읽고 '알았다'라는 유지諭旨를 내린 데에 사은하기 위해서였다. 이런 종류의 감사 인사는 황제를 직접 만나서 하는 것이 아니라 궐문에서 올리도록 되어 있었다. 황제가 자신이 올린 정문에 대한 보고를 읽었고, 아무리 짧더라도 답변을 하였다는 사실 자체가 당시로서는 궐문 앞에서나마 큰절을 올리며 감사해야 할 일이었던 것이다.

이날 피서산장에 간 박명원에게는 황제가 내린 세 가

지 음식이 전달되었다. 박명원이 이에 대해서도 감사의 인사를 올린 것은 물론이다. 그 뒤로 박명원은 숙소로 돌아와 휴식을 취하였다.

팔월 11일

박명원은 새벽에 피서산장으로 갔다. 이날은 황제가 반드시 사신을 불러 접견할 것이라는 이야기를 들었기 때문이다. 대기 중에 전날과 마찬가지로 세 가지 음식을 받았다. 황제를 알현한 것은 묘시卯時(오전 5~7시)였다. 예부의 만주인 상서尙書 덕보德保가 삼사, 즉 정사·부사·서장관과 세 명의 조선 역관을 이끌고 황제 앞에 무릎을 꿇었다. 황제가 "국왕은 평안한가?"라고 묻자, 박명원은 "평안합니다."라고 대답했다. 황제가 "이 가운데 만주어를 할 수 있는 자가 있는가?"라고 묻자, 청의 통역관들이 주저하는 사이에 조선의 만주어 역관이 "대충은 이해합니다."라고 답하였다.

청나라 황제는 당시의 여느 사람들과 마찬가지로 묘시부터 일과를 시작했다. 청의 관제는 중앙의 주요 관청에 장관을 한 명이 아니라 두 명씩 두는 것이 특징이었다.

대개 하나는 한인이고 다른 하나는 만주인이었는데, 실권은 보통 만주인에게 있었다. 박명원 일행의 알현을 이끈 것도 두 명의 예부상서 중에 만주인인 덕보였다. 황제와 사신 간의 짧은 대화가 통역을 끼고 이루어진 것은 당연한 노릇인데, 접견 시에 건륭제가 쓴 언어는 만주어였다.

짧은 알현을 마친 뒤에 박명원 등은 어전에서 물러나 대열에 서서 황제가 안으로 들어갈 때까지 기다리고 있었다. 그런데 대기 중에 황제가 군기장경을 시켜, "너희 나라에서도 부처를 공경하는가? 사찰은 몇 군데 있는가? 관제묘關帝廟 또한 있는가?"라고 물었다. 이에 박명원은 "국속國俗이 본디 부처를 숭상하지 않으나, 사찰이라면 외방外方에 간혹 있기는 합니다. 관제묘는 성 밖에 두 곳 있습니다."라고 답하였다. 황제가 안으로 들어간 뒤 박명원은 숙소로 돌아왔는데, 황제가 또다시 생여지주生荔枝酒 1병을 내렸다.

건륭제가 난데없이 조선의 종교 생활에 대해 물었다는 이야기이다. 당시 청에서는 관우關羽를 모시는 사당을 관제묘라고 불렀는데, 박명원은 서울의 남관왕묘南關王廟와 동관왕묘東關王廟를 들어 답을 했던 것이다. 이처럼 관우에 대한 종교적 숭배 여부도 화제였지만, 나중에 벌어진 일을 고려하건대 이날 관심의 초점은 역시 불교였다고 하겠다. 「구월 17일 장계」에 따르면 박명원은 조선이 부처를 모시는 나라가 아님을 명확히 밝혔던 것이다.

팔월 12일

황제가 피서산장 안의 희대戱臺에 거둥하여 연희 공연을 베풀었다. 공연의 관람석에 입장이 허락된 것은 문·무 3품 이상의 고위 관원이었지만, 황제는 조선 사신도 공연을 관람하도록 하라는 명령을 내렸다. 이에 따라 박명원은 새벽에 입궐하여 배정된 자리에서 공연을 관람했다. 이른 아침 묘시에 시작한 공연은 미정未正(오후 2시)에야 끝이 났다. 황제는 공연 관람을 함께한 신하들과 조선 사신 등에게 선물로 비단을 하사하라고 명했다.

오늘날 '베이징 오페라'로 널리 알려진 경극京劇이라는 공연 장르는 1790년 건륭제의 팔순 때에 중국 남부 창장長江 유역의 안후이성安徽省에서 활동하던 극단이 베이징에 올라와 공연을 하면서 그 성립의 계기가 만들어졌다고 한다. 따라서 1780년 박명원 일행이 열하에서 관람한 연희는 아마도 경극이 자리를 잡기 이전 시기에 연극과 노래를 중심으로 다양한 오락 요소를 결합하여 이루어진 청 궁정의 공연 예술이었을 것이다. 그야 어쨌든 여기서 눈여겨볼 대목은 조선 사신 일행이 황제와 함께 공연을 관람했으며, 이러한 종류의 궁정 행사에 조선 사신이 참석한 것은 이때가 역사상 처음이었다는 점이다. 비단 선물을 하사하라는 명령도 특별한 것이었다. 수천 리에 달하는 여로를 왕래하는 사신의 노고를 위로하는 의미로 으레 주는 선물 외에 따로 비단을 챙겨주라는 것이었기 때문이다.

팔월 13일

이날 박명원 등은 일찌감치 만수절 하례에 참석한 다음, 전날에 이어 미정까지 공연을 관람했다. 이날 황제는 박명원 등에게 차를 하사했다. 공연 관람이 끝난 뒤 궐내에서 대기하다가 황제가 하사한 비단 선물을 수령했다. 정사·부사는 비단 4필씩, 서장관은 3필, 통역관 세 명은 2필씩, 수행 관원 네 명은 2필씩이었다. 베이징을 떠나 박명원을 따라 열하에 온 나머지 인원 64명에게도 비단은 아니지만 은 2냥씩의 선물이 주어졌다. 선물 하사는 사신 일행에 국한된 것이 아니었다. 건륭제는 국왕 정조에게도 '특별 예물'로 비단 18필을 내려 사신 일행이 받아 가서 전하도록 하였다.

조선의 정사·부사를 2품·3품 관원들과 나란히 서게 한 것을 두고 파격적인 은혜를 입었으니 당장 감사의 뜻을 표하라고 박명원을 압박하던 팔월 9일 예부의 행태를 보건대, 국왕은 물론이거니와 사신 일행 전원에게 선물을 준 일에 대해 예부가 감사의 뜻을 밝히라고 요구하리라는 것은 명약관화였다. 실제로 예부는 박명원에게 사은의 정문을 당장 제출하라고 요구하였다. 박명원은 이번에도 사적인 감사 표시는 불가하다고 대응했다. 더군다나 국왕에게 보내는 특별 예물에 대한 감사는 국왕의 몫이기 때문에, 국왕의 신하 된 자가 함부로 나서서 감사 운운할 수 없다고 하면서 더욱 완강하게 버텼다. 그러나 예부는 사신이 특별한 선물을 받은 이상 정문 제출은 결코 그만둘 수 없는 일이라는 주장을 고집했다. 박명원은 할 수 없이 '특별한 상물을 삼가 받았다는 뜻'만 밝힌 정문을 제출하였다.

이날도 박명원 등은 이른 시간에 피서산장으로 갔다. 앞서 팔월 10일의 경우와 마찬가지로, 전날 제출한 정문에 관한 상주문을 읽고 '알았다'라는 유지를 내린 황제를 향해 감사의 인사를 올렸다. 이어서 역시 미정까지 공연을 관람했다. 지금까지 관람한 공연은 총 닷새를 해야 끝이 나는 장편이라는 말을 들었다. 박명원 일행은 이날의 공연 관람을 마친 뒤에도 숙소로 돌아오지 않고 피서산장 후원後園에 머물며 불꽃놀이 행사를 기다렸다. 황제가 천막 궁전에 등장한 후 불꽃놀이와 곡예 공연 등을 함께 관람했다. 공연은 날이 저문 뒤에 막을 내렸다. 예부가 내일 베이징으로 돌아가라는 황제의 유지가 막 내려졌음을 전하였다.

박명원 일행의 공연 관람은 사흘째 반복된 것이었다. 이날의 활동 중 가장 눈에 띄는 것은 역시 늦은 오후에서 저녁에 걸쳐 벌어진 불꽃놀이였다. 불꽃놀이는 아마도 황제의 칠순을 축하하는 일련의 행사 가운데 하이라이트를 장식하는 것으로 기획되었으리라. 공연이 이틀 더 남았다고 했으니, 축하 행사는 15일과 16일에도 이어질 예정이었던 것 같다. 그러나 박명원 일행은 황제의 명령에 따

서가

서울대 가지 않아도 들을 수 있는 명강의

명강

30

다시 태어난다면,
한국에서 살겠습니까

사회과학 이재열 교수 | 18,000원

**"한강의 기적에서 헬조선까지
잃어버린 사회의 품격을 찾아서"**

한국사회의 어제와 오늘을 살펴
문제점을 진단하고 해결책을 제안한 대중교양서

우리는 왜 타인의
욕망을 욕망하는가

인류학과 이현정 교수 | 17,000원

**"타인 지향적 삶과 이별하는
자기 돌봄의 인류학 수업사"**

한국 사회의 욕망과
개인의 삶의 관계를 분석하다!

내 삶에 예술을 들일 때,
니체

철학과 박찬국 교수 | 16,000원

**"허무의 늪에서 삶의 자극제를
찾는 니체의 철학 수업"**

니체의 예술철학을 흥미롭게, 또 알기 쉽게
풀어내면서 우리의 인생을 바꾸는 삶의
태도에 관한 니체의 가르침을 전달한다.

지금, 서가명강 시리즈로 각 분야

서가명강 BEST 3

서가명강에서 오랜 시간 사랑받고 있는
대표 도서 세 권을 소개합니다.

나는 매주 시체를 보러 간다

의과대학 법의학교실 유성호 교수 | 18,000원

"서울대학교 최고의 '죽음' 강의"

법의학자의 시선을 통해 바라보는 '죽음'의 다양한
사례와 경험들을 소개하며, 모호하고 두렵기만
했던 죽음에 대한 새로운 인식을 제시하다

왜 칸트인가

철학과 김상환 교수 | 18,000원

**"인류 정신사를 완전히 뒤바꾼
코페르니쿠스적 전회"**

칸트의 위대한 업적을 통해 인간에게 생각한다는
의미와 시대의 고민을 다루는 철학의 의미를
세밀하게 되짚어보는 대중교양서

세상을 읽는 새로운 언어,
빅데이터

산업공학과 조성준 교수 | 17,000원

**"미래를 혁신하는
빅데이터의 모든 것"**

모두에게 영향력을 끼치는 '데이터'의 힘
일상의 모든 것이 데이터가 되는 세상에서
우리는 빅데이터를 어떻게 바라봐야 할까?

인생명강

· · · · · · · · · · · · · ● 내 인생에 지혜를 더하는 시간 ● · · · · · · · · · · · · ·

도서 시리즈

01 『보이지 않는 침입자들의 세계』 KAIST 의과학대학원 신의철

02 『내가 누구인지 뉴턴에게 물었다』 성균관대학교 물리학과 김범준

03 『살면서 한번은 경제학 공부』 명지대학교 경제학과 김두얼

04 『역사를 품은 수학, 수학을 품은 역사』 영국워릭대학교 수학과 김민형

05 『개인주의를 권하다』 포스텍 인문사회학부 이진우

06 『관계에도 거리두기가 필요합니다』 연세대학교 연합신학대학원 권수영

07 『더 찬스 The Chance』 서강대학교 경제대학원 김영익

08 『마침내, 고유한 나를 만나다』 건국대학교 철학과 김석

09 『내가 살인자의 마음을 읽는 이유』 동국대학교 경찰사법대학원 권일용

10 『우리의 기원, 단일하든 다채롭든』 경희대학교 사학과 강인욱

11 『인류 밖에서 찾은 완벽한 리더들』 이화여자대학교 에코과학부 장이권

12 『Z를 위한 시』 한국조지메이슨대학교 국제학과 이규탁

13 『더 크래시 The Crash』 연세대학교 정경대학원 한문도

14 『GPT 사피엔스』 홍익대학교 경영학과 홍기훈

15 『아주 개인적인 군주론』 성신여자대학교 인재개발센터

16 『당신의 안녕이 기준이 될 때』 성신여자대학교 법학부 권오성

17 『성공투자를 위한 선한 투자의 법칙』 홍익대학교 경영학과 홍기훈

18 『시대를 견디는 힘, 루쉰 인문학』 서강대학교 중국문화학 이옥연

19 『더 포춘 The Fortune』 동국대 미래융합교육원 김동완

20 『곽재식의 속절없이 빠져드는 화학전쟁사』 숭실사이버대 환경안전공학과 곽재식

21 『0.6의 공포, 사라지는 한국』 서울여대 사회복지학부 정재훈

22 『욕망으로 읽는 조선고전담』 연세대 학부대학 유광수

* 인생명강 시리즈는 계속 출간됩니다.

라 15일 아침 열하를 떠났기 때문에 「구월 17일 장계」에서는 관련 기록을 볼 수 없다.

청 예부가 황제의 우대 사실을 서둘러 조선에 알리다

열하에서의 일정을 모두 소화한 박명원은 팔월 20일 베이징으로 돌아오자마자 청 예부의 관원들과 실랑이를 벌여야 했다. 당시의 외교 관례에 따르면, 조선의 사신이 청에 체류하는 동안에 작성된 외교문서는 모두 귀국하는 사신 편에 맡겨 발송하였다. 그러나 이번에는 예부가 관례를 무시한 채, 심지어는 박명원에게 알리지도 않은 채 세 통의 외교문서를 바로 조선으로 발송해버렸다. 이것들은 청의 예부와 조선의 국왕이 주고받는 자문咨文이라고 불리는 문서 양식을 취한 것이었다.

예부의 외교문서 무단 발송에 박명원이 항의를 한 것은 물론이다. 그러나 예부는 이들 문서가 열하에서 자신이 조선에 어떤 혜택을 베풀었는지를 속히 알리기 원하는 황제의 뜻을 받든 것이라고 하면서 박명원의 항의를 일축하였다.

당시 예부가 '건륭 45년 팔월 20일' 자로 발송한 자문 세 통의 내용을 보면, 예부의 주장이 사실 그대로였음을 알 수 있다. 첫 번째는 이번에 조선에서 황제의 칠순 만수절을 축하한다고 보낸 표문·방물 등을 모두 접수하되, 앞으로 황제가 베푼 은혜에 감사한다는 취지로 보내는 사은 표문에는 영원토록 방물을 딸려 보내지 말라는 황제의 명령이 팔월 12일에 있었음을 알리는 자문이었다(이하 이 자문은「사은방물정지자문」으로 지칭).

두 번째는 당시 열하의 행재, 즉 피서산장에서 근무하던 예부의 관원들이 조선 사신들의 활동과 관련하여 황제에게 전후 세 통의 상주문을 올렸음을 알리는 자문이었는데, 청의 예부는 조선에서도 상주문의 내용을 파악할 수 있도록 그 상주문 세 건의 원문을 베껴 자문에 첨부하였다(이하 이 자문은「상주내용통지자문」으로 지칭). 이들 상주문에는 각각에 대한 황제의 간단한 답변이 적혀 있었는데, 황제의 답변 날짜는 각각 팔월 9일, 팔월 10일, 팔월 12일이었다.

세 번째는 열하에서 황제가 조선의 국왕에게 특별한 상물을 하사한 데 대하여 조선의 사신들이 황제의 은혜에 감사한다는 정문을 올렸음을 황제에게 아뢰었고, 팔월 14일에 황제가 '알았다'라고 답하였음을 알리는 자문이었다(이하 이 자문은 「조선사신감사자문」으로 지칭).

　박명원은 약 한 달 뒤 여느 때의 사신들과 마찬가지로 예부가 조선에 보내는 또 다른 자문 일곱 통을 챙겨 베이징을 떠났는데, 팔월 20일에 예부가 조선으로 직접 발송한 자문 세 통은 예부가 박명원에게 맡긴 자문 일곱 통과는 성격이 많이 다르긴 했다. 후자의 자문 일곱 통은 애초에 정조가 보낸 표문을 이미 정해져 있는 규칙과 관례에 따라 '기계적'으로 처리한 문서, 어떤 사행에나 수반되기 마련인 예물 및 연회 관련 문서, 표류민 송환 시 절차상 발송하는 문서 등이었기 때문에 예부가 평소의 관례를 준수하여 박명원에게 직접 교부하였다. 반면에, 전자의 자문 세 통은 열하에서 건륭제가 박명원 일행을 상대로 베푼 특별 우대 조치와 관련된 것이었다. 열하의 청나라 관료들은 이런 종류의 소식은 얼른 조선에 알려야 한다고 생각했고, 이에 따라 베이징의 예부에서는 박명원 일행의 귀국 때까지 기다리기는커녕 그들이 베이징에 막 돌아온 날인 팔월 20일에 곧바로 문서를 발송한 것이다.

　이 세 통의 자문 중에서도 「상주내용통지자문」과 「조선사신감사자문」은 특별히 기억해둘 가치가 있다. 「상주내

「상주내용통지자문」에는 황제에게 올린 세 건의 상주문이 첨부되어 있다. 첫 번째 상주는 팔월 9일 조선 사신들이 열하에 도착했다는 단순 사실의 보고에 불과하다. 하지만 두 번째와 세 번째 상주문, 그리고 「조선사신감사자문」은 박명원의 활동과 관련하여 자세히 들여다볼 필요가 있다.

「상주내용통지자문」의 두 번째 상주문은 조선 사신들이 청의 2품·3품 관원들과 나란히 서라는 황제의 명령에 감사하는 정문을 올렸다는 내용이다. 「구월 17일 장계」에서 팔월 9일 청 예부 관원들의 요구로 제출했다고 밝힌 그 정문이다. 장계에서 박명원은 팔월 13일에도 예부의 강요에 어쩔 수 없이 또 하나의 정문을 제출했다고 말했는데, 팔월 13일의 정문은 「조선사신감사자문」에 인용되어 있다. 그런데 당시 청 예부의 관원들은 이 정문의 내용을 멋대로 변조하여 황제에게 보고하였다. 그 정도가 심각했던 예부의 문서 변조에 대해서는 나중에 자세히 살펴보기로 한다.

「상주내용통지자문」의 세 번째 상주문은 예부가 조선 사신 일행을 데려다가 판첸을 알현하게 했으며 판첸이 사신 일행에게 이런저런 선물을 주었음을 황제에게 보고한 것이니, 예부 관원들의 문서 변조보다 훨씬 더 민감한 내용을 담고 있다고 하겠다. 나중에 드러나겠지만, 이들 자문의 내용은 박지원이 『열하일기』에 쓴 사신 일행의 활동 관련 기록과도 밀접한 관계가 있다.

박명원의 활동 보고가 서울에 도착하다

앞에서 박명원의 「구월 17일 장계」를 통해 열하에서의 활동 내역을 정리해보았다. 장계의 내용과 관련하여 특히 유념할 점이 세 가지 있다.

첫째는 「구월 17일 장계」의 내용이 청이 남긴 기록과도 부합한다는 사실이다. 청 황제의 활동에 관한 국가적인 기록으로 가장 널리 알려진 자료는 조선의 경우와 마찬가지로 실록이지만, 황제의 언행을 날짜 단위로 기록한 '기거주起居注'라는 이름의 자료도 남아 있다. 청의 실록과 기거주에서 조선 사신이 황제와 자리를 함께한 행사가 있었던 날에는 박명원 등에 대한 언급이 확인된다.

실록과 기거주를 종합하면, 건륭제는 팔월 11일 박명원을 비롯한 조선 사신 세 명을 피서산장에서 접견했다. 팔월 12~16일의 닷새 동안 건륭제는 피서산장 안의 '권아승

경쁘阿勝境'이라는 곳에서 만수절을 축하하러 열하에 모인 사람들에게 다과茶果를 내렸는데, 그 가운데 12~14일의 사흘에는 박명원 등 조선 사신 세 명의 이름이 참석자 명단에 등장한다. 권아승경은 피서산장에서 희대가 설치되어 있던 장소이니, 팔월 12~14일에 장시간 공연을 관람했다는 「구월 17일 장계」의 내용과 부합한다. 공연 시간이 몇 시간이나 되었던 만큼 황제가 공연 도중에 요기할 만한 음식을 제공했던 것이다.

팔월 13일에 피서산장의 정전正殿인 담박경성전에서 하례가 거행되었고, 거기에 박명원 등이 참석했다는 사실도 확인된다. 또한 팔월 14일 저녁 무렵에는 건륭제가 피서산장 내 만수원萬樹園의 큰 천막 궁전에 거둥하여 불꽃놀이 등을 감상했다. 만수원은 「구월 17일 장계」의 '후원'을 가리키는데, 이때의 참석자 명단에도 박명원 등 세 사신의 이름이 보인다.

두 번째로 유념할 점은 박명원의 「구월 17일 장계」에 판첸과의 만남에 대한 언급이 전혀 없다는 사실이다. 사신 접견을 마친 뒤 황제가 군기장경을 통해 조선의 불교 사찰과 관제묘에 관한 질문을 던졌다는 이야기가 있을 뿐이다.

오늘날의 『열하일기』 연구자들이 조선은 왕조의 공식 기록에서 침묵이라는 수단으로 박명원 일행과 판첸의 만남을 은폐하려고 했지만, 박지원만은 왕조가 은폐를 기도했던 이야기를 남김없이 폭로했다고 생각한 것도 실은 「구월 17일 장계」의 '침묵' 때문이었다고 할 수 있다. 그러나 곧 밝혀지겠지만 이러한 생각은 사실 오해에서 비롯된 것이다.

세 번째는 앞에서 언급하지는 않았지만 박명원이 「구월 17일 장계」의 말미에서 선래군관에게 이 장계를 맡겨 보낸다고 하면서 '별단別單' 한 건을 따로 작성해서 올린다고 말한 사실이다. 사신의 별단은 나중에 가서는 결국 공개가 될지언정 작성 당시에는 국왕에게 직접 보내는 비밀 보고서를 가리키는데, 이 별단의 존재에 유념해야 하는 이유에 대해서는 후술하기로 한다.

그러면, 박명원의 「구월 17일 장계」는 언제 서울에 도착했을까? 『정조실록』은 장계를 정조 4년(1780) 구월 17일 조에 실었다. 구월 17일 베이징을 떠나는 시점까지의 상황을 전하는 장계가 이메일은커녕 전보도 없던 시절에 같은 날 서울에 도착했다는 것이 말이 되는가? 『정조실록』보다 내용이 자세한 『승정원일기』가 서울을 떠난 이후 박명원이 보낸 다른 장계들을 모두 서울 도착 날짜를 기준으로 수록한 사실을 거론하지 않더라도, 이는 명백히 실록 편찬자의 실수였다. 그렇다면 장계가 실제로 서울에 도착한 날짜는 언제였을까?

「구월 17일 장계」가 서울에 도달하기까지는 상당한 시일이 걸렸을 터인데도, 『승정원일기』와 『정조실록』에는 조선 조정이 구월 20일에 박명원 일행의 귀국 이후 그해 연말의 동지사에게 사은사 임무를 겸하게 한다는 결정을 내리고 동지사 인선에 나선 모습이 나타난다. 이들 기사를 무심코 『정조실록』 구월 17일 조의 장계와 연결해서 읽으면, 「구월 17일 장계」의 내용을 보고는 사흘 뒤 사은사 파견을 결정한 것처럼 보인다. 그러나 구월 20일 시점에 조선 조정은 열하에서 무슨 일이 있었는지에 관한 한 박명원으로부터 아무런 연락도 받지 못한 상태였다.

조선 조정이 구월 20일에 사은사 파견 논의를 시작한 계기는 의주부윤義州府尹이 보낸 장계가 서울에 도착한 것이었다. 현존하는 기록만으로는 의주부윤의 장계가 무슨 내용이었는지 알 수 없지만, 조선 조정이 이를 통해서 박명원 일행의 활동에 관한 모종의 소식을 접한 것만은 확실해 보인다. 그 소식에는 정조가 감사의 뜻을 표해야만 하는 일이 언급되었을 터인데, 시월에야 귀국하는 박명원 일행에 앞서 구월에 베이징으로부터 의주에 도착했을 법한 문서에는 어떤 것이 있을까?

이 질문에 대한 답은 간단하다. 팔월 20일 예부가 박명원의 항의를 묵살하며 보냈던 자문 세 통이 그것이다. 앞에서 소개했듯이 박명원 일행에 대한 건륭제의 파격적인 우대, 국왕과 사신 일행에 대한 특별한 선물 사여 등이 이들 자문의 주요 내용이었다. 조선 조정은 의주부윤의 장계를 통해 이들 자문의 내용을 접하고, 그에 대한 대응으로 사은사 파견을 결정했다.

그런데 사은사 파견 결정으로부터 20일이 채 지나지 않은 시월 9일, 조선 조정은 동지사에게 사은사 임무를 겸하게 한다는 애초의 결정을 재고하는 모습을 보인다. 정조는 박명원 일행이 임무를 무사히 마치고 귀국길에 올랐다는 소식에 안도감을 표하면서, 황제가 박명원 등을 무려 다섯 번이나 만나는 등 지금까지 볼 수 없었던 우대를 베풀었다고 하니 "사은의 거동"이 있어야 마땅하다고 하였다.

이에 따라 동지사와는 별도로 사은사를 파견한다는 결정이 내려졌다.

시월 9일의 논의 과정에서 언급된 사실들은 「구월 17일 장계」를 보지 않고서는 결코 알 수 없는 것이었다. 예컨대, 정조가 강조한 다섯 번의 만남이란 팔월 11일의 알현, 12~14일의 공연 관람, 그리고 14일의 불꽃놀이를 가리킨다. 게다가 황제의 이번 사신 접대가 각별했다는 이야기를 선래군관으로부터 들었다는 영의정의 말도 보인다. 별도의 사은사를 파견하기로 한 결정은 선래군관이 서울에 도착하여 「구월 17일 장계」를 조정에 전달한 데에서 비롯된 것이었음을 알 수 있다.

사은사의 별도 파견 결정 이후 거의 보름이 지난 시월 23일, 사흘 전인 20일에 압록강을 건너 무사히 귀국했다는 박명원의 장계가 서울에 들어왔다. 시월 27일 박명원이 서울에 도착하자, 정조는 곧바로 그를 불러들여 이야기를 나누었다. 바로 다음 날인 시월 28일 사은사 일행이 베이징을 향해 서울을 떠났다. 선래군관이 가져온 「구월 17일 장계」가 없었다면 불가능했을 신속한 대응 조치였다. 다시 사흘이 지난 십일월 2일에는 동지사가 서울을 출발했다.

'불상을 받들고 돌아온
사신'이 되다

박명원이 '봉불지사'라는 오명을 뒤집어쓰다

앞에서 보았듯이 박명원 일행은 열하에서 역사상 유례를 찾을 수 없을 정도의 환대를 받고 돌아왔다. 조선 조정이 사은사를 따로 파견해야만 한다고 판단할 정도로 융숭한 대접이었다. 황제의 융숭한 대접만 있었다면 참 좋았을 텐데, 박명원 일행이 귀국한 지 얼마 되지 않아 열하에서 받아 온 '금불金佛' 때문에 그만 사달이 나고 말았다.

『정조실록』에서 금불 문제가 처음 등장하는 것은 정조 4년 구월 17일 조이다. 황제가 국왕의 장수를 기원하는 뜻에서 금불을 사신에게 맡겨 보냈다는 보고를 듣고는 정조가 그 불상을 묘향산의 불사佛寺에 안치하라는 명령을 서둘러 사신에게 보냈다는 내용이다.

『정조실록』의 편찬자가 금불의 처치에 관한 명령을 구월 17일 조에 실은 것은 물론 오류이다. 박명원이 귀국하던 시월에 있었던 일을 박명원의 「구월 17일 장계」와 같은 날짜에 잘못 수록한 것이다. 그렇다면 정조가 자신의 장수를 기원하고자 황제가 주었다는 금불의 존재를 처음 알게 된 것은 언제일까?

이 질문에 답하기에 앞서, 귀국 직후의 박명원 일행이 금불로 인해 어떤 봉변을 당하게 되었는지부터 살펴보기로 하자. 박명원이 서울에 돌아온 뒤로 열흘이 지난 십일월 8일, 성균관 유생들이 학업을 중단하는 집단행동에 돌입하였다. 그들의 시위는 박명원을 겨냥한 것이었다. 유생들은 다음과 같이 박명원을 비난하였다.

이번에 사신이 돌아올 때 금불을 받아 온 일이 있었습니다. 우리나라는 본디 유교를 숭상하고 도道를 중시함으로써 중화中華로부터 공경과 중시를 받았는데 이제 이번 전대지행專對之行[사신 박명원 일행을 지칭]이 사악하고 더러운 물건[邪穢之物]을 지니고 왔습니다. (이는) 다만 우리 국가에 치욕을 끼칠 뿐만 아니라, 또 장차 천하 후세의 비웃음을 받을 것입니다.

'사악하고 더러운 물건'이란 불상을 가리키는 말이었다. 유생들은 박명원 일행을 '봉불지사奉佛之使'라고 규탄하였다. '불상을 받들고 돌아온 사신'이었기에 붙여진 말이었겠지만, '부처 또는 불교를 받드는 사신'이라는 뜻도 되니 박명원은 배불排佛의 나라 조선에서 차마 들을 수 없는 오명을 뒤집어쓴 처지가 된 것이다.

사태가 험악해지는 가운데 십일월 12일, 부사였던 정원시가 이 일은 한 번 폭발하지 않을 수 없는 사안이었다고 하면서 불상을 받아 온 것은 부득이한 일이었지만 성균관 유생들의 원칙을 지킨 비판 앞에서 자신의 잘못을 인정한다는 상소문을 올렸다. 정사였던 박명원 역시 일이 부득이했음을 호소하면서도 자신의 과오를 인정하고 처벌을 청한다는 상소문을 올렸다. 그러나 정조는 이 사안은 굳이 잘잘못을 따져 처벌을 논할 필요가 없는 일이라고 하면서 박명원에게 안심하라고 일렀다.

'봉불지사'라는 성균관 유생들의 모욕적인 명명 앞에서 박명원과 정원시는 과오를 인정하지 않을 수 없었다. 배불의 나라 조선에서 성균관 유생들의 비난을 정면으로 반박할 여지는 없었다. 박명원 일행이 불상을 모시고 온 것은 아무리 부정하려 해도 부정할 수 없는 엄연한 사실이었기 때문이다. 그럼에도 정조는 이 일을 문제시하지 않았다. 그 덕에 사태는 더 이상 확대되지 않았다.

하지만 이때의 봉불지사 소동으로 박명원이 입은 정치적 타격은 결코 가볍지 않았다. 예컨대, 거의 3년이 흐른 뒤인 1783년 여름에는 정조가 박명원을 '동지겸사은행'의 정사로 임명했다가, 얼마 지나지 않아 임명을 철회하는 일이 있었다. 이때 박명원은 3년 전에 저지른 과오와 현재의 질병을 이유로 명령을 거두어줄 것을 요청하였다. 정조는 지나간 일을 다시 끄집어 따질 뜻이 없음을 밝혔지만, 결국에는 질병을 이유로 박명원을 면직하고 황인점을 정사로 임명하였다. 겉으로는 박명원의 질병 때문이라고 했지만, 1780년의 봉불지사 오명이 여전히 부담으로 작용하고 있었음을 부정할 수 없다고 하겠다.

그야 어쨌든 간에, 1780년의 봉불지사 소동이 벌어졌을 때 정조는 박명원 일행이 불상을 받아 온 데에는 부득이한 사정이 있었음을 인정하는 듯한 분위기였다. 마치 유생들의 비난이 일기 한참 전부터 금불 문제에 대한 나름의 이해가 서 있었다는 듯이 말이다. 그렇다면 정조가 황제의 금불 선물과 박명원이 그 금불을 받은 경위를 처음으로 인지한 시점은 언제일까?

『정조실록』 정조 4년 구월 17일 조의 금불 관련 기사는 날짜 오류가 분명하므로 고려 대상에서 배제해야 한다. 이 기사를 제외하면, 『정조실록』이나 『승정원일기』에서 금불의 처리에 대한 언급이 처음 등장하는 것은 『승정원일기』 시월 23일 기사의 대화 장면이다.

정조가 "황제가 보낸 금불은 어떻게 처치하면 좋겠는가?"라고 묻자, 사신이 돌아오는 길에 역관 한 사람을 정해서 "영변寧邊 향산香山의 정결한 장소"로 보내자는 것이 조정의 공론이라는 답이 돌아왔다. 그러자 정조는 서둘러 사신 일행에게 알림으로써 "절대로 그것이 서울에 입성하지 못하게" 해야 한다고 강조했다.

그로부터 나흘 뒤인 시월 27일, 몇 달 만에 만난 정조와 박명원의 대화에서도 금불은 주요 화제였다. 정조가 물었다. "황제가 보낸 금불은 과연 어떻게 처리하였는가?" 박명원이 꽤 길게 답하였다.

저들 나라[彼國]에서는 남의 장수를 기원할 때 반드시 금불을 서로에게 줍니다. 그러므로 이번에 금불을 보낸 것도 전하를 위하여 장수를 기원하는 것이 본래 의도이나, 제가 오는 길에 영변의 향산에 안치하라는 명령을 받들었기 때문에 역관 한 명을 시켜 향산의 정결한 사찰로 보냈습니다.

박명원은 금불을 서울로 가져오는 길에 정조가 시월 23일에 하달한 명령을 접하고는 묘향산으로 보내버린 것이다.

판첸의 불상을 황제의 선물로 잘못 알리다

『승정원일기』시월 23일 기사의 대화 장면을 보면, 조선 조정은 전부터 이미 국왕의 장수를 축원하는 의도로 '황제가 보낸 금불'의 존재를 알고 있었던 것으로 보인다. 문제는 건륭제가 정조에게 금불을 선물로 보냈다는 기록이 어디에도 없다는 것이다. 만약 황제가 국왕을 위한 특별 선물로 금불을 보냈다면 청 예부는 조선에 보낸 문서에 그 사실을 언급했을 것이다. 그러나 예부의 자문들에서 건륭제가 박명원 일행을 통해 정조에게 전한 선물로 언급한 것은, 표문과 방물을 보내면 으레 답례로 주는 말 1필과 이번에 특별히 선사한 비단 18필이 전부였다. 금불은 흔적조차 보이지 않는다. 시월 23일은 박명원의 「구월 17일 장계」가 서울에 도착한 뒤이지만, 장계는 물론이거니와 장계를 가져온 선래군관의 구두 보고에도 '황제가 보낸 금불'은 보이지 않는다. 다만 팔월 20일 예부가 발송한 자문 세 통 가운데 「상주내용통지자문」에 첨부된 세 번째 상주문을 보면 판첸이 조선 사신들을 만나 선물로 주었다는 '동불銅佛'의 존재를 발견할 수 있을 따름이다. 판첸이 박명원 일행에게 준 동불이 그나마 '황제가 보낸 금불'에 가장 가까운 물건이라면, 이 두 가지가 사실은 같은 불상을 가리키는 것이 아닐까?

문제는 판첸이 박명원에게 준 것은 동불이지 금불이 아니었다는 것이다. 그러나 금불이란 불상의 재질이 온통 황금일 때에만 쓰는 말이 아니다. 내부 재질이 다를지라도 겉을 황금으로 도금했다면 금불이라고 부를 수 있다.

『열하일기』의 「피서록避暑錄」에서 박지원은 판첸이 준 불상을 "나무를 깎아 도금"한 것이라고 묘사하였다. 여기서 주목할 대목은 불상의 '도금' 사실이다. 박지원은 「행재잡록」등에서 같은 불상을 가리켜 동불이라고 썼지만, 「찰십륜포」에서는 '소금상小金像'이라고 하였다.

여기에 더하여 금불이 실은 판첸이 준 불상을 가리킨다는 것을 알려주는 결정적인 기록이 존재한다. 앞에서 박명원이 서울에 도착한 다음 날 사은사가 출발했다고 했는데, 그 일행이 귀국한 뒤에 제출한 보고서에 이런 말이 보인다. "(우리 사신이 판첸을) 만나러 가는 날에 이르러 (판첸이) 금불을 주었던 것은 곧 불가에서 계법戒法을 전하는 뜻에서였다고 합니다." 금불이란 곧 판첸이 박명원에게 준 불상이었던 것이다. 그러니 이제부터는 금이니 동이니 하는 불상의 재질을 부각하는 용어를 쓰기보다는 그냥 불상이라는 말을 쓰는 편이 더 나을 것 같다.

그런데 예부가 팔월 20일에 발송한 자문 중 「상주내용통지자문」의 세 번째 상주문이나 사은사 일행의 귀국 보고서나 모두 불상을 준 사람이 판첸이었다고 한 것과 달리, 박명원이 귀국할 무렵의 조선 조정은 왜 불상을 황제가 국왕에게 보낸 선물이라고 여겼던 것일까?

「구월 17일 장계」에는 불상은커녕 사신 일행이 판첸을 만났다는 이야기 자체가 일언반구도 없었다. 그러니 박명원 귀국 이전 사신 일행과 판첸의 만남 및 문제의 불상에 관한 조선 조정의 사실 인식은 오로지 팔월 20일 예부가 발송한 자문 중 「상주내용통지자문」에 첨부된 세 번째 상주문에 근거한 것일 수밖에 없다. 게다가 나중에 자세히 살펴보겠지만, 그 상주문에는 박명원 일행이 봉불지사라는 혐의를 벗을 수 없게 만들 만한 문구까지 있었다. 그럼에도 정조는 불상을 황제가 보낸 것이라고 하면서 묘향산에 안치하도록 지시하는 한편, 박명원 일행에 대한 봉불지사 혐의 제기를 무시하였다. 정조는 판첸과의 만남 및 불상 수수와 관련하여 「상주내용통지자문」 외에 별도의 추가 정보를 확보하고 있었던 것이 아닐까? 이 문제를 푸는 열쇠는 박명원이 올린 '별단'에서 찾을 수 있다.

앞에서 별단의 존재를 특히 유념해야 한다고 말한 바 있다. 「구월 17일 장계」의 말미에서 박명원은 선래군관 편에 별단을 보낸 사실을 밝혔다. 유감스럽게도 현존 사료에 이 별단의 원문은 남아 있지 않다. 하지만 십일월 12일 박명원이 올린 상소를 통해서 별단에 어떤 내용이 담겨 있었는지는 추정할 수 있다. 상소에서 박명원은 자신이 불상을 받아 온 경위를 이렇게 해명했다.

그때의 사실은 모두 별단의 보고를 통해 이미 말씀드렸으니, 지금 다시 (그) 일을 되풀이하여 (전하의 귀를) 시끄럽게 더럽히지 않겠습니다. 그러나 제가 비록 식견이 없다고 하더라도 이단異端은 반드시 배척해야 함은 대략 알고 있으니, 그 어찌 사악하고 더러운 것을 받아 올 뜻이 있었겠습니까? 하지만 그 놀라고 의심하면서 실랑이를 벌이던 때를 당하여 저들이 황제의 명으로 하는 일이라고 하는데 어찌 감히 황제의 명을 거스르는 말을 할 수 있었겠습니까? (또한) 예부가 불상 등 여러 종류를 열거하며 황제에게 올린 상주문에 쓴 선물 목록을 보기에 이르러서는, 비로소 그것이 과연 황제의 명에서 나온 일이었음을 알게 되었습니다. [강조는 인용자]

박명원은 이어서 황제의 명에 의한 것이었음에도 불상 문제를 두고 청의 관원들과 실랑이를 벌였지만, 이러다가는 자칫 국왕에게 누를 끼치게 되지는 않을까 우려했다는 말을 덧붙였다. 이 상소는 '황제가 보낸 금불'이란 곧 판첸이 준 불상을 가리킨다는 사실도 재확인해주지만, 이 내용을 팔월 20일 예부가 발송한 「상주내용통지자문」의 내용과 결합해보면 다음과 같은 추론이 가능하다.

예부 관원들이 판첸을 만나라고 하면서 그것이 다름 아닌 '황제의 명'임을 내세웠기 때문에 박명원은 어쩔 수 없이 판첸을 만났고, 그로부터 불상까지 받았다. 박명원은 판첸과의 만남 이후 예부가 사신 일행과 판첸의 만남 그리고 불상 선물 등에 관한 사실을 '황제에게 올린 상주문'에 쓴 것을 확인하였다. 이 상주문은 곧 「상주내용통지자문」의 세 번째 첨부 상주문을 가리키는데, 아마도 박명원은 팔월 20일 예부의 자문 발송에 항의할 무렵 상주문의 내용을 파악했을 것으로 보인다. 상주문 내용을 직접 확인한 박명원은 예부 관원들의 말대로 모든 것이 정말 '황제의 명'에서 비롯되었다고 판단하였다. 즉 물리적으로 불상을 자신에게 건넨 것은 판첸이었지만, 이 모든 것이 황제의 명에 의한 것이라면 결국은 황제가 준 것이라고 '해석'한 것이다.

박명원은 불상 수령을 포함하여 판첸과의 만남에 관한 사실을 「구월 17일 장계」에서 일절 언급하지 않았다. 그 대신에 관련 사실을 별단에 적어 국왕에게 바로 보고하였다. 사안의 엄중성을 고려하건대 당장 공개될 경우 무슨 사달이 날지 알 수 없었기 때문일 것이다. 그리고 앞에서 보았듯이 「구월 17일 장계」가 서울에 도착한 것은 시월 9일경이었다. 그때 국왕은 별단을 읽었을 터이고, 십중팔구 박명원 일행과 판첸의 만남 그리고 불상 선물이 모두 '황제의 명'에 의한 것이라는 박명원의 해석을 그대로 받아들였을 것이다. 그 때문에 시월 23일은 물론이거니와 시월 27일 박명원을 만났을 때에도 불상을 '황제가 보낸 금불'이라고 불렀던 것이다. 시월 27일의 대화에서도 박명원은 황제가 "전하를 위하여 장수를 기원"하는 마음에서 불상을 선물한 것이라는 자신의 해석을 되풀이하였다.

'황제가 보낸 금불'은 박명원의 오해였음이 드러나다

그러나 박명원이 귀국한 다음 날 베이징을 향해 떠났던 사은사 일행이 돌아와서 제출한 보고서는, 판첸이 박명원에게 준 불상에는 '불가의 계법'이라는 의미가 있었다고 하였다. 사은사 일행의 보고는 박명원의 해석을 뒤집는 것이었다. 불상 수여의 주체는 건륭제이고, 그 의미는 정조의 장수 기원이었다는 박명원의 해석과 달리 불상 수여의 주체가 판첸이고, 그 의미를 불교의 '계법'으로 본 것이다. 후자의 입장에서 보자면 전자는 오해요, 오판이 된다.

불상에 대한 이처럼 상이한 이해는 판첸과의 만남 자체를 어떻게 이해했느냐에 따라 갈린 듯하다. 박명원 일행의 목적지는 원래 베이징이었다. 그들의 열하행은 황제의 진노에 따른 갑작스러운 결정이었다. 허둥지둥 길을 서둘러 도착한 열하에서 일행은 '황제의 명'을 칭하는 예부 관원들의 요구에 못 이겨 판첸을 만났다. 만남이 진짜 '황제의 명'에 의한 것인지 긴가민가했지만, 늦어도 팔월 20일까지는 예부가 서울로 발송했다고 하면서 보여준 「상주내용통지자문」의 내용을 통해서 정말 그런 '황제의 명'이 있었음을 알게 되었다. 미처 예상하지 못했던, 아니 꿈에서도 상상하지 못했던 상황이 급박하게 펼쳐졌다. '황제의 명'을 칭했을 뿐 판첸을 만나야 하는 이유를 설명해주는 사람은 아무도 없었다. 그러니 박명원으로서는 그저 모든 것을 황제의 뜻으로 해석하는 수밖에 없었을 것이다.

한편 사은사 일행의 경우는 박명원 일행에 비해 사태를 좀 더 냉정하고 객관적으로 인식할 여유가 있었다. 건륭제가 박명원 일행을 난데없이 판첸과 만나게 한 이유는 국왕을 포함한 조선 조정에 일종의 수수께끼였을 것이다. 따라서 박명원 일행의 귀국 직후 베이징으로 떠난 사은사 일행이 그 이유를 탐문한 것은 당연하다. 그리고 사은사 일행의 서장관은 귀국 후에 탐문 결과를 이렇게 보고하였다.

작년 가을 황제가 열하에 있을 때 번승蕃僧[판첸을 지칭]과 이야기하다가 (화제가) 외국의 일에 미쳤습니다. (그때) 황제는 조선이 예의를 두터이 숭상하고 인물과 의관衣冠 또한 볼 만하다고 크게 칭찬하였습니다. 그런데 진하사[박명원을 지칭] 일행이 마침 그때 베이징에 도착하였습니다. 그러므로 우리 사신으로 하여금 나아가 (판첸을) 만나게 한 것은 대개 번승에게 과시誇示하려는 뜻에서 나온 것입니다.

이러한 해석은 사은사 일행이 탐문을 거쳐 도달한 결론이었다. 1781년 음력 삼월 2일 정조는 막 귀국한 사은사 일행에게 이렇게 물었다. "황제가 작년에 사신을 불러 판첸을 만나게 한 것은 우리나라의 문물을 (판첸에게) 과시하며 자랑하려는 것이었다고 하였는데, (정말) 그러한가?" 사은사 일행의 답변은 "저 사람들[彼人]의 전하는 바가 그와 같았습니다."라는 것이었다.

사은사 일행은 전년 팔월 열하에서 벌어진 상황으로부터 어느 정도의 거리를 확보한 상태에서 나름의 조사를 거쳐 건륭제가 박명원 일행을 판첸과 만나게 한 것이 기본적으로 우연의 산물이라는 인식에 도달했다. 그러므로 판첸의 불상 선물이 황제와는 무관한, 종교적 의미에서 비롯한 것이었음도 파악할 수 있었다. 오늘날의 시점에서 보기엔, 사은사 일행의 보고가 진실에 더 근접한 것이 아닐까 한다. 그러나 1780년의 박명원은 아무런 영문도 모르는 채 황당하고 당혹스럽기 그지없는 상황에 직면해야 했다. 그러한 까닭에 오해와 오판의 '함정'에 빠졌고, 급기야는 봉불지사라는 오명까지 뒤집어쓰기에 이르렀다.

앞에서 1783년 여름에 박명원이 1780년 사행 때의 과오를 이유로 정조에게 사신 임명 철회를 요청한 일을 언급하였다. 1781년 봄에 귀국한 사은사 일행의 보고를 통해 박명원의 오해와 오판이 드러났다면, 1783년에 박명원이 말한 자신의 과오에는 불상을 받들고 돌아왔다는 사실에 더하여 뒤늦게 드러난 오해와 오판도 응당 포함되었으리라.

박명원 일행 외에 열하를 방문한 조
선 사신은 없었는가?

1780년의 건륭 칠순 진하 특사 박명원 일행 말고
도 열하를 방문한 조선 사신이 또 있었다. 그로
부터 딱 10년 뒤인 1790년에 정조는 건륭의 팔
순을 진하하는 특사를 파견하였다. 팔순 진하 특
사의 정사는 창성위 황인점, 부사는 서호수徐浩修
(1736~1799)였다. 이 사행에는 『북학의北學議』의
저자로 유명한 박제가朴齊家(1750~1805)도 끼어 있
었다. 건륭은 자신의 팔순을 경축하는 일련의 행

사를 음력 칠월 열하에서부터 시작하여 팔월 베이징에서 마무리하였다. 황인점 일행은 이러한 일정을 압록강을 건넌 뒤에야 통보받은 탓에 뒤늦게 발길을 재촉하여 열하로 직행함으로써 건륭의 팔순 잔치 일정을 소화하고 돌아왔다. 이 사행의 기록으로는 부사 서호수가 남긴 일기체 연행기 『열하기유熱河紀遊』가 유명하다.

1780년과 1790년 조선 사신의 열하 방문은 박지원의 『열하일기』와 서호수의 『열하기유』 덕분에 널리 알려진 사실이 되었다. 하지만 이 두 차례 외에도 조선의 '외교관'이 열하를 방문한 적이 있다는 사실은 아는 사람이 거의 없는데, 그 사연은 이렇다.

1716년 일본의 에도 막부에서 도쿠가와 요시무네德川吉宗(1684~1751)가 쇼군으로 취임하였다. 일본에서 쇼군이 새로 취임하면 조선에서 통신사를 파견하는 것이 당시 양국의 외교 관행이었다. 통신사 일행은 1719년에 서울을 떠났다가 1720년 초에 귀국하였다. 그런데 조선 조정으로부터 통신사 파견 사실을 사전에 통보받은 청의 강희제가 이번 통신사의 일행으로 일본에 다녀온 사람을 만나고 싶다는 뜻을 전해 왔다. 이에 조선 조정에서는 일본어 역관 김도남金圖南을 베이징으로 보냈다. 김도남이 베이징에 도착했을 때 강희제는 열하에 가서 머무르고 있었기 때문에 청에서는 김도남을 열하로 보냈다. 따라서 열하를 최초로 방문한 조선인은 박명원 일행이 아니라 김도남이었다고 해야 할 것이다.

그러나 유감스럽게도 김도남이 열하에 가서 어떤 일을 겪고 돌아왔는지는 관련 기록이 남아 있지 않아 전혀 알 수가 없다. 이러한 기록의 부재는 김도남이 여행기를 쓰지 않았거나 설령 썼더라도 현존하지 않기 때문이기도 하지만, 그가 청에서 돌아오고 있을 무렵 서울에서 숙종이 승하하였다는 점도 작용한 것으로 보인다. 만약 숙종이 살아 있었다면 김도남 일행으로부터 귀국 보고를 받으면서 나누었을 대화의 내용이 『승정원일기』 등에 기록으로 남았으리라.

청의 황제들은 독실한 불교 신자였던 것
으로 알려져 있는데, 혹시 황제가 조선
에 불상 같은 것을 선물로 보낸 일은 없
었는가?

1780년에 박명원이 판첸이 준 불상을 건륭의 선
물로 여겨 조선으로 가져온 것은 오해의 산물이
었지만, 황제가 조선 왕실에 정말로 불상 선물
을 보낸 일이 두 차례 확인된다.

첫 번째 불상 선물의 주인공은 역시 건륭제였
다. 1784년에 정조가 당시 세 살의 어린아이였
던 문효세자文孝世子(1782~1786)의 책봉을 요청하
자, 건륭은 책봉을 위한 칙사를 파견하면서 어
린 세자의 건강과 장수를 축원한다는 의미로 불
상을 선물로 보냈다. 1780년 판첸의 불상을 '사
악하고 더러운 물건'이라며 서울 도성에 들이
지 않고 묘향산으로 보낸 것은 그 불상을 조선 사
신이 받아서 가져왔기 때문에 가능한 일이었다.
하지만 1784년의 불상은 청의 칙사가 들고 왔

기 때문에 1780년처럼 처리할 수 없었다. 더군다나 그 불상은 다른 사람도 아니고 어린 세자를 위한다고 보낸 '장수불長壽佛'이었기에 무작정 '사악하고 더러운 물건'으로 취급하기도 곤란했다. 이에 정조는 폐사로 버려져 있던 북한산 승가사僧伽寺를 중수하여 건륭이 보낸 불상을 안치하도록 하였다.

청 황제의 두 번째 불상 선물은 1812년에 있었다. 이번에도 조선의 세자 책봉과 관련된 선물이었다. 당시 청의 황제는 건륭의 아들로서 1796년 초에 건륭으로부터 양위를 받아 즉위한 가경제嘉慶帝(1760~1820)였다. 1812년 조선의 순조純祖(1790~1834)가 1809년에 태어난 어린 아들 효명세자孝明世子(1809~1830)에 대한 책봉을 요청하자, 가경제는 1784년의 선례에 따라 책봉 칙사를 서울로 보내면서 어린 세자를 위한 불상을 선물로 전하게 하였다. 그러나 이 불상은 기록상 어디에 안치했는지가 확인되지 않는다. 다만 불상의 서울 입성을 막아야 한다는 상소가 있었음에도 순조가 일단 불상을 받으라고 지시한 사실만 알 수 있다.

이처럼 건륭과 가경은 조선의 어린 세자가 건강하게 자랄 것을 기원하며 불상을 선물로 보냈다. 하지만 공교롭게도 청 황제로부터 불상 선물을 받은 문효세자와 효명세자는 수명이 길지 못했다. 문효세자의 동생이자 효명세자의 아버지인 순조는 정조가 세자 책봉 요청을 미룬 상태에서 1800년 갑자기 즉위하는 바람에 결과적으로 청 황제의 세자 책봉 절차를 건너뛰고 왕위에 올랐고, 그 덕분(?)에 청 황제로부터 '달갑지 않은' 불상 선물을 받는 일을 면할 수 있었다.

4부

박지원

『열하일기』의

'봉불지사'
변호론

박지원의 입장에서도 사신 일행에 대한 '봉불' 혐의는 남의 일이라고 치부하며 마냥 나 몰라라 하고 침묵할 문제가 아니었다. 박명원은 말 그대로 남이 아니라 자신의 팔촌 형이 아닌가. 또한 공식적으로야 아무런 책임도 질 필요가 없는 자제군관의 신분이었을지언정 그 자신도 필경 당시 사행의 엄연한 일원이었으므로 '봉불지사'라는 오명과 완전히 무관할 수는 없는 처지였다.

청 예부의
거짓을 밝혀
사신을 변호하다

박명원의 불행 중 다행: 박지원이 『열하일기』를 쓰다

여기서 잠깐 이런 상상을 해보자. 만약 박지원이 『열하일기』를 쓰지 않았다면 박명원은 살아생전에 그리고 '천하 후세'에 과연 어떤 평가를 받게 되었을까?

박명원은 「구월 17일 장계」에서 청의 황제로부터 얼마나 융숭한 대접을 받았는지 낱낱이 열거했다. 그는 판첸이 준 불상을 건륭이 준 것이라고 오해·오판하였고, 그 결과 배불의 나라 조선으로 불상을 '모시고' 돌아왔다. 그래서 '봉불지사'라는 오명을 뒤집어썼다. 판첸을 만나고 불상을 받아 온 경위를 해명한 별단을 국왕에게 제출했지만, 민감한 내용 탓인지 몰라도 그 별단은 남아 있지 않다.

게다가 나중에 자세히 보겠지만, 『동문휘고同文彙考』에 수록된 예부의 자문에는 박명원의 봉불지사 혐의를 뒷받침하는 강력한 증거가 있다. 결국 박명원은 꼼짝없이 건륭의 융숭한 접대에 도취한 나머지 당시 조선 사회에서는 용납될 수 없었던 봉불의 과오를 저지른, 정말 변변치 못한 사신이었다는 평가를 받았을 것이다.

물론 박명원에게는 다행(?)스럽게도, 오늘날 우리는 그가 정말 봉불을 했다 한들 전혀 문제시하지 않는 세상에 살고 있다. 성균관 유생들은 "다만 우리 국가에 치욕을 끼칠 뿐만 아니라, 또 장차 천하 후세의 비웃음을 받을 것입니다."라고 하면서 박명원 일행을 비난했지만, 오늘날 불상을 가리켜 대놓고 '사악하고 더러운 물건'이라고 할 사람은 아무도 없다. 외국에서 불상을 가져왔다고 국가의 치욕을 운운하며 '천하 후세의 비웃음'을 걱정할 사람도 없다.

하지만 박명원 및 그와 행동을 함께했던 200여 년 전 사람들의 입장에서는 '천하 후세의 비웃음'까지는 가지 않더라도 당장 현실에서 무릅써야 하는 비난과 평가에서 벗어날 수가 없었을 것이다. 조선의 관료 사대부에게 봉불은 정말 최악의 오명이었다. 정면으로 아니라고 반박은 못 할지

연암 박지원

언정 부득이했던 사정이라도 밝혀야지 가만히 있을 수만은 없었을 것이다. 그래서 정사 박명원과 부사 정원시는 상소를 올려 부득이하게 불상을 받아 온 경위를 밝혔지만, 그들의 주장은 다른 객관적 기록에서 확인되는 봉불의 혐의를 논파하기에 부족했다.

그러나 정말 다행스럽게도 박명원에게는 박지원이 있었다. 모르긴 몰라도, 박명원 역시 『열하일기』를 읽었을 것이다. 상상하건대, 그는 박지원을 자제군관으로 삼아 데려갔을 뿐 아니라 정말 갑작스러웠던 열하행을 앞에 두고 그냥 베이징에 남아 당시 '세상의 중심'을 한껏 체험하려던 박지원을 설득해서 열하에 동행한 일을 회상하며 안도의 한숨을 쉬었을 것이다. 박지원이 『열하일기』에서 판첸과의 만남 및 불상에 관한 일을 자세하고 치밀하게 해명했기 때문이다.

박지원의 입장에서도 사신 일행에 대한 봉불 혐의는 남의 일이라고 치부하며 마냥 나 몰라라 하고 침묵할 문제가 아니었다. 박명원은 말 그대로 남이 아니라 자신의 팔촌 형이 아닌가. 또한 공식적으로야 아무런 책임도 질 필요가 없는 자제군관의 신분이었을지언정 그 자신도 필경 당

시 사행의 엄연한 일원이었으므로 봉불지사라는 오명
과 완전히 무관할 수는 없는 처지였다.

더군다나 그가 정사의 팔촌 동생이라는 것은 다들 아
는 사실이었다. 박지원은 누구보다도 자유롭게 정사 박명
원에게 직언할 수 있는 존재였건만 박명원이 봉불의 과오
를 저지르는 것을 미연에 막지 못하였다. 그러니 박지원
은 방관자로 남아 있을 수 없는 입장이었던 것이다. 그러
면 박지원은 『열하일기』를 통해 이 문제를 어떻게 풀어갔
을까?

청 예부의 문서 변조를 고발하다

『열하일기』의 곳곳에는 봉불지사라는 비난의 표적
이 된 박명원을 위하여 박지원이 펼친 변호론이 숨어 있다.
앞에서 팔월 20일 예부가 발송한 자문들을 특히 유념할 필
요가 있다고 한 적이 있으니, 박지원이 이들 문서에 대하
여 어떤 이야기를 하는지 먼저 살펴보기로 한다.

박지원은 『열하일기』의 「행재잡록」에 박명원 일행의 열
하행 및 열하에서의 활동과 관련하여 청 예부의 관원들
이 작성한 문서 열 통을 실었다. 그 가운데에는 예부가 조

4부 | 박지원 『열하일기』의 '봉불지사' 변호론

선 사신의 판첸 접견 사실을 황제에게 보고한 상주문, 역시 예부가 조선 사신이 황제의 특별한 선물에 감사한다는 정문을 올린 사실을 황제에게 보고한 상주문이 포함되어 있다. 전자는 팔월 20일 예부 자문 중「상주내용통지자문」의 세 번째 첨부 상주문, 후자는「조선사신감사자문」의 본문 내용에 각각 해당한다. 앞에서 언급했듯이, 이들 자문은 예부의 상례를 벗어난 무단 발송이라는 문제 외에 박명원 일행의 활동과 관련하여 민감한 내용을 담고 있다는 문제가 있었다.

먼저「조선사신감사자문」을 보자.「조선사신감사자문」에는 박명원이 황제의 특별 선물 하사에 감사하기 위하여 예부에 제출했다는 정문이 인용되어 있다.「구월 17일 장계」에 따르면, 박명원은 팔월 9일과 13일 두 차례에 걸쳐 감사의 뜻을 표하는 정문의 제출을 강요당했다. 두 차례 모두 자신의 사적인 감사 표시는 불가하다고 주장하였다. 특히 팔월 13일의 경우는 국왕에 대한 비단 선물까지 있었기 때문에 자신의 감사 표시가 더욱더 불가하다고 예부와 실랑이를 벌였다. 이런 경우의 감사는 국왕의 몫이었기 때문이다. 그러나 예부의 고집을 이길 수 없어서 결국 '특별한 상물을 삼가 받았다는 뜻'만 적어 정문으로 제출하였다.

이처럼 박명원은 「구월 17일 장계」에서 자신은 정문에 선물의 수령 사실만 언급했을 뿐 주제넘게 감사의 뜻까지 밝히지는 않았다고 주장하였다. 그러나 팔월 20일 예부가 조선으로 발송한 「조선사신감사자문」에 길게 인용된 정문의 내용은 박명원의 주장과는 전혀 다른 것이었다.

(가) ① 국왕이 삼가 황상의 칠순 만수 대경을 맞이해서 기쁨을 이기지 못하여 저 박명원 등을 사신으로 보내 표문을 올리며 축하를 하도록 했습니다. (황상께서는) 특별한 은혜를 베푸시어 저희로 하여금 천조의 2품·3품 대신들의 끝에 붙어 함께 하례를 거행하도록 하시었습니다. ② 이것도 이미 영광스러운 일이었는데 또다시 은혜로운 명령을 내리시어 저희로 하여금 판첸 어르더니를 **절하며 뵈옵게**[拜見] 하시니, (그 덕에 저희는) **성스러운 스님을 우러러 바라보며 축복의 은택에 흠뻑 젖을 수 있었습니다**[瞻仰聖僧, 得沾福祐]. (황상께서) 다시 융숭한 은혜를 베푸시어, (그 덕에 저희는) 천조 대신들의 대열에 끼어 연희를 들을 수 있었습니

다. 이 모든 것은 소국小國의 신하들이 평소 만난 적도 본 적도 없는, 전례를 찾을 수 없는 영광이었습니다. ③ 이번에는 황상께서 파격적인 은혜를 베푸시어, **국왕 및 (저희) 배신들에게 비단을 특별 선물로 내리시고 종인從人들에게까지 은을 하사하시었습니다. (저희) 배신들은 무릎 꿇어 (선물을) 받으면서 감격하는 마음을 어떻게 표현할지 모르겠습니다. (저희는) 마땅히 나라로 돌아가 (이 사실을) 국왕에게 알려 (국왕으로 하여금) 따로 표문을 갖추어 공경하고 삼가며 천자의 은혜에 감사하도록 하는** 외에, 저 박명원 등의 감격하는 진정한 마음을 (예부에서) 대신 황상께 상주해주시기를 엎드려 바랍니다. [강조와 원문자는 인용자]

그렇다면, 박명원은 「구월 17일 장계」에서 감히 거짓말로 국왕을 속였던 것일까? 박명원이 팔월 13일 예부의 강요로 썼다는 정문은 열하 현지에서 예부에 제출했으니 조선 땅에서는 누구도 볼 수 없다. 이제 사람들이 볼 수 있는 정문이라곤 예부의 「조선사신감사자문」에 실린 위에 옮긴 인용문 (가)뿐이지 않은가?

그러나 『열하일기』의 「행재잡록」에 실린 박명원의 정문은 (가)와는 전혀 다른 문장이다.

(나) 삼가 황상의 만수 성절이 도래함을 맞이하여 온 세상
이 기쁨에 넘치니, 저희 나라는 축하의 기쁨을 이기지 못
하여 진하의 정성을 대략이나마 바쳤습니다. 〔**(여기에) 예부**
가 "성스러운 스님을 우러러 바라보며 축복의 은택에 흠뻑 젖을 수 있었
습니다[瞻望聖僧, 獲沾福祐]"**라고 문구를 첨가했다.**〕 이번에 파격적으
로 은혜로운 상물을 내리시어 특별히 소방小邦을 (은택으로) 적
신 것이 미천한 (저희) 배신들에게까지 미쳤습니다. 〔**(여기를)**
예부가 "특별한 선물로 국왕과 배신들 및 종인 등에게 비단과 은을 내리
시었습니다."라고 고쳤다.〕 광영을 입은 것이 전무후무하였습니
다. 삼가 마땅히 나라로 돌아가 국왕에게 아뢰겠습니다. 〔**(여**
기에) 예부가 "따로 표문을 갖추어 감사를 표하도록 하겠습니다."라는 문
구를 첨가했다.〕 황은에 감격하여 예부의 대인들께 정문을 올
려 대신 황상께 상주해주시기를 청합니다. [강조는 인용자]

박지원이 『열하일기』 「행재잡록」에 실은 박명원의 정
문 (나)는 우선 (가)에 비해 분량이 훨씬 적다는 점이 눈
에 띈다. (가)의 서두(⊙)는 선물 사여 건에 앞서 황제가 베

푼 은혜를 열거하고 있는데, (나)에는 이 부분이 아예 없다. (가)의 서두(①)에 해당하는 내용은 「행재잡록」의 다른 문서들에도 등장하기 때문에 박지원은 박명원의 정문에 관한 한 (가)의 나머지 부분(②와 ③)에 집중하여 「행재잡록」에 (나)를 실은 것으로 추정된다.

다음으로, 인용문 (나)에서 '[ ]' 안의 내용은 박지원이 주석으로 삽입한 것인데, 이를 빼고 읽어보면 그 내용은 박명원이 「구월 17일 장계」에서 밝힌 바와 별 차이가 없다. 원래의 정문은 파격적인 선물 하사가 국왕뿐만 아니라 미천한 자신들에게까지 미쳤음을 귀국 후 국왕에게 보고하겠다는 정도에 그쳤던 것이다.

그러나 박명원의 원래 정문에 대하여 청 예부의 관원들은 몇몇 군데 중요한 수정 및 첨가를 가하였다. (나)에서 박지원은 세 군데에 주석('[ ]' 안의 내용)을 삽입하여 예부가 무엇을 고치고 더했는지를 밝혔다. 박명원으로부터의 전언傳言에 의존한 탓인지 예부가 변조한 부분의 자구가 (가)의 문장과 정확히 일치하는 것은 아니지만, 핵심적인 어구의 의미에는 차이가 없다.

박지원의 설명에 따르면, 예부의 서기들이 보여준 문

서 대장을 통해 그들이 황제에게 올린 상주문에 인용된 정문의 내용이 원본과 크게 달라졌음을 발견하고 깜짝 놀란 박명원이 역관을 보내 예부에 항의하였다고 한다. 그러나 역관에게 돌아온 것은, 사신이 제출한 정문에 '사실'에 대한 언급이 전혀 없길래 자신들이 조선을 위해 '주선周旋'을 해준 것인데 고마운 줄도 모르고 도리어 화를 내느냐는 핀잔이었다. (나)의 정문 원본이 막연한 추상적 서술로 일관하였음에 비해 (가)의 문장은 여러 '사실'을 서술하여 황제가 어떤 은혜를 베풀었는지 꽤 구체적으로 밝히고 있다. 따라서 예부의 주장이 딴에는 나름대로 근거가 있는 소리라고도 할 수 있다.

그러나 박명원의 입장에서 보자면, 예부의 무단 '첨개添改'에는 두 가지 심각한 문제가 도사리고 있다. 박지원이 (나)에서 예부가 무엇을 더하고 고쳤는지를 애써 밝힌 것도 이들 문제의 심각성을 잘 알고 있었기 때문일 것이다.

첫째, 박지원은 정문 원본의 "특별히 소방을 (은택으로) 적신 것이 미천한 (저희) 배신들에게까지 미쳤습니다."를 예부가 멋대로 "특별한 선물로 국왕과 배신들 및 종인 등에게 비단과 은을 내리시었습니다."로 고치고 "삼가 마땅히 나라로 돌아가 국왕에게 아뢰겠습니다."에 문구를 첨가하여 "삼가 마땅히 나라로 돌아가 국왕에게 아뢰어, 따로 표문을 갖추어 감사를 표하도록 하겠습니다."로 수정하였음을 적시하였는데, 이는 조선 조정에 외교적 부담을 줄 수 있는 사안이었다. 원본에서 박명원은 황제가 미천한 배신에 불과한 자신들에게까지 선물을 준 사실을 언급하고, 귀국하면 이 사실을 국왕에게 보고하겠다고만 하였다. 그러나 예부는 선물 사여 대상에 국왕을 추가하고 국왕이 별도로 표문을 갖추어 사은할 것이라는 문구를 덧붙였다. 앞에서 보았듯이 실제로 조선 조정은 예부의 자문이 서울에 도착했을 때 동지사에게 사은사 임무를 추가로 부여하기로 결정하였는데, 그 결정은 자문에 인용된 사신의 정문 내용에 맞춘 결과였다고도 볼 수 있다.

한편 박명원의 입장에서 말하자면, 예부의 수정으로 인해 사신의 권한을 벗어난 월권, 심지어는 군주의 특권을 침해하는 참월의 과오를 범한 것이 아니냐는 비난을 받을 수도 있었다. 신하가 자기 명의로 제출하는 문서에 국왕이 비단을 받은 사실을 언급하는 것도 분수를 넘어서는 일인 터에 심지어 응당 국왕이 결정해야 할 사은 표문 발송을 제멋

대로 약속한 것이 되기 때문이다.

둘째, 예부가 첨가한 "성스러운 스님을 우러러 바라보며 축복의 은택에 흠뻑 젖을 수 있었습니다."는 박명원 일행의 봉불 혐의를 입증하는 증거가 될 수 있었다. 조선의 사대부가 불교 승려, 그것도 머나먼 이역에서 온 오랑캐에게 '성스럽다', '우러러 바라보다', '축복의 은택' 등과 같은 말을 쓴다는 것은 당시로선 상상조차 할 수 없는 망언이었다. 만약 이런 말들이 정말 박명원의 붓에서 나온 것이라면, 그의 봉불 혐의는 의문의 여지가 전혀 없는 '유죄'가 될 터였다.

한편, 박명원의 정문 원본에는 아예 존재하지 않는 문단이었던 까닭에 예부의 첨개 사실을 고발하는 (나)에서는 보이지 않는 문장이지만, 인용문 (가)에 보이는 판첸을 절하며 뵈었다, 즉 '배견拜見'했다는 구절도 길이는 짧지만 의미는 심각한 부분이다. 「구월 17일 장계」에서 판첸과의 만남 자체에 대한 언급을 피했던 박명원의 입장에서 말하자면, 그가 판첸에게 절을 했다는 이야기는 마치 기독교 원리주의를 설파하여 명성을 얻은 목사가 불상에 절을 했다는 이야기와 다를 바 없을 만큼의 폭발력을 내장하고 있었다.

　박지원이 이 점을 놓치지 않은 것은 물론이다. 박명원의 판첸 '배견' 여부와 관련하여 박지원이 어떤 식으로 변호론을 펼쳤는지 살피기 위해서는 팔월 20일 예부 자문 중 「상주내용통지자문」의 세 번째 첨부 상주문으로 눈을 돌릴 필요가 있다.

청 예부의 거짓말을 지적하다

앞에서 보았듯이 박지원은 예부의 「조선사신감사자문」에 수록된 박명원 정문의 '성스러운 스님' 운운한 부분은 청의 예부 관원들이 멋대로 써넣은 것임을 밝혔다. 그런데 해당 문장은 팔월 11일에 있었던 사신과 판첸의 만남을 회고한 것이므로, 만남 당일 사신 일행의 행적을 직접 묘사한 것은 아니었다. 「상주내용통지자문」의 세 번째 첨부 상주문은 이와 달리 팔월 11일 당일 박명원 일행이 판첸과 만날 때 수행한 구체적인 의례에 관한 것이었다.

　박지원이 「행재잡록」에 수록한 해당 상주문은 「상주내용통지자문」의 첨부 상주문과 문면이 거의 일치한다. 이 상주의 문장은 모두 청 예부의 관원들이 쓴 것이어서 애초에 변조의 여지가 없기 때문이다. 『동문휘고』 수록 「상주내용통지자문」에 첨부된 상주문 원문에서 예부가 건륭제에게 올린 상주문의 주요 부분을 뽑아 옮기자면 다음과 같다.

(다) 신 등은 황상의 명에 따라 관원을 보내 이번원理藩院의 (판첸 접대) 담당 관원들과 함께 조선국의 정사 박명원, 부사 정원시, 서장관 조정진 등을 이끌고 찰십륜포로 나아가 **판첸 어르더니를 절하며 뵈었습니다**[拜見]. (만남의) 의례를 행한 후, (판첸께서 사신 일행으로 하여금) 자리에 앉아 차를 마시도록 했습니다. 그 나라가 얼마나 멀리 있는지와 (이번에) 입공入貢한 연유를 물으시었습니다. 사신은 황상의 칠순대경 때문에 표문을 올려 축하를 드리며, 아울러 삼가 (전에 베푸신) 천자의 은혜에 감사하기 위해서라고 대답하였습니다. 판첸 어르더니께서는 답변을 듣고 매우 기뻐하면서 곧바로 영원토록 (황제를) 공경하고 순종하면 저절로 복을 얻을 것이라고 부탁의 말씀을 하시었습니다. 이어서 동불, 티베트 특산의 향, 모직 카펫 등의 물건을 (선물로) 주시자, 사신 일행은 곧바로 **머리를 조아리며 감사를 표했습니다**[叩謝]. [강조는 인용자]

인용문 (다)에서 특히 주목할 부분은 '절하며 뵈었다'라는 뜻의 '배견'과 '머리를 조아리며 감사를 표했다'라는 뜻의 '고사叩謝'이다. 「행재잡록」에서 박지원은 이 상주를 옮겨 적은 다음에, 예부가 "(판첸) 어르더니를 절하며 뵈었다[拜見]"느니, 사신 일행이 "머리를 조아리며 감사를 표했다[叩謝]"느니 말한 것은 모두 "거짓[妄]"이라고 못을 박았다. 동시에 황제에게 일을 보고하는 상주문인지라 문구를 이렇게 꾸밀 수밖에 없다는 말도 덧붙여, 예부의 '배견'·'고사' 운운한 거짓말이 그들 입장에서는 부득이한 것이었으리라고 양해하였다.

하지만 제삼자의 입장에서는 이것만으로 충분한 해명이 이루어졌다고 볼 수 없다. 절도 안 했고 머리를 조아린 적도 없다고 했는데, 그렇다면 판첸과의 만남에 응당 수행했을 의례는 도대체 어떤 것이었다는 말인가? 예부의 배견·고사 운운이 거짓말이라고 주장하는 데 그칠 것이 아니라, 판첸과의 만남에서 실제로 어떤 일이 있었는지를 적극적으로 밝힐 필요가 제기된다.

이에 대하여 박지원은 "사신이 판첸을 만난 일은 내가 「찰십륜포」 기記에 갖추어 실었다."라고 밝히고는, "내가 목격한 바[吾所目擊者]에 근거하여 자세히 기록하였으니," "독자는 마땅히 (그 사실을) 살필 수 있어야 한다."라고 말하였다. 그렇다면 박지원 본인이 몸소 '목격한 바'를 자세히 적었다는 『열하일기』의 「찰십륜포」를 들여다보지 않을 수 없다.

『열하일기』에 목격담과 전문을 뒤섞다

자신의 '목격담'을 「찰십륜포」에 쓰다

「찰십륜포」를 본격적으로 들여다보기에 앞서 사신 일행의 판첸 접견 날짜를 다시 확인해두자. 박명원의 「구월 17일 장계」에서 황제를 알현한 날짜는 팔월 11일이었는데, 사신 일행이 판첸을 만난 것도 같은 날의 일이었다. 박지원이 「태학유관록」, 즉 열하의 숙소였던 태학에 머무는 동안의 일기 기록에 밝힌 만남의 날짜 역시 팔월 11일이었다.

「태학유관록」의 팔월 11일 일기에 따르면, 박지원은 숙소에 있다가 황제가 세 사신을 만난 다음에 판첸을 만나러 갈 것을 명하였다는 소식을 들었다. 이에 박명원 일행의 뒤를 쫓아 판첸이 머물고 있던 찰십륜포로 서둘러 달려 갔다. 도착해보니 박명원은 이미 절 안으로 들어간 뒤였다. 하지만 박지원이 절 안으로 진입하는 것을 막는 사람은 없 었다. 그의 묘사에 따르면, 박명원이 절 바깥에서 대기하 라고 했던 하인들까지 자유롭게 경내로 들어올 수 있는 상 황이었다. 자신이 찰십륜포에 들어가기까지의 경위를 이 처럼 서술한 박지원은 그때의 일을 「찰십륜포」와 「반선시 말」에 자세히 기록하였다고 말한 다음, 시간을 거슬러 올 라가 그날 오전 황제 알현에서 판첸과의 만남에 이르는 과 정에 대해 박명원에게서 들은 이야기를 적었다. 이날 일기 의 말미에서는 태학의 숙소로 돌아와 판첸과의 만남을 부 러워하는 "중원의 사대부"들과 이야기를 나눈 사실을 언급 하고는, 그 이야기를 「황교문답」에 실었다고 밝혔다.

이처럼 조선 사신 일행이 판첸을 만난 날짜는 분 명 팔월 11일이었다. 또한 박지원은 「태학유관록」의 팔 월 11일 일기를 통해 독자의 시선을 「찰십륜포」와 「반선시 말」 그리고 「황교문답」으로 인도하고 있다. 박지원은 독자 가 「찰십륜포」 등을 읽어주었으면 하고 바랐던 것이다.

사실 『열하일기』의 열하 이야기에 관한 한 이들 세 편

열하의 찰십륜포(수미복수지묘) **사원**

은 하이라이트에 해당하는 글이라고 할 수 있다. 특히 「찰십륜포」는 『열하일기』라는 작품이나 박지원이라는 인물에는 무관심할지라도 청과 티베트 관계 및 오늘날의 티베트 문제에 관심을 둔 학자라면 누구나 주목하는 핵심적인 사료이다. 건륭제와 판첸의 만남을 제삼자의 시선으로 묘사한 유일무이의 기록이기 때문이다.

이제 본격적으로 「찰십륜포」를 들여다봄으로써 박지원 본인이 직접 목격한 바가 무엇이었는지 알아보자. 「찰십륜포」의 전체 내용은 다시 세 개의 이야기로 나눌 수 있다. 편의상 각각의 이야기에 차례로 '만남의 의례 이야기', '처치 곤란 불상 이야기', '건륭과 판첸의 만남 이야기'라 는 이름을 붙이기로 한다.

만남의 의례 이야기

첫 번째 '만남의 의례 이야기'는 박명원 일행이 판첸과 만 날 때의 의례에 관한 것이다. 이야기는 이렇게 흘러간다.

전 안에는 판첸이 남쪽을 향해 가부좌를 틀고 앉아 있 다. 티베트 불교 승려의 옷을 입은 청의 군기대신 등이 판 첸을 모시고 서 있다. 황제는 궁정 사무를 관장하는 내무 부內務府의 관원을 통해 사신 일행에게 판첸을 만날 때 쓰라 고 합달哈達 hada/khata(티베트 불교에서 사용하는 의례용 스카프)을 주 었다. 군기대신은 청에서는 황자·부마는 물론이거니와 황 제조차도 판첸에게 고두叩頭를 하니 조선 사신 또한 응당 판 첸에게 "절을 하고 머리를 조아려야 한다[拜叩]."라고 말 했다. 찰십륜포에 오기 전, 박명원은 이날 아침에도 판첸 과 만날 때의 의례 문제로 청의 만주인 예부상서와 한바 탕 실랑이를 벌였다. 예부상서가 판첸에게는 황제조차 "스 승을 모시는 예[師禮]"를 갖춘다고 하면서 '황제의 명'을 받

들어 판첸을 만나는 마당에 조선 사신 역시 그에게 예를 다
해야 한다고 주장했기 때문이다.

이렇게 해서 독자의 관심을 만남의 의례에 집중시킨 박
지원은 박명원이 판첸과 처음 대면하는 순간을 생생하
게 묘사한다. 티베트 불교 방식으로 치러진 만남의 의례에
서 중심을 차지한 것은 박명원과 판첸이 '합달'을 교환하
는 장면이다. 가부좌로 자리에 앉아 있는 판첸에게로 나아
가 합달을 주고받은 다음에 자기 자리로 돌아오기까지 박
명원은 시종일관 자신의 머리를 곧추 치켜든 상태[仰首]
를 유지하였다. 곁에서 청의 군기 등이 '레이저'를 쏘며 눈
치를 주는데도 아랑곳하지 않고 끝내 문제의 '배고'를 하
지 않았다. 절은커녕 머리를 숙인 적도 없었다는 것이다.
박명원과 대조적으로 청의 통역관 등은 모두 판첸에게 '고
두'를 하였다.

머리를 곧추 치켜든 어색하기 짝이 없는 자세로 그럭
저럭 '위기의 순간'을 넘긴 박명원과 판첸 간에 짧은 문답
이 오갔다. 판첸은 박명원 일행에게 작은 불상[小金像]을 비
롯한 몇 가지 물건을 선물로 나누어주었다.

티베트와 조선 간의 물리적 거리만큼이나 큰 언어 차

이 때문에 긴 대화란 애초부터 불가능했다. 두 사람의 대화는 '중오역重五譯'의 통역을 거친 것이었다. 여기서 '중오역'이란 언뜻 다섯 차례의 통역 과정을 거쳤다는 의미로 읽힐 수 있다. 판첸의 말이 박명원에게 전달되기까지 다섯 차례의 통역 과정이 있었다면 전체 여섯 가지 언어가 필요하다. 그러나 당시 통역 과정에 동원되었을 가능성이 있는 언어는 아무리 늘려 잡아도 다섯 가지, 즉 '티베트어 → 몽골어 → 만주어 → 한어 → 조선어'에 그친다. 따라서 '중오역'이란 단지 많은 단계의 통역을 거쳤음을 강조하는 수사적 표현이었거나 대화 장면, 즉 "티베트 불교 승려가 (판첸의) 말을 받아 몽골의 왕에게 전하자, 몽골의 왕은 군기(장경)에게 전하고, 군기(장경)가 (청의 통역관) 오림포烏林哺에게 전했으며, (오림포가) 그 말을 우리 역관에게 전하였다."에서 판첸의 말이 박명원에게까지 도달하는 통역 과정에 관여한 사람의 수가 다섯이었음을 나타낸 것이라고 보아야 한다.

처치 곤란 불상 이야기

두 번째 '처치 곤란 불상 이야기'에서는 판첸과의 접견을 마치고 찰십륜포를 빠져나온 일행이 모여 앉아 밥을 먹으면서 선물로 받은 불상을 어떻게 처치해야 할지 몰라 고민하는 모습을 그리고 있다.

박명원 일행이 창졸간에 받아 나온 불상은 정말 골칫거리였다. "물리치자니 불공不恭하게 되고, 받자니 명분이 없는" 선물이었다. 모든 것이 '황제의 명'에서 비롯된 것인 데다가 상황은 너무도 급박히 돌아갔다. 사신은 그저 "흙으로 빚거나 나무를 깎아 만든 인형"처럼 저들이 이끄는 대로 "나아가고 물러나며 앉고 서기"를 하다가 나왔을 따름이다. 게다가 중역重譯으로 인해 의사 전달도 제대로 할 수 없었다. 그 바람에 불상을 엉겁결에 받고 말았다. 박명원은 공자를 모시는 열하의 태학에 불상을 들일 수는 없다면서 역관에게 숙소 바깥에 불상을 둘 만한 마땅한 장소가 있을지 찾아보라고 말했다.

이처럼 이러지도 저러지도 못하는 가운데, 사신 일행을 구경하던 무리 속에 끼어 있는 군기장경 소림과 환관 두 명이 박지원의 눈에 들어왔다. 소림은 「구월 17일 장계」에도 등장하는 인물로, 팔월 9일 일행에게 황제의 명령을 전한 사람이었다. 소림 등이 혹여 조선 말을 알아들어 자신들의 의논을 엿듣고 있는 것은 아닐까 덜컥 겁이 났다. 박명원 일행은 불상 둘 곳을 정하지도, 그렇다고 곧장 숙소로 돌아오지도 못했다. 다들 그저 조용히 앉아 있어야만 했다.

건륭과 판첸의 만남 이야기

세 번째로 '건륭과 판첸의 만남 이야기'가 이어진다.

황제가 피서산장 후원에 매화포梅花炮를 놓고 사신을 궁궐로 불러들여 구경하게 하였다. 불꽃놀이에 조선 사신 일행도 초대했다는 말이다. 박지원은 전각의 가운데 뜰에 황색의 천막 궁전이 세워져 있는 모습을 묘사한다. 수많은 관원이 각자의 자리에 서 있고, 판첸이 먼저 와서는 긴 걸상에 앉아 기다리고 있었다. 청의 황족인 일품보국공一品輔國公등이 걸상 아래로 가서 판첸에게 모자를 벗고 "머리를 조아렸다."

황제가 모습을 나타내자 판첸은 천천히 일어나 웃음을 지으면서 맞이했다. 황제와 판첸은 서로 두 손을 맞잡고 흔들면서 담소를 나누었다. 두 사람은 같은 걸상에 보료만 달리하여 나란히 앉았다. 서로 무릎이 닿을 정도

로 가까웠다. 건륭과 판첸의 차 시중을 들고 있는 두 사람
은 당시 청에서 권세가 하늘을 찌르던 저 유명한 화신和珅
(1750~1799)과 복장안福長安(1760~1817)이었다. 행사가 막
을 내리고 날이 저물자 건륭과 판첸은 한참 동안 손을 맞잡
고 있다가 헤어졌다.

'봉불지사' 변호에 지면을 아끼지 않다

이상으로 박지원 본인이 몸소 '목격한 바'를 기록했다
는 「찰십륜포」의 줄거리를 대략 소개하였다. 첫 번째 '만
남의 의례 이야기'에서 박지원은 팔월 11일 만남의 현장에
서 박명원이 판첸에게 절을 하거나 머리를 조아린 적이 결
코 없었음을 밝혔다. 앞서의 인용문 (다)에서 예부가 배
견·고사 운운한 것이 거짓말에 불과함을 적극적으로 증언
한 것이다. 박명원은 줄곧 머리를 곧추 치켜들고 있었다. 박
지원에 따르자면, 박명원의 배고 거부는 예부상서나 군기
대신 등의 강요를 이겨내고 성취한 쾌거가 아닐 수 없었다.

두 번째 '처치 곤란 불상 이야기'는 문제의 그 불상을 두
고 사신 일행이 얼마나 고민했는지를 생생하게 보여준다.
행간에 깔린 의미는 이런 것이었으리라. 만약 사신 일행에

게 만남의 과정을 주체적으로 통제·관리할 권한이 있었더라면, 또는 상황이 너무 급박히 진행되지 않았더라면, 또는 언어 장벽이 좀 더 낮았더라면 박명원은 그 자리에서 불상의 수령을 거부할 수도 있었다. 게다가 박명원은 태학에 들이는 것조차 안 된다고 할 정도로 불상을 '사악하고 더러운' 물건이라 여기고 있었다. 결국에는 불상을 숙소에 들일 수밖에 없었지만, 그것은 나름대로 불상을 둘 장소를 물색했음에도 감시의 눈길 때문에 일이 여의치 않았기 때문이다. 그리고 이 모든 사태는 '황제의 명'에 의한 것이었다.

'처치 곤란 불상 이야기'는 봉불지사 소동 당시 박명원이 올린 상소의 해명과도 취지가 부합한다. 하지만 박지원의 해명은 여기에 머물지 않았다. 『열하일기』의 「피서록」으로 지면을 옮겨 그날 불상 둘 곳을 찾지 못한 뒤의 이야기를 이어간다.

판첸에게서 받은 불상은 거의 1척 크기로 나무를 깎아 만들어 도금 처리한 것으로 보이는데, 창졸간에 이를 받고는 일행 상하가 어쩔 줄 몰라 했다. 저녁에 박명원에게 대책을 물으니 수석 역관에게 불상을 담아둘 작은 궤

짝을 마련하라 시켰다고 답했다. 박지원이 좋은 생각이라고 하자, 박명원은 왜 그렇게 생각하냐고 물었다. 강물에 띄워 보낼 작정 아니냐고 대꾸했다. 박명원도 웃었고 박지원 역시 웃었다. 뾰족한 방법이 떠오르지 않는 상황에서 터진 자조의 쓴웃음이었으리라.

박지원은 귀국길에 연도沿道의 아무 사찰에나 버리고 가자니 자칫 중국의 분노를 살까 두렵고, 그렇다고 그냥 불상을 "들고 입국하자니 물의를 일으킬 것이 뻔하니, 피차의 교계에서 물에 띄워 흘려보내 바다로 보내기에는 압록강만 한 데가 없다."라고 썼다. 이처럼 이러지도 저러지도 못하는 상황에서, 결국 박명원이 정조의 명령에 따라 불상을 묘향산으로 보낸 것은 앞에서 언급한 대로이다.

문제의 불상에 관한 뒷이야기는 「행재잡록」에도 나온다. 앞 인용문 (다)의 '배견'·'고사'가 예부 관원들이 지어낸 거짓말임을 지적한 다음, 박지원은 사신 일행이 선물로 받은 물건의 목록을 제시한다. 이어서 불상에 관한 이야기를 또 한다. 불상은 호신불護身佛이 되리라는 의미이니 멀리서 온 사람에게 선물하는 것이 중국의 예절이며, 티베트에서도 매년 청 황제에게 가장 소중한 방물로 불상을 바친다는 것이다. 이 불상은 판첸이 조선 사신을 위해 축복을 한다는 의미로 준 상급의 예물이었건만, 조선에서는 다만 "한 가지 일이라도 불교와 관계되면 반드시 평생의 누累가 되는 마당에 하물며 이것을 준 자가 오랑캐 승려임에랴?"라고 탄식하였다.

박지원은 또한 사신 일행이 베이징으로 돌아온 뒤 판첸이 준 불상을 제외한 나머지 선물을 죄다 역관들에게 줘버렸다고 썼다. 그런데 역관들도 이를 마치 분뇨처럼 더럽게 여겼다고 한다. 역관들은 판첸의 선물들을 은 90냥에 팔아 일행의 마부들에게 나눠주었다. 하지만 마부들조차 더러운 돈이라며 그 은으로는 술 한 잔도 사 마시지 않았다고 한다. 비록 "깨끗하다면 깨끗할 것이나, 남의 풍속으로 보자면 촌놈의 어리석음(이라는 비판)을 면하지 못할 것"이라고 하면서 박지원은 불상을 준 자의 마음을 헤아리려 들지 않는 경직된 태도에 일침을 가하긴 했지만, 이 일화를 소개함으로써 박지원이 기대한 것은 사신 일행이 위아래 가릴 것 없이 판첸의 선물에 관한 한 모두가 한결같은 마음이었음을 독자들이 알아주었으면 하는 것이었으리라.

「행재잡록」의 불상 이야기에서 특히 눈길을 끄는 것은 불상을 선물한 판첸의 의도에 대한 박지원의 해석이다. 박명원은 이 불상이 국왕의 장수를 기원하고자 황제가 준 것이라고 해석한 바 있다. 그러나 이듬해 베이징에서 돌아온 사은사 일행은 전년에 있었던 판첸의 불상 선물을 '불가의 계법'이라고 보고했다. 불상 선물은 황제와 무관했다는 의미다.「행재잡록」을 쓸 무렵의 박지원 역시 불상이 황제와는 무관한 것임을 알고 있었다. 이제 박지원은 판첸의 불상을 머나먼 나라에서 온 조선 사신을 축복하기 위한 상급의 예물이라고 해석한다.

이 정도면 박지원이 불상 문제에 관한 한 지면을 아끼지 않았다고 해도 과언은 아닐 것 같다. 그러나 박명원 일행의 봉불지사 오명을 씻어주기 위한 변호론이라는 측면에서 박지원이 가장 심혈을 기울여 쓴 것은 역시「찰십륜포」의 '건륭과 판첸의 만남 이야기'가 아닐까 한다.

「찰십륜포」에서 박지원은 불꽃놀이를 할 때 건륭과 판첸이 만나는 장면을 생생하게 묘사하였다. 이야기 속의 건륭과 판첸은 분명히 의례상 대등한 존재였다.『열하일기』가 청·티베트 관계의 성격을 둘러싼 논쟁에서 종종 인용되는 것도 순전히 이 장면 덕분이라고 해도 과언이 아니다. 건륭과 판첸 간 만남의 의례와 관련하여 한문 사료와 티베트어 사료 간 진술이 서로 엇갈리는 가운데,『열하일기』의 묘사는 제삼자의 객관적 관찰로서 그 가치를 인정하지 않을 수 없기 때문이다.

물론 이것이 박지원이 기대한 효과는 아니었을 것이다. 박지원이「찰십륜포」의 결말 부분에 이 장면을 배치한 이유는 맨 앞에 배치한 '만남의 의례 이야기'와 연결해서 생각해야 한다. 청의 관원들은 박명원 일행에게 판첸에 대한 '배고'와 '스승을 모시는 예'를 집요하게 요구했다. 박지원은 심지어 황제조차 판첸에게 고두한다는 그들의 믿기지 않는 주장까지 소개하였다. 그러나 당시 청의 황제 건륭이 어떤 존재인지 잘 아는 독자라면 '황제가 설마?'라는 의문을 던지지 않을 수 없다. 박지원은 이런 독자를 겨냥하여 자신이 '목도한 바', 양자의 의례상 지위가 대등했음을 곧바로 드러내는 황제와 판첸의 항례抗禮 장면을 제시함으로써 회심의 결정타를 날렸다. 게다가 박지원은 당시 청에서 화신에 버금가는 권신이었던 복장안이 판첸 앞에서는 차 시중이나 드는 존재였다는 사실도 독자에게 주지시키고 있다.

혹시나 시선의 분산으로 효과가 반감될까 우려했던지, 박지원은 「찰십륜포」에서는 불꽃놀이 자체에 대한 묘사를 삼갔다. 신기하고 화려했던 불꽃놀이 자체에 대한 이야기를 위해 박지원은 「매화포기梅花炮記」를 따로 써서 「산장잡기山莊雜記」 안에 배치하였다.

『열하일기』를 읽은 독자라면, 이제는 누구도 박지원을 포함한 박명원 일행에게 봉불 혐의를 씌우며 아무렇지도 않게 비난을 퍼붓지는 못할 것 같다. 판첸은 곧 황제와 동격인 존재였다. 판첸이 그렇게 대단한 존재라면, 박명원 일행의 봉불도 설령 사실이라 한들 충분히 이해하고 용서할 만하지 않은가?

앞서 박명원이 1783년 여름까지도 1780년의 봉불 혐의에서 벗어나지 못했다는 사실을 언급한 바 있다. 그런데 이듬해인 1784년 음력 시월에 박명원은 사은행의 정사로 임명되었다. 이때의 사은행은 건륭제가 정조의 첫 아들인 문효세자의 책봉을 흔쾌히 승인해준 데에 감사의 뜻을 표하기 위한 특별 사행이었다. 이처럼 중대한 사행에 수년 전 봉불지사 소동을 일으켰던 박명원이 임명되었건만 아무런 물의도 일어나지 않았으며, 박명원 자신도 1783년 여름과 달리 지난 과오의 기억을 소환하지 않았다. 이에 따라 박명원은 양력으로 해가 바뀌어 1785년 1월에 해당하는 정조 8년의 음력 십이월 11일에 베이징을 향해 떠남으로써, 봉불지사의 오명을 쓰며 물러나야 했던 외교 무대로 복귀하였다.

여기서 1783년과 1784년 사이에 박명원에게 무슨 일이 있었길래 봉불지사의 오명에서 벗어나 세자 책봉 사은사의 중대 임무를 맡을 수 있게 된 것일까 하는 의문이 든다. 사은사 임명에 앞서 박명원은 1784년 음력 칠월에 영조에게 존호尊號를 올리기 위해 설치된 상호도감上號都監의 제조提調 가운데 한 명으로 임명되었다. 당시 정조는 박명원이 영조의 사위이기에 특별히 도감 제조에 임명한 것이라고 강조했는데, 도감의 업무를 잘 수행함으로써 1780년의 과오를 완전히 씻었다고 보아야 할까? 물론 그럴 수도 있다. 그러나 상호도감의 제조는 내정, 그중에서도 왕실에 관한 일이었으므로 그런 일을 성공적으로 수행했다고 해서 외교 영역에서 저지른 과오가 말끔히 청산되었다고 보기는 어렵지 않을까?

뚜렷한 인과관계를 입증할 방도는 없지만, 박지원이『열하일기』에서 전개한 박명원 변호론이 1783년 여름과 1784년 겨울의 차이를 낳는 데 일조한 것은 아닐까? 그도 그럴 것이, 박지원이 1780년의 사행에서 돌아와 자료의 정리 및 편집 과정을 거쳐『열하일기』를 일단 탈고한 시점은 1783년경으로 추정되니 말이다.

직접 보지 않은 것을 자신의 목격담으로 꾸미다

많은 세월이 흐른 탓일까, 오늘날의 사람들은 박지원이『열하일기』에서 청 예부 관원들의 문서 변조와 거짓말을 시시콜콜 들춰내는 이야기를 쓴 까닭을 잘 알지 못한다. 그 까닭을 모르다 보니 심지어는 엉뚱한 오해가 발생하기도 한다. 오해의 사례를 한 가지 들어보겠다.

박지원은 오래된 종이 더미에서 요즘의 관보官報에 해당하는 청의 당보塘報를 발견하였다. 거기에는 몇 년 전에 유구琉球(오늘날의 일본 오키나와)의 사신들이 청 예부에 올린 정문이 실려 있었다. 박지원은 그 정문을『열하일기』의「동란섭필銅蘭涉筆」에 소개하고는 "솔직하게 서술되었고 생각이나 표현이 완곡하고 간절하다."라고 평가한 다음에, "이번에 우리 사신이 여러 차례 정문을 올렸으니, 응당 당보에 실려 천하에 널리 퍼질 것이다."라는 말을 덧붙였다. 박명원의 정문에 얽힌 사연을 알고 읽는다면, 이 말은 정문이 청 예부에 의해 변조되고 거짓말까지 더해진 상태로 세상에 퍼지지나 않을까 우려한 것이라고 해석해야 할 듯하다. 그러나 이런 사연을 제대로 알지 못한 탓인지, 유럽의 어떤 한국학 연구자는 박지원이 유구 사신의 글처럼 조선 사신의 글도 청의 당보에 실리기를 바란 것이라고 오해하였다. 그리고 이런 오해에서 한발 더 나아가「동란섭필」의 이 대목에 "중국의 고급문화에 대한 비非중국인의 참여, 동아시아 여러 문화 간의 정보 확산, 그리고 비중국인의 문화적 생산물에 대한 중국인의 인식 문제"를 다룬 것이라는 의미까지 부여하였다.

오늘날 사람들은 또한 박지원이「찰십륜포」를 위시하여『열하일기』곳곳에서 불상에 대해 끈질기게 이야기한 까닭도 잘 모른다. 아니, 정확하게 말하자면 그런 이야기를 쓴 이유를 궁금하게 여기지도 않는다. 하지만 박지원의『열하일기』를 베끼거나 돌려가며 읽었던 당시 사람들은 왜 이런 이야기를 하는지 잘 알았을 것이다. 그리고 모

르긴 몰라도, 직접 '목도한 바'라고 한 터라 박지원의 해명
에 고개를 끄덕이지 않은 사람은 거의 없었을 것이다.

여기서 좀 '비딱한' 질문을 던지고 싶어진다. 다른 것
은 그렇다 치고, 「찰십륜포」의 이야기들이 정말 박지원
이 강조한 대로 '팔월 11일'에 그가 직접 '목도한 바'에 근거
한 것이었을까? 요즘으로 치면 공식 수행원 신분도 아니었
던 박지원이 『열하일기』의 「찰십륜포」 등에 묘사된 장면들
을 직접 '목도'하는 것이 과연 가능하기나 한 일이었을까?

박지원의 『열하일기』를 두고 이렇게 '발칙한' 질문을 던
진 경우는 아마도 없지 않았을까 한다. 지금부터는 몸소 목
도한 바를 기록하였다는 박지원의 주장이 과연 사실인지 시
시콜콜 따져볼 작정인데, 발칙하기로는 결론 역시 질문
에 뒤지지 않는다. 간단하게나마 미리 밝혀두자면 이렇다.

「찰십륜포」에 실린 '건륭과 판첸의 만남 이야기'는 사
실 '팔월 11일'에 일어난 일을 쓴 것이 아니다. 불꽃놀이 관
람을 위한 두 사람의 만남은 팔월 14일에 일어났다. 그리
고 박지원은 두 사람의 만남을 직접 목도하지 않았다. '건
륭과 판첸의 만남 이야기'는 기껏해야 박명원으로부터 전
해 들은 바에 근거한 것이었을 따름이다. 심지어 '만남

의 의례 이야기'와 '처치 곤란 불상 이야기' 역시 전해 들은 바였을 가능성도 배제할 수 없지만, 뚜렷한 증거가 없는 이상 일단은 박지원의 말대로 팔월 11일에 그가 직접 목도한 바였다고 간주해도 무방할 것 같다. 이 경우 확실하게 말할 수 있는 것은, 팔월 11일 자신이 '목도한 바'를 기록한 '만남의 의례 이야기'와 '처치 곤란 불상 이야기' 바로 다음에 팔월 14일에 있었던 '건륭과 판첸의 만남'에 대해 '전해 들은 바'를 접속함으로써 박지원이 박명원을 위한 변호의 효과를 극대화하는 데 성공했다는 점이다.

그러면 어떻게 해서 이렇게 '발칙한' 결론이 나올 수 있다는 말인가? 천천히 추적해나가기로 한다.

먼저 『열하일기』에서 「찰십륜포」의 사건들이 일어난 날짜를 다시 확인하는 것으로부터 시작하자. 「태학유관록」의 팔월 11일 일기와 「찰십륜포」의 서술을 그대로 따라가다 보면, 「찰십륜포」의 세 이야기는 모두 같은 날의 연속된 사건에 대한 순차적 묘사로 읽힌다. 실제로 몇 년 전 일본의 한 논문은 『열하일기』를 언급하면서, 박명원 일행이 찰십륜포에서 판첸을 만나고 나온 뒤 피서산장 안에서 열린 연회에 초대되어 건륭제와 판첸이 만나는 장면을 목격하였다고 썼다.

그러나 박명원의 「구월 17일 장계」에서 불꽃놀이가 언제 있었는지를 찾아보면 그날은 분명 팔월 11일이 아니라 팔월 14일이었다. 혹시 「구월 17일 장계」가 팔월 11일에도 있었던 불꽃놀이에 대한 언급을 누락한 것일까?

청의 기거주 기록에 따르면, 팔월 11일 건륭제는 토르구트의 칸을 비롯한 일행 7인과 조선의 사신 3인을 피서산장 궁문에서 만난 것 외에는 다른 일정이 없었다. 티베트 기록을 보면, 판첸 역시 종일 찰십륜포에 머무르면서 조선 사신 등을 접견하였다. 팔월 11일에는 불꽃놀이도 없었고 '건륭과 판첸의 만남'도 없었던 것이다.

한편, 『열하일기』를 제외한 모든 사료가 불꽃놀이가 팔월 14일의 일이었음을 증언한다. 청의 기거주는 팔월 14일 오후 피서산장 내 만수원에서 불꽃놀이가 있었음을 전하고 있다. 당시 참석자 명단에서 박명원 등 조선 사신 3인을 발견할 수 있다. 티베트 사료에서도 불꽃놀이 날짜는 팔월 14일이다.

따라서 「찰십륜포」는 독자에게 일종의 '시간 착오'를 일으키게끔 구성되어 있다고 볼 수 있다. 그렇다면 「찰십류포」에서 박지원이 팔월 11일 오전에 벌어진 일에 팔월 14일 오후의 일을 마치 같은 날의 일들처럼 연결한 것은 단순한 실수였을까? 즉, '처치 곤란 불상 이야기'에서 '건륭과 판첸의 만남 이야기'로 전환하면서 후자의 날짜를 기입하는 걸 실수로 깜빡 잊은 것은 아닐까? 이를 확인하기 위해서는 「태학유관록」으로 되돌아갈 필요가 있다.

「태학유관록」 팔월 11일의 일기는 앞에서 이미 살펴보았으므로 이제는 팔월 12일 이후로 눈길을 돌리자. 삼사, 즉 정사·부사·서장관은 팔월 12일 새벽 무렵에 입궐했다. 박지원은 아침을 먹은 뒤 궁궐로 갔다. 박지원은 궁궐 안쪽에 설치된 희대 위에서 펼쳐지는 공연을 담장 밖에서 구경했다. 팔월 13일, 삼사는 만수절 하례에 참석하고자 새벽에 입궐했다. 뒤늦게 기상한 박지원은 궁궐 가까이에 가서 권신 화신이 진상했다는 물건들을 구경했다. 저녁에는 여지 즙을 맛보았고, 밤에는 조선인의 후예라는 청의 관료 기풍액奇豐額(1744~1806)과 이야기를 나누었다.

이처럼 12일과 13일 양일에 박지원은 삼사와 동행한 흔적이 없다. 박명원이 「구월 17일 장계」에서 밝힌 일정을 보면, 팔월 12일에는 황제가 희대의 공연 관람에 동참하라고 명령하였기 때문에 새벽에 입궐하여 묘시부터 미정까지 공연을 보았다. 팔월 13일에는 만수절 하례에 참석하고, 전날과 마찬가지로 미정까지 공연을 관람한 뒤 황제의 특별 선물을 받아 왔다. 양일 모두 삼사는 새벽에 입궐하여 오후 2시경까지 공연을 관람한 것이다. 그러나 박지원은 신분이 종인에 불과했기 때문에 피서산장에 들어갈 수가 없었다.

이번에는 문제의 팔월 14일 박명원과 박지원 두 사람의 행적을 짚어보자. 먼저 「구월 17일 장계」에 따르면, 박명원은 미정까지 사흘째 공연을 관람한 다음 후원에서 대기했다가 황제와 함께 불꽃놀이 등을 구경했는데, 이는 날이 저문 뒤에야 막을 내렸다. 이어서 예부로부터 이튿날 베이징으로 떠나라는 황제의 명을 전달받았다. 12일·13일에는 낮에 숙소로 돌아올 수 있었지만, 14일에는 불꽃놀이에 참석하느라 날이 어두워질 때까지 궐내에 머무르고 있었다.

그러면 박지원은 「태학유관록」의 팔월 14일 일기에서 자신과 삼사의 행적을 어떻게 전하고 있을까? 삼사는 새벽에 입궐했고, 자신은 실컷 잠을 자고 일어나 태학의 숙소에 머물러 있었다고 말한다. 그리고 돌연 "오후에 세 사신이 대성전大成殿에 들어가 (공자를) 배알"한 뒤 한인 사대부 추사시鄒舍是와 왕민호王民皥에게 볼품없는 선물을 준 일을 전한다. 황혼 무렵 베이징으로 돌아가라는 황제의 명령이 떨어졌기 때문에 일행은 밤중까지 짐을 꾸렸다.

「태학유관록」의 팔월 14일 일기와 관련하여 유념할 점은 세 가지이다.

첫째, 박지원은 이날 숙소를 떠난 적이 없다. 12일·13일과 마찬가지로 종인 신분의 박지원에게는 입궐이 허락되지 않았다.

둘째, 이날 오후에 있었다는 세 사신의 '대성전 배알'은 「구월 17일 장계」의 내용과 모순이다. 장계에 따르면 이날 삼사는 종일 궐내에 머물렀다. 따라서 이날 오후 삼사가 열하 태학의 대성전에 모셔진 공자를 배알했다는 「태학유관록」의 이야기는 그 자체가 허구일 가능성을 배제할 수 없다. 설사 허구가 아니라고 하더라도, 박지원이 삼사의 대성전 배알을 특별히 언급한 것은 다분히 박명원 일행에 대한 봉불 혐의를 의식했기 때문일 것이다. 공자를 모신 태학에 6박 7일을 머물렀는데도 대성전 참배를 하지 않았다면, 그것은 박명원에 대한 또 다른 비난을 불러일으켰을지도 모른다.

셋째, 「태학유관록」의 팔월 14일 일기에서는 이날 사신의 동정 가운데 가장 특이하고 두드러진 활동이었던 불꽃놀이 구경 사실은 일언반구도 언급하지 않았다. 이 침묵은 「찰십륜포」의 '건륭과 판첸의 만남 이야기'에서 불꽃놀이가 있었던 날짜를 밝히지 않은 것과 밀접한 관련이 있다. 만약 박지원이 팔월 14일의 일기에서 그날 박명원이 불꽃놀이를 구경했다는 사실을 밝혔다면, 『열하일기』의 독자들은 「찰십륜포」에 묘사한 '건륭과 판첸의 만남'이 팔월 11일이 아니라 팔월 14일의 일이었음을 당장 파악했을 것이다. 또한 「찰십륜포」의 첫 번째와 두 번째 이야기는 어떨지 몰라도, 최소한 '건륭과 판첸의 만남 이야기'만은 확실히 박지원이 목도한 바가 아니라 전해 들은 바에 근거한 것이라는 사실도 어렵지 않게 알아낼 수 있었을 것이다.

그러나 박지원은 그렇게 쓰지 않았다. 「태학유관록」의 팔월 14일 일기는 사신 일행의 불꽃놀이 구경 사실에 관하여 침묵했다. 아니, 그저 침묵만 지킨 것이 아니다. 실제로는 박명원 등이 피서산장에서 불꽃놀이 등을 즐기고 있었을 바로 그 시간대를 열하 태학의 대성전을 참배했다는, 정황상 신뢰하기 어려운 이야기로 채웠다. 불꽃놀이 자체가 주제인 「매화포기」에서도 박지원은 날짜를 언급하지 않았다. 이 때문에 『열하일기』의 독자는 「찰십륜포」에 묘사된 '건륭과 판첸의 만남'을 영락없이 팔월 11일의 일로 읽게 된다.

또한 박지원은 「찰십륜포」의 '처치 곤란 불상 이야기'에서 '건륭과 판첸의 만남 이야기로' 넘어가면서 별다른 추가 설명 없이 곧바로 "황제가 (피서산장) 후원에 매화포를 놓고는 사신을 불러 (피서산장으로) 들어와서 보게 하였다."라고 썼다. 비록 자신이 박명원 등과 동행했다고 명기한 것은 아니지만, 그가 팔월 11일 오전 판첸을 만날 때부터 줄곧 박명원과 행동을 함께하는 박지원의 모습을 머릿속에 그리고 있던 독자는 불꽃놀이 현장에도 박지원이 당연히 동석했으리라고 생각하지 않을 수 없다. 만약 불꽃놀이가 14일의 일이라는 사실을 밝혔다면 이런 생각이 들 수 없다. 14일에 박지원은 줄곧 태학에 있었기 때문이다.

「찰십륜포」의 불꽃놀이 날짜를 누락한 것은 단순한 실

수가 아니었다. 그것은 박명원 등의 팔월 14일 불꽃놀이 구경 사실에 대한 「태학유관록」 일기의 침묵, 「매화포기」의 불꽃놀이 날짜에 대한 침묵 등과 함께 『열하일기』 독자로 하여금 '건륭과 판첸의 만남'을 팔월 11일 박지원 자신이 목도한 바로 읽게 만들기 위한 주도면밀한 구성적 장치였다.

요컨대, 박지원은 치밀한 구성을 통해 「찰십륜포」를 읽는 독자의 '시간 착오'를 유도했다. 이 시간 착오는 두 가지 효과를 노린 것이었다. 첫째, 독자로 하여금 「찰십륜포」 전체를 같은 날의 일로 읽게 하는 것이다. 둘째, 「찰십륜포」 전체를 박지원 자신의 목격담으로 읽게 하는 것이다. 이 두 가지가 공히 '봉불'의 사신 박명원을 위한 변호 효과 극대화에 기여했음은 새삼 강조할 필요가 없을 것이다.

Q 묻고

A 답하기

1780년 박명원 일행과 만난 판첸 라마
는 어떤 존재였는가?

1780년 박명원 일행은 열하에서 당시 마흔세 살
이던 판첸 라마 6세 롭상 뺄덴 예셰(1738~1780)
와 만났다. 판첸 라마는 티베트 불교에서 달라
이 라마에 버금가는 종교적 권위를 지닌 전생활
불轉生活佛이다. 전생활불이란 이미 성불成佛하여 윤
회의 고통에서 해탈할 수 있음에도 불구하고 일
체중생을 구원하고자 사람의 몸으로 계속 태어
나는 존재를 가리킨다. 달라이 라마와 판첸 라

마는 티베트 불교의 많은 전생활불 가운데 최고의 권위를 누리는 양대 활불로 꼽힌다.

역사상 최초의 판첸 라마는 달라이 라마 5세의 스승 롭상 최키 겔첸(1570~1662)이었다. 그러나 롭상 최키 겔첸이 그가 속한 전생활불 계보에서 네 번째 전생이었기 때문에 티베트에서는 그를 판첸 라마 4세라고 부른다. 1780년 당시 열하를 방문한 판첸 라마 롭상 뺄덴 예셰는 롭상 최키 겔첸 사후 두 번째 전생이기 때문에 판첸 라마 6세로 불린다. 그런데 영어권이나 일본에서는 판첸 라마의 대수를 롭상 최키 겔첸부터 헤아려 롭상 뺄덴 예셰를 판첸 라마 3세라 부르기도 한다.

참고로, 1780년경 티베트 라싸에는 달라이 라마 8세가 있었는데, 당시 그는 갓 20대의 나이에 이른 청년으로 아직 청으로부터 정식 책봉을 받지 않은 상태였다. 따라서 이 무렵의 티베트 불교 세계에서 실질적으로 최고의 권위를 누리던 활불은 달라이 라마 8세가 아니라 판첸 라마 6세였다고 할 수 있다.

박지원은 『열하일기』에서 건륭제가 자
신의 칠순 잔치를 열하에서 개최한 이
유를 무엇이라고 썼는가?

『열하일기』에서 박지원은 '열하 이야기'의 초점
을 판첸에게 맞추었으며, 건륭 칠순 잔치 자체
가 어떤 의미의 사건이었는지에 대해서는 관심
이 거의 없었던 것처럼 보인다. 하지만 조선의 진
하 특사 박명원 일행이 열하를 방문한 목적은 건륭
의 칠순을 축하하는 데 있었다. 박지원도 『열하일
기』에서 이 점을 강조하기는 하였다. 「황교문답」
을 보면, "선생께서 여기 열하에 오신 까닭은 오
직 서불西佛〔판첸〕을 배알하기 위해서 온 것입니까?
(아니면 황제의) 성탄을 축하하러 오신 것입니까?"
라는 질문에, 박지원은 "오로지 황상의 칠순 경절
慶節을 축하(하려고 온 것입니다.)"라고 답하고 있다.
대화 쌍방 모두 판첸을 만나는 일과 건륭의 칠순
을 축하하는 일을 뚜렷이 구별하고 있으며, 박지
원은 전자가 아닌 후자가 열하 방문의 유일한 목적

임을 강조한 것이다.

하지만 결과적으로 『열하일기』의 열하 이야기에서 관심의 초점은 온통 판첸에게 쏠려버렸다고 해도 과언이 아니다. 이는 '봉불지사' 문제 때문에 박지원의 시야가 좁아진 결과였다고 볼 수도 있지만, 다른 한편으로는 청과 몽골·티베트의 관계에 대한 박지원의 이해 수준이 그다지 높지 못한 데서 비롯된 측면도 있는 것 같다. 몽골·티베트에 대한 박지원의 식견은 "몽골의 48부部가 바야흐로 강한데, 그중에서도 토번吐蕃은 더욱 강하고 사납다. 토번은 서북의 오랑캐로 몽골의 별부別部인데 황제가 더욱 두려워하는 것이다."라는 말에서 단적으로 엿볼 수 있다. 여기서 '몽골의 48부'는 박지원이 몽골을 가리킬 때 자주 쓰는 표현인데, 이 말은 기껏해야 내몽골을 포괄할 뿐 외몽골이나 칭하이靑海 및 신장 지역에서 유목하던 몽골 각 부는 반영하지 못한다. 게다가 내몽골의 경우라 해도 '48부'는 강희 말년의 상황으로, 1780년대의 시점에서는 '49부' 또는 '49기旗'가 정확하다.

또한 박지원은 여기에서 강하고 사나운 토번을 황제가 몹시 두려워한다고 말하고, 또 다른 곳에서 "서번西藩〔문맥상 티베트〕은 강하고 사나우나 황교를 심히 두려워하므로" 황제가 그 법사法師를 우대한다고 하였다. 즉 박지원은 청이 판첸을 우대한 이유를 티베트의 군사적 위협 가능성에서 찾았다. 이는 박지원이 과거 토번 왕국이 당을 군사적으로 위협하였다는 역사의 기억을 호출한 탓일 것이다. 그러나 이는 당시의 몽골·티베트에 대한 박지원의 이해 부족을 노정한 것으로, 열하에는 동행하지 않았지만 박명원 일행과 함께 베이징에 다녀온 노이점盧以漸(1720~1788)이 "몽골 사람들을 누르기 위해" 그들이 앙모仰慕하는 판첸을 특별히 초치招致한 것이라고 기록한 것이나, 1780년 연말에 동지사의 부사로 떠나 이듬해 귀국한 신대승申大升(1731~?)이 "몽골을 두려워해서" 건륭제가 판첸을 우대하였다고 보고한 것보다도 정확성이 떨어진다.

결국 봉불지사를 위한 변호의 필요성과 당시의 몽골·티베트에 대한 박지원의 인식 부족 등으로 『열하일기』의 열하 이야기에는 건륭 칠순 만수절에 대한 좀 더 다양한 각도의 관찰 및 이해가 비집고 들어갈 여지가 사라져버렸다고 볼 수 있을 것 같다. 그러나 당시 열하에서 판첸의 존재감을 고려할 때 설사 귀국 후에 봉불지사 문제가 불거지지 않았다고 하더라도 박지원은 아마 판첸과의 만남을 대서특필하지 않을 수 없었으리라 추측된다. 게다가 판첸은 이미 열하에서부터 박명원 일행이 전혀 예상치 못했던 '돌발 사태'의 진원이었다. 따라서 『열하일기』의 열하 이야기가 황제의 칠순 잔치보다는 판첸에 초점을 맞춘 것은 자연스러운 일이라고 볼 수 있다.

사실과 다른 구석이 발견되었으니 『열하일기』의 가치에 대한 평가를 바꿔야 하는가?

『열하일기』에서 사신 일행의 열하 체류 기간에 있었던 일에 관한 서술은 박명원을 위한 변호와 불가분의 관계가 있다. 이 점에 유념하면서 『열하일기』를 다시 읽으면, 종래와는 다른 방식의 독해가 가능해진다. 예컨대, 「찰십륜포」에서 박지원은 당시 티베트 불교 세계에서 사실상 가장 성스러운 존재였던 판첸 및 티베트 승려들의 외모를 '사람의 모습이 어떻게 이럴 수 있을까?' 하는 생각이 들 만큼 심하게 부정적으로 묘사하였는데, 이는 단지 주자학자의 편견 때문만은 아니지 않을까 하는 생각을 하게 된다.

또한 박명원을 위한 변호론을 전개하기 위해 「태학유관록」에 깔아놓은 또 다른 '장치'들이 눈에 들어오기 시작한다. 팔월 9일 일기에는 청의 통역관이 조선에서 부처를 공경하는지, 사찰은 얼마나 있는지 등을 묻는 장면이 등장한다. 그러나 박명원의 「구월 17일 장계」에 따르면 이는 팔월 11일, 즉 판첸을 만나러 가기 직전에 벌어진 장면이었다. 또한 박지원은 팔월 10일 일기에서 황제가 사신에게 군기대신을 보내어 판첸을 만나러 가게 하였으나, 박명원 일행이 시간을 질질 끄는 바람에 결국 날이 저물어 접견이 취소되었다는 에피소드를 꽤 길게 소개하였다. 이 일을 두고 황제가 "조선은 예의를 알지만 (조선 왕의) 신하들은 예의를 모른다."라는 말까지 하는 바람에 청의 통역관들이 거의 패닉 상태에 빠졌음도 덧붙였다.

이제 팔월 9일의 장면은 사건의 발생 시점을 실제보다 이틀 앞으로 당겨서, 팔월 10일과 11일에 서술할 이야기의 복선을 깔아둔 것으로 읽힌다. 팔월 10일의 에피소드는 팔월 11일 사신 일행이 판첸을 만난 것 자체가 엄청난 위험을 감수하며 황제의 명령에 저항했음에도 불구하고 불가항력의 상황에서 어쩔 수 없이 하게 된 일이었음을 뒷받침한다. 즉, 황제의 명령이라고 해서 마냥 고분고분 따른 결과가 결코 아니었음을 말하기 위한 장치로 보이는 것이다.

팔월 11일 황제를 알현하기 전에 군기대신

이 와서 조선에 사찰과 관제묘가 있는지 묻는 장면도 달리 읽힌다. 「구월 17일 장계」에는 『열하일기』에 등장하는 팔월 9일 통역관의 질문 장면이나 팔월 10일의 에피소드가 등장하지 않았지만, 군기장경이 와서 『열하일기』에서와 마찬가지 질문을 던진 것을 황제를 알현한 후의 일로 소개했다. 알현 전과 알현 후로 갈리긴 하나 내용은 비슷한 장면이다. 그러나 문맥상 의미는 적잖이 다르다. 장계의 문맥에서 군기장경의 질문은 우연히 불쑥 던진 듯한 인상을 준다. 반면에 『열하일기』의 「태학유관록」은 이미 팔월 10일의 에피소드를 소개한 데 더하여 황제 알현 전에 사찰과 관제묘에 대한 질문을 배치함으로써, 조선 사신을 판첸과 만나게 하려는 건륭제의 의지가 얼마나 집요했는지 강조하는 효과를 거두고 있다.

이야기 소재의 취사선택과 배치·구성에서 관찰되는 박지원의 비범한 능력에 감탄을 금할 수 없다. 그러나 동시에 '지금까지 우리는 박지원의 명성에 가려 『열하일기』를 역사학적 사료의 비판 대상으로 올린 적이 거의 없지 않은가?'라는 생각에 순간 등골로 식은땀이 흘러내리는 느낌이 든다. 이제부터는 『열하일기』에서 적어도 직·간접으로 판첸과 관련이 있는 부분은 있는 그대로의 사실을 충실히 전달한 것이라고 무작정 믿지 말아야 한다. 뜻하지 않은 봉불 혐의로 비난의 대상이 되어버린 박명원과 그 일행의 변호를 위해 박지원이 고안한 주도면밀한 구성의 산물로 보아야 한다.

그러나 문학 작품으로서 『열하일기』의 가치는 오히려 단순한 여행 견문록에 머물지 않는다는 점에 있을 것이며, 따라서 여기에서의 고찰로 드러난 사실들은 『열하일기』의 작품 가치를 조금도 감하지 못한다. 다만 『열하일기』를 사료로 취급할 때에는 저자 박지원의 집필 의도를 염두에 두면서 조심스럽게 접근하는 자세가 필요하다. 목격담과 전문담을 구별해야 하며, 다른 사료와의 일치·불일치를 반드시 검토해야 한다.

그렇다고 해서 박지원을 '거짓말쟁이'로 치부

하며 『열하일기』의 사료적 가치를 죄다 부인하는 것도 금물이다. 한발 물러나서 곰곰이 따져보면, 박지원이 『열하일기』에서 박명원을 위한 변호에 각별한 노력을 기울인 것은 부인할 수 없지만, '학자적 양심'을 저버리면서까지 사실의 왜곡을 시도하지는 않았음을 알 수 있다. 팔월 14일에 있었던 '건륭과 판첸의 만남'을 「찰십륜포」의 세 번째 이야기로 배치한 것은 날짜와 장소의 차이에도 불구하고 사건 내용의 유사성('의례' 문제)을 좀 더 중요하게 생각한 서사 구성의 결과로 이해할 수도 있다. 또 따지고 보면, 박지원이 불꽃놀이의 날짜를 팔월 11일이었다고 명시한 적도 없다. 적극적인 사실 왜곡을 시도하지는 않았다는 말이다. 그리고 자신이 불꽃놀이를 직접 보았노라고 말한 적도 없다. 『열하일기』를 읽으면서 불꽃놀이를 팔월 11일의 일이라고 '오해'한 것도, '건륭과 판첸의 만남'을 박지원 자신의 '목격담'으로 받아들인 것도 모두 우리였다. 박지원은 그저 밝히지 않았을 따름이다.

5부 _____

전환기의

조선·청
관계와

대청 인식

조선의 성의 표시가 거듭될 때마다 청 또한 그에 상응하는 우대 조치를 취하지 않을 수 없었다. 만약 소국의 성의 표시를 특별한 이유도 없이 냉담하거나 미지근한 태도로 대하였다면, 그것은 그 자체로 대국의 체모를 크게 손상하는 잘못으로 여겨졌을 것이다. 이러한 견지에서 보건대, 1780년대 초 청의 조선 사신 접대에 일어난 변화는 정조와 건륭이 성의와 은혜를 주고받는 우호 행위를 상승적으로 반복한 결과로 나타난 양국 관계의 증진 또는 격상 현상이라고 해석할 수 있을 것이다.

정조와 건륭이
양국 관계를 크게 바꾸다

정조가 건륭의 사신 우대에 사은사 특파로 화답하다

지금까지 건륭제가 칠순을 맞이한 1780년에 정조가 황인점 등의 사행을 통한 칠순 진하와 박명원 등의 사행을 통한 칠순 만수절 진하라는 전례 없는 '생일 축하 외교'를 전개하는 과정을 살펴본 다음에, 1780년의 사행과 관련하여 박명원이 봉불지사라는 오명을 뒤집어썼고 박지원이 『열하일기』에서 그런 박명원을 어떻게 변호하였는지 자세히 들여다보았다. 이제부터는 화제를 다시 정조의 대청 외교로 되돌리도록 하자.

앞에서도 언급했듯이, 1780년 조선의 건륭 칠순 진하 외교는 박명원 일행의 파견으로 끝나지 않았다. 박명원이 이끄는 진하 특사에 대한 건륭제의 우대에 대하여 또다시 사은사를 특파하는 조치를 취하였기 때문이다.

열하에서 열린 건륭의 칠순 잔치에 참석한 박명원 일행은 음력 팔월 20일 베이징으로 돌아왔는데, 그때 청의 예부는 열하에서 건륭제가 박명원 등에게 베푼 특별한 우대 조치의 내역을 자문에 담아 조선으로 보냈다. 예부의 자문을 통해서 건륭제의 진하 특사 우대와 국왕에 대한 특별 선물에 관한 소식을 접한 조선 조정은, 음력 구월 20일에 얼마 후 파견 예정이던 그해의 동지사에게 사은사 임무까지 겸하게 한다는 결정을 내렸다. 아울러 종친인 무림군茂林君 이당李壏(?~?)을 정사, 대사간大司諫 이숭호李崇祜(1723~1789)를 부사로 삼고, 서장관으로는 윤장렬尹長烈(1743~?)을 임명하였다.

그런데 시월 9일에 이르러 박명원 등이 베이징을 떠나면서 보낸 「구월 17일 장계」가 서울에 도착하였다. 장계를 읽은 정조는 구월 하순의 결정대로 사은사 임무를 동지사에게 겸부할지, 아니면 결정을 번복하여 별송別送, 즉 동지사에게 사은 임무를 겸하게 하지 않고 별도의 사행을 조직하여 사은 임무를 전담시킬지 논의에 부쳤다. 건륭이 진하 특사 일행을 무려 다섯 차례나 접견하는 등 종래 볼 수 없었던 특별한 우대 조치를 베풀었음을 장계를 통해 알게 되었기 때문이다. 논의의 결론은 청의 접대가 심상치 않았던 만큼 그에 상응하여 사은사를 별송해야 마땅하다는 것이었다. 이에 따라 구월에 사신으로 임명한 무림군 이당 일행을 사은사로 하고, 추가로 동지사 인선을 진행하여 서유경徐有慶(1727~1788)을 정사, 신대승을 부사, 임제원林濟遠(1737~?)을 서장관으로 임명하였다.

박명원 일행이 사행 임무를 마치고 귀국하여 서울에 돌아온 것은 1780년 음력 시월 27일이었는데, 바로 다음 날인 시월 28일에는 무림군 이당이 이끄는 사은사 일행이 서울을 떠났고, 그로부터 겨우 사흘 뒤인 십일월 2일에는 서유경 등 동지사 일행이 서울을 출발하였다.

사은사 이당 일행은 세 통의 표문을 가져갔다. 첫 번째는 건륭제가 박명원을 통해 정조에게 보낸 비단 선물에 대하여 감사의 뜻을 밝힌 사은 표문이었다. 두 번째는 박명원 일행에 대한 각별한 우대에 감사한다는 표문이었고, 세 번째는 앞으로는 영원토록 사은 방물을 보내지 말라고 한 황제의 조치에 사은하는 표문이었다.

한편 서유경의 동지사 일행은 「동지표」(건륭 45년 11월 26일 자), 「정조표」(건륭 46년 정월 1일 자), 「연공 주본」(건륭 45년 11월 2일 자) 및 각각에 해당하는 방물만 준비하였다. 앞에서 설명했듯이 동지사의 정식 명칭인 '삼절연공행'에서 '삼절'은 동지·정조·성절을 가리키는데, 이번 동지사의 경우는 성절 표문과 방물을 가져갈 필요가 없었다. 진하 특사 박명원이 이미 성절 축하를 마친 상태였기 때문이다. 그러니 서유경의 사행은 엄밀히 말하자면 '삼절연공행'이 아니라 '양절연공행兩節年貢行'이라고 불러야 할 것이다. 이 점을 제외하면 서유경 일행의 파견에서 특기할 만한 일은 없다.

그러나 사은사 이당 일행의 경우는 그렇지 않다. 다른 무엇보다도 이당 일행이 매년 파견하는 동지사의 출발을 불과 사흘 앞두고 서울을 떠났다는 사실이 눈길을 끄는데, 이 점에 대해서는 나중에 다시 언급하기로 하겠다. 또한 이당 일행이 가져간 세 통의 표문 가운데 정조에게 보낸 황제의 비단 선물에 대한 사은 표문과 앞으로 사은 방물을 보내지 말라는 황제의 지시에 대한 사은 표문에 각각 상응하는 방물을 딸려 보냈다는 점도 주목할 일이다.

열하에서 박명원 일행을 접견한 다음 날인 팔월 12일, 건륭제는 앞으로 조선에서 사은의 뜻을 밝혀야 할 때에는 표문만 보내고 방물은 일절 보내지 말라고 명령하였다. 이 명령에 비추어 보자면, 황제가 정조에게 보낸 특별 선물에 대해 감사를 표하는 표문에 방물을 보낸 것은 그렇다 치더라도, 사은 방물을 보내지 말라는 황제의 명령에 감사한다면서 굳이 사은 방물을 보낸 것은 '아이러니'가 아닐 수 없다. 외형상 황명을 거역하는 행위임을 잘 알고 있었던 만큼, 정조는 별도의 자문을 준비하여 앞으로 영원토록 혜택을 입을 터이기에 단 한 차례라도 감사 표시는 해야겠다는 이유를 내세웠다.

십이월 14일 이당 일행으로부터 표문과 방물을 접수한 청의 예부는 그다음 날 정조가 보낸 별도 자문의 내용을 건륭제에게 보고하였다. 이에 건륭제는 십이월 22일에 이번에 보내온 사은 방물은 받지 말아야 마땅하지만, 그렇다고 해서 이미 챙겨 온 방물을 다시 들고 돌아가라고 할 수도 없는 노릇이니 방물을 특별히 받는 대신에 그에 상응하는 만큼의 특별 선물로 안장을 갖춘 말과 비단 그리고 담비 가죽 등을 조선에 보내라고 하였다. 아울러 앞

으로는 결코 사은 방물을 보내서는 안 된다고 당부하는 것
도 잊지 않았다.

정조가 대청 외교에 전에 없던 정성을 기울이다

앞에서 보았듯이, 영조 때까지만 해도 조선은 보통의 만
수절뿐만 아니라 황제의 오순이나 육순과 같은 특별한 만
수절에도 별도의 축하 사절을 파견하지 않았다. 그러
나 1776년 젊은 국왕 정조가 즉위한 이후 주목할 만한 변
화가 시작되었다. 청의 건륭제가 칠순을 맞이한 1780년,
정조는 전례 없는 진하 외교를 추진하였다.

정조는 먼저 동지사 황인점에게 건륭 45년(1780)의 설
날에 건륭의 칠순을 특별히 축하하는 표문과 방물을 전달
하도록 하였다. 이것은 청나라 황제의 순경 생일에 대한 역
사상 최초의 특별 축하 행위였다. 또한 정조는 1780년 음
력 팔월 13일의 만수절 당일에 맞추어 박명원 등을 진
하 특사로 파견하여, 순치 초의 병공 조치 이후 처음으
로 제때에 맞춘 생일 축하 인사를 담은 표문을, 그것도 여
느 해의 성절 방물보다 한 단계 격상시킨 진하 방물과 함
께 베이징으로 보냈다. 박명원 일행은 조선의 공식 사절로

는 역사상 최초로 열하를 방문하였을 뿐만 아니라 청의 입관 이래 처음으로 만수절 당일에 거행된 하례에 참석하게 되었다.

건륭의 칠순에 대한 황인점 사행의 특별 축하와 박명원 사행의 진하는 모두 조선의 의무사항이 아니었다. 조선 국왕 정조의 관례를 깬 자발적 성의 표시였으며, 따라서 청의 입장에서도 뜻밖의 일이었다. 건륭제는 정조의 파격적인 성의 표시에 대하여 역시 파격적인 우대 조치로 화답하였다. 그러자 조선 조정은 정기 사행 파견을 코앞에 두고도 황제의 우대에 감사의 뜻을 표하기 위해 사은사를 특파하였다. 파격적인 우대 조치에 또다시 파격적인 성의 표시로 화답한 셈이다.

그렇다면 1780년에 있었던 정조의 건륭 칠순 진하 외교는 황제의 칠순이라는 매우 예외적 상황에서 일어난 우연적이고 돌발적인 에피소드에 불과한 것이었을까? 이 질문에 대한 대답은 '그렇지 않다'가 되어야 할 것 같다. 정조 연간의 대청 외교에서는 1780년의 진하 외교와 유사한 현상이 종종 발견되기 때문이다.

먼저 황인점 사행의 경우처럼 동지사를 통한 진하가 잇

따랐다. 정조 8년(건륭 49년) 말 베이징으로 떠난 동지사는 건륭제의 즉위 50년을 축하하는 진하사 임무를 겸하였다. 정조 13년(건륭 54년) 말의 동지사는 신년(건륭 55년) 설날에 건륭의 팔순을 축하하는 진하 사행을 겸하여, 10년 전 황인점 사행의 선례를 그대로 재현했다.

게다가 정조 18년(건륭 59년) 시월 13일에는 건륭제의 즉위 60년을 축하하는 진하 사행을 파견하였는데, 이 경우는 동지사가 떠날 날짜(시월 29일)를 겨우 보름 남짓 남긴 상태에서 오직 진하를 위해 별도의 사행을 특파한 것이었다. 그 이듬해인 건륭 60년에는 시월 10일 동지사를 파견한 데 이어 십일월 21일에 또다시 진하 사행을 별사로 출발시켰다. 건륭제의 양위와 가경제의 등극을 축하하기 위한 특사였다.

특사 파견을 통해 건륭의 만수절을 제날짜에 맞추어 축하한 경우도 1780년 박명원 사행에 그치지 않았다. 그로부터 10년 뒤인 1790년의 음력 팔월 13일 건륭 팔순 만수절에도 황인점을 정사로 한 진하 특사의 파견이 있었던 것이다. 여기에 더하여 정조는 1783년에도 '건륭 48년 팔월 13일' 자의 성절 표문과 방물을 동지사가 아니라 선양을 행선지로 하는 문안사問安使에게 맡겨 보냈다. 특히 건륭 48년의 '성절겸문안행聖節兼問安行' 파견은 이 무렵 정조가 대청 외교에서 어떤 태도를 견지하고 있었는지 잘 보여준다.

1783년에 건륭제는 선양으로의 순행을 결정하였다. 원래 정한 일정에 따르면 건륭은 팔월 13일의 만수절을 선양에서 보내게 되었다. 청 황제가 선양에 오는 경우 조선에서는 문안사를 파견하는 것이 당시의 관례였는데, 1783년의 순행 일정을 알게 된 정조는 이번에 파견할 문안사에게 성절 축하 임무까지 맡기기로 하였다. 1780년에 이어 두 번째로 종래의 늦은 축하 관행을 깨면서 의무사항이 아님에도 특별한 성절 축하를 추진한 것이다. 그런데 순행 일정이 늦춰지는 바람에 팔월 13일 만수절 당일에 건륭제는 선양에 부재하게 되었다. 이런 경우 사신의 명목은 단순한 문안사로 환원하고 사신이 선양에 도착하는 날짜도 황제의 변경된 일정에 맞추어 뒤로 미뤄야 마땅했다. 그러나 뜻밖에도 정조는 '성절겸문안행'의 파견을 그대로 강행함으로써 사신 일행이 선양에서 황제의 도착을 한참이나 기다리게 만들었다.

당시 정조가 사신의 명목을 바꿀 수 없다고 주장하면
서 내세운 논거는 세 가지였다. 첫째, 이미 발송 의례까
지 마치고 서울을 떠난 표문을 새로 고친 문서로 바꿔
치기를 한다면 '사대의 의리[事大之義]'에 맞지 않는다. 둘
째, 이번의 성절 축하를 예년처럼 동지사 파견 때로 늦추
었다가 이미 칠순을 넘긴 고령의 황제가 그사이에 세상
을 떠나버리면 성절 축하의 기회가 사라진다. 그러니 '이
웃 나라와 사귀는 인정[交隣之情]'에 따라 이번에 성절을 축
하해야 한다. 셋째, 이미 서울을 떠나 선양으로 가고 있
는 사신 일행을 되돌린다면 그간 우리가 들인 노고를 청에
서 알 도리가 없게 된다. 그러면 생색이 전혀 나지 않으므
로 '우리나라의 이해[我國之利害]'에도 부합하지 않는다. 이
웃 간의 인정이나 국가의 이해는 그렇다 쳐도, 정조가 청
에 대한 사신 파견을 두고 '사대의 의리'를 내세우는 모습
은 특별히 주목할 가치가 있다고 하겠다.

1780년 박명원 일행의 귀국 직후에 있었던 사은사 특
파와 비슷한 사례도 종종 눈에 띈다. 정조는 즉위년,
즉 1776년(건륭 41년) 겨울의 동지사 출발(십일월 7일)을 불
과 나흘 앞둔 십일월 3일에 자신의 국왕 책봉에 대한 사

은 사행을 파견하였다. 1778년(정조 2년, 건륭 43년)에는 동지사 파견(십일월 2일)을 한 달 남짓 남긴 시점에서, 그해 황제의 선양 순행 때 파견했던 문안사 일행을 우대하고 자신에게 특별 선물을 보낸 데 대하여 감사한다는 사은사를 파견하였다(구월 29일). 1783년(정조 7년, 건륭 48년)에도 마찬가지 사유로 사은사의 별행 파견(시월 15일)이 있었는데, 이 사행은 동지사의 출발(시월 24일)을 열흘도 남기지 않은 시점에 서울을 떠났다.

앞서 언급했듯이 청은 옹정 연간에 조선 국왕의 사은은 삼절연공행, 즉 동지사가 겸하여 수행하도록 한다는 원칙을 확립하였다. 사은사의 별행 파견이 조선에 큰 부담을 준다고 생각했기 때문이다. 그럼에도 불구하고 정조는 사신 파견에 수반되는 부담을 감수하면서 누차에 걸쳐 사은사의 특파를 결정했다. 영조 대까지의 경험과 비교해보면 정조 대의 파격성이 저절로 드러난다.

청의 입관 이후 건륭 말까지 동지사의 서울 출발이 한 달 이내로 임박한 시점에 별개의 사행을 특파한 경우는 모두 합해서 여덟 차례였다. 그 가운데 동지사의 서울 출발(시월 29일)을 딱 한 달 남긴 시점에 파견한 숙종 27년

(1701, 강희 40년) 구월 29일의 고부행告訃行, 동지사 출발(시월 27일)을 약 20일 앞두고 파견한 경종 4년(1724, 옹정 2년) 시월 6일의 고부겸주청행告訃兼奏請行, 동지사 출발(십일월 2일)을 열흘 남짓 남기고 파견한 영조 11년(1735, 옹정 13년) 시월 20일의 진위겸진향행陳慰兼進香行 등 세 차례 사행은 사안의 성격상 절일을 축하하는 삼절연공행이 그 임무를 겸하는 것이 어불성설이었기 때문에 별도 파견이 불가피했다.

나머지 다섯 차례는 단 한 차례를 빼고 모두 정조가 파견한 사행이었다. 앞서 언급한 1776년, 1780년, 1783년 등 세 차례의 사은 사행과 1794년(건륭 59년) 말의 진하 사행이 그러하였다. 여기에 동지사 출발과의 시차가 한 달을 조금 넘겼던 1783년(건륭 43년)의 사은사 파견도 그 파격성에서는 별 차이가 없었다고 할 수 있다. 동지사 출발 직전에 파견한 별도의 사은 사행 가운데 정조의 파견이 아니었던 것은 영조 31년(1755, 건륭 20년)의 사행이 유일한 사례이다.

그런데 1755년 영조의 사은사 별행 파견은 정조 때의 사례들과 달리 조선에서 자발적으로 사은사 특파를 결정했다고 보기 어렵다. 1755년 건륭제는 준가르 원정의 성공을 기념하는 조서를 반포하였고, 관례에 따라 그 조서를 조선에 전하기 위한 칙사를 파견하였다. 칙사가 서울에 도착하기에 앞서 조선 조정은 원정 성공에 대한 진하와 조서 반포에 대한 사은 임무를 그해 연말의 동지사에게 겸부하기로 방침을 정하였다. 그런데 조선 조정은 당시 서울에 온 청의 칙사가 청 황실의 종친이라는 사실을 듣고는 접대 수준을 크게 높였다. 영조가 칙사의 숙소를 찾아가 밤늦게까지 연회를 베풀고 해시亥時(오후 9~11시)에야 환궁할 정도였다. 청의 통역관이 중간에 농간을 부린 탓인지 몰라도 당시 조선에서는 사실 황제의 11촌 조카에 불과했던 칙사를 황제의 5촌 조카인 줄로만 알고 있었다. 그런데 그 황제의 5촌 조카라는 칙사가 서울 체류 중에 진하겸사은사를 언제 보낼 예정인지 직접 묻는 일이 벌어졌다. 이 때문에 조선 조정에서는 어쩔 수 없이 원래의 방침을 바꾸어 진하겸사은사를 별도 파견하기로 결정했다. 이처럼 1755년의 사례가 부득이한 사정에서 비롯된 것이었다면, 18세기 말까지 조선이 동지사 파견을 목전에 둔 시점에 진하사나 사은사의 별도 파견을 자발적으로 결정한 것은 정조 때에 국한되었다고 보아야 한다.

결론적으로 1780년 건륭제의 칠순과 관련하여 조선에서 파견한 세 차례의 사행은 정조 연간 대청 외교의 경향적 특징을 단적으로 드러낸다고 말할 수 있다. 정조는 분명 청나라를 상대로 자발적인 성의 표시를 반복했다. 만약 정조가 영조처럼 청을 조만간 망할지도 모르는, 또는 망해야 마땅한 오랑캐 국가로 여겼다면 이러한 현상이 나타날 수 있었을까? 이는 청을 사대 외교의 합법적 상대가 되는 대국 또는 적어도 우호적 관계를 다질 필요가 있는 이웃 나라[隣國]로 인정하지 않는 한 나타날 수 없는 일이었다.

건륭의 우대로 베이징의 조선 사신이 바빠지다

앞에서 보았듯이, 1780년의 진하 특사 박명원 일행이 건륭으로부터 전에 없는 환대를 받았다. 그런데 역시 앞서 소개했듯이, 영조 때까지만 해도 청의 수도 베이징을 방문한 조선의 사신들은 할 일이 없어도 너무 없는 무료한 나날을 보내야 했다. 18세기 중엽의 사신 윤급이 자신의 일기에 "날을 보내기가 어렵다."라고 토로할 정도였다. 그러나 19세기 전반의 연행 기록을 보면 조선의 동지사 일행이 1780년 열하의 박명원 못지않게 바쁜 일정을 소화하는 모습이 관찰된다. 두 시기의 대조적인 모습을 가르는 분수령은 1780년으로부터 그리 머지않은 시점에 형성되었다. 지금부터는 1780년대 초부터 베이징의 조선 사신들이 종전과는 비교할 수 없을 정도로 바쁜 일정을 소화하게 되는 모습을 자세히 들여다보고자 한다.

1780년 박명원 사행에서도 보이듯이, 청의 예부는 조선의 사신 일행에 대한 선물 수여와 연회 개최 내역을 자문으로 꾸며 조선에 통보하였다. 이런 자문들을 보면 각 사신 일행이 베이징에서 받은 접대 내역이 한눈에 드러난다. 예컨대 1780년 음력 십일월 2일에 서울을 떠났던 동지사 일행의 귀국 편에 청 예부가 조선으로 발송한 자문을 보면, 조선에서 보낸 동지·정단 및 연공 방물에 대응하는 국왕 및 사신 일행에 대한 사여 내역을 열거한 다음에, 사신 일행을 위한 연회를 규정에 따라 베풀었다는 내용이 보인다. 베이징을 떠나며 서울로 띄운 장계에 따르면, 당시의 동지사 서유경 일행은 건륭 46년(1781) 이월 13일 오문 밖에서 선물을 수령하고는 곧바로 예부에 가서 연회에 참석하였다. 앞에서 소개한 건륭 11년 말 베이징에 도착했던 사신 일행의 일정과 차이가 없다.

그러나 그 이듬해인 건륭 47년(1782) 초에 청 예부가 조선에 발송한 자문에는 이번의 사신 접대는 종전과 현격히 달랐다는 내용이 적혀 있었다.

올해는 조선·유구·남장南掌(라오스)·섬라暹羅(태국) 등 네 나라의 사신이 앞뒤로 베이징에 도착하여 설날 명절을 축하했습니다. (사신들은) 황상의 특별한 은혜로 자광각紫光閣·정대광명전正大光明殿·산고수장山高水長 등 장소에서 세 차례 연회에 들어오라는 명을 받들었고, 그 뒤로 다시 매일 (황상을 따라) 불꽃놀이·연등 및 곡예 등을 관람하였습니다.

이때 조선 사신 일행의 정사는 바로 2년 전, 그러니까 1780년 정월에 황제의 칠순을 축하했던 황인점이었다. 그가 귀국길에 오르면서 서울로 띄운 장계에는 그때의 활동 상황이 더욱 자세하게 기록되어 있는데, 신년 하례 참석을 제외한 나머지 활동 내역은 모두 종전의 동지사들이 경험하지 못한 일들이었다.

저희들은 (건륭 46년) 십이월 27일 베이징에 도착하였습니다. ㉠ 28일 황제가 친히 태묘太廟에서 제사를 거행하였습니다. 저희들은 오문 밖에 나아가 머물러 기다렸습니다. 황제가 (태묘에서) 돌아오는 어가에서 저희들에게 "국왕은 평안한가?"라고 물었습니다. (…) ㉡ (정월) 8일에 이르자, 저희들 정사와 부사는 (궁궐에 들어가) 황제가 머물고 있는 영수각靈壽閣 밖으로 가서 황제의 명을 들었습니다. ㉢ 9일에는 자광각 안쪽 뜰로 들어가서 세수연歲首宴에 참석하였는데, (황제가) 비단·색주머니·술잔 등을 하사했습니다. (…) ㉣ 10일에는 황제가 원명원圓明園으로 거처를 옮긴다기에 저희들은 (어가를) 삼가 환송하고, 곧이어 원명원으로 따라갔습니다. ㉤ 12일에는 (황제의) 연회에 참석하였고, ㉥ 13일에는 (원명원) 후원의 희대에 들어가 불꽃놀이를 관람하였습니다. ㉦ 14일에는 어좌御座 앞으로 들어가 대열에 끼어 연극을 관람하였습니다. ㉧ (연극이) 파할 무렵 호부상서 화신이 황제의 명을 전하기를, 계절이 상원上元(정월 대보름)에 다다랐으니 '연극을 베풀고 등불을 놓는다[設戲放燈]'라는 제목題目으로 즉각 칠언사운시七言四韻詩를 지어 올리라고 했습니다. 저희들은 각각 한 수씩 지어 (황제에게) 대신 아뢰어달라고 하였습니다. ㉨ 15일에 또 연회를 베풀었기에, 저희들은 (원명원의) 정대광명전 뜰로 들어가서 연회에 참석하였는데, ㉘ (시를 잘) 지었다는 이유로 특별히 비단을 상으로 내리고 저희들을 인도하여 계단 위에서 (황제에게) 사은하도록 하였습니다. ㉠ 오후에 또 상원┴ㅠ의 불꽃놀이를 베풀었는데, ㉤ 저희들이 어좌 앞에 들어가 참관하니 종이와 붓·먹을 하사하였습니다. 전하는 말에, "이번에 입공하러 온 외국이 매우 많으나, 너희가 홀로 시 짓기에 능하였기에 짐이 가상하게 여긴다."라고 하였습니다. [원문자는 인용자]

십이월 28일과 정월 10일에 조선 사신은 황제를 마중하거나 배웅하는 의례에 참여했다(㉠, ㉣). 청에서는 황제가 제사를 거행할 때 원래는 베이징에 들어온 몽골의 왕공들도 따라가도록 했으나, 강희 39년(1700)부터는 그냥 오문 밖에 도열해서 어가를 마중하고 배웅하도록 했다. 그러나 조선 사신은 황제의 제사에 따라간 적도 없거니와 어가의 마중·배웅에 참여한 일도 없었다. 앞서 언급했던 윤급의 건륭 12년(1747) 정월 10일의 일기를 보면, "황제가 천단天壇에서 풍년을 기원하는 제사[祈穀祭]를 거행하였으나, (그가 궁궐을) 출입할 때에는 사람이 감히 구경할 수 없어 도로가 적막하니 한 사람도 없었다."라고 하였다. 윤급은 숙소에 갇혀 있던 처지라 황성 안 오문 밖의 대열을 볼 수 없었기 때문에 단지 황궁 바깥의 삼엄한 경비 상황만을 기록으로 남긴 것이었다.

정월 9일에는 자광각 연회에 참석했다고 했는데(ⓒ), 청의 실록에 따르면 이는 황제 주재의 어연御宴이었다. 마찬가지로 정월 12일에 참석한 원명원 연회는 원명원의 산고수장이라는 장소에서 열린 어연이었다(ⓓ). 정월 15일의 정대광명전은 원명원의 정전이며, 이때의 연회 역시 황제 친림의 어연이었다(ⓩ). 앞의 예부 자문에서 말한 "자광각·정대광명전·산고수장 등 장소에서 세 차례 연회"란 바로 이들 어연을 가리킨 것이었다.

또한 정월 13일·14일·15일의 불꽃놀이, 연극, 연등놀이 등(ⓗ, ⓢ, ⓣ)은 예부 자문의 "매일 (황상을 따라) 불꽃놀이·연등 및 곡예 등을 관람"했다는 것에 해당한다. 그리고 예부 자문에는 언급이 생략되었지만, 장계에서는 건륭제가 사신에게 시제詩題를 주고 작시作詩를 명하였으며, 사신이 올린 작품에 만족하면서 특별한 상을 내렸다는 사실을 전하고 있다(ⓞ, ⓩ, ⓔ). 시 짓기는 과거 조선 사신의 활동에서 전혀 찾아볼 수 없는 대단히 이례적인 일이었다.

황인점 등의 장계를 읽은 정조는 "이번 사행이 무사히 갔다가 돌아온다니 정말 매우 다행이다. 또한 시부詩賦로 이름을 얻었다고 하니 역시 가상하고 찬탄할 일이다."라고 말했다. 그 자리에 함께 있던 서정수徐鼎修(1749~1804)는 "저 나라의 사신 우대는 실로 근고近古에 없었던 것입니다."라고 맞장구를 쳤다.

막 귀국한 황인점 일행을 만나는 자리에서도 정조는 정사·부사가 지어 올렸다는 시詩를 화제로 삼아 환담을 나누었다. 정조가 "(황제에게) 입시入侍한 것이 모두 몇 차례였는가?"라고 물었고, 부사 홍수보洪秀輔(1723~?)가 "10여 차례였습니다."라고 답하였다. 앞에서 서술하였듯이, 종래 매년 연말연시 베이징을 방문한 조선의 사신은 기껏해야 정월 초하루의 하례 때에나 황제를 멀리서 바라보는 데 그쳤다. 종친이라면 가까이 나아갈 수 있었지만, 그래도 황제를 접견하는 기회는 겨우 한 번이었다. 하지만 이번의 사행에서는 놀랍게도 무려 10여 차례나 황제를 만났다는 말이었다.

황인점 등의 장계를 보면, 정월 8일 사신은 '황제의 명'

을 들었다(ⓒ). 사신 일행의 귀국 직후 보고에 따르면, 이 명령이란 앞으로 조선의 동지사 일행은 "반드시 서둘러 십이월 23일 연경에 도착하여 납월臘月의 연회에 참석해야"한다는 것이었다. 즉, 건륭 47년 말부터는 사신의 베이징 도착 시한을 십이월 23일로 앞당기라는 말이었다.

이에 따라 건륭 47년 말의 동지사 정존겸鄭存謙(1722~1794) 일행은 시월 22일에 서울을 떠나 베이징으로 향했다. 전년 황인점 일행의 서울 출발 날짜 십일월 1일보다 8일이 빨랐다. 그러나 이상하게도 건륭제는 정존겸 일행을 '납월의 연회'에 부르지 않았다. 그럼에도 베이징 체류 기간 정존겸 일행의 활동은 전년도 이상으로 화려했다.

건륭 48년(1783) 정월 15일까지의 일정은 전년과 차이가 없었지만, 정월 16일과 19일 원명원의 산고수장에서 열린 행사와 19일의 원명원 내 동락원同樂園에 마련된 경풍도慶豐圖라는 행사에도 참석했다. 특히 정월 19일의 경풍도 행사에서는 황실의 제왕諸王과 부마로 보이는 10여 명이 누각 안에 있었고, 정존겸 등과 누각 앞 계단 오른쪽 방석에 앉은 사람은 화신과 복장안 등 몇 명뿐이었으며, 심지어 예부상서도 좌석이 부족해서 서 있었다고 한다. 정존겸 등은 "정말 귀척貴戚의 신하가 아니면 들어가라고 허락한 적이 없었는데, 특별히 저희들에게 참여하라고 허락하였으므로 그곳 사람들이 너나없이 놀랐습니다."라고 강조하였다.

조선 사신 일행의 각종 연회 및 세시 행사 참석은 그 이듬해에도 계속 이어졌다. 건륭 48년 말에 베이징에 도착한 조선 사신들의 활동과 관련하여 특기할 만한 점은 그들이 황제의 특명으로 보화전保和殿에서 열린 제석연除夕宴에 사상 최초로 초대되었다는 사실이다. 이 연회가 바로 앞에서 언급한 '납월의 연회'였다. 건륭제는 전년의 정존겸 일행에게 지키지 못한 약속을 이번에 지킨 것이다. 사신 일행의 장계에 따르면 이 연회에는 유구의 사신도 참석했으며, 이 자리에서 황제는 사신들을 앞으로 불러 국왕의 안부를 물었다.

납월의 연회, 즉 보화전 제석연에까지 조선 사신이 참석하게 됨으로써, 건륭 46년 말 서울을 출발한 동지사부터 나타난 조선 사신 활동의 변화 과정이 기본적으로 마무리되었다. 매년의 활동에는 그때그때의 특수한 사정에 따라 약간의 변동은 있었지만, 십이월 하순부터 정월 중순까지의 연말연시 기간 베이징에 체류한 조선 사신의 공식 일정은 앞서 소개한 바와 같이 과거와 비교할 수 없을 정도로 다채롭고 화려하게 바뀌었다. 조선의 동지사 일행은 청 궁정의 다양한 연회와 놀이에 참석하였다. 이들은 모두 황제가 직접 참석하여 주재하였으며, 따라서 조선 사신이 황제를 볼 수 있는 기회가 되었다. 다채롭고 화려한 행사들의 근간을 이루었던 것은 역시 황제가 베푸는 연회, 즉 어연이었는데 그 가운데 가장 중요한 3대 연회를 개최하는 날짜순으로 정리하면 다음과 같다.

첫째는 가는 해의 마지막 날인 제석일에 자금성 보화전에서 열린 연회로, 조선의 기록에서는 '납월연臘月宴' 또는 '연종연年終宴'이라고도 했다.

둘째는 새해 정월 초순의 어느 날에 황성 안 중해中海에 있는 자광각에서 개최된 연회로, 조선에서는 '세초연歲初宴' 또는 '세수연歲首宴'이라고 불렀다.

셋째는 상원절上元節 또는 원소절元宵節이라고 부르는 정월 대보름에 원명원의 정대광명전에서 열린 연회로, '상원연上元宴' 또는 '원소연元宵宴'이라고도 부른다.

앞에서 보았듯이 조선의 동지사 일행은 건륭 47년 (1782) 정월 최초로 세초연과 상원연에 초대되었다. 제석연은 건륭 47년 십이월 말부터 참석이 예고된 바 있으나, 실제로는 1년 뒤 건륭 48년 십이월에 처음으로 초대되었다. 이후 조선의 사신은 연말연시의 청 궁정에서 제석연, 세초연, 상원연이 열릴 때마다 빠짐없이 초대되었다.

다만, 건륭 51년 십이월에서 건륭 52년 정월에 걸쳐 청에 머물렀던 동지사 일행만은 예외적으로 이들 3대 연회는 물론 기타의 세시 행사에 전혀 모습을 드러내지 않았다. 심지어는 옛날부터 있었던 하마연·상마연도 열리지 않았다. 그 이유는 다름이 아니라 조선의 사신들이 정조의 아들 문효세자의 죽음으로 상중喪中에 있었기 때문이다. 문효세자는 정조 10년(건륭 51년) 오월 11일에 사망하였는데, 당시 이러한 사정을 잘 알고 있었던 청에서는 이 해의 조선 동지사에 대하여 모든 연회 및 행사 참석을 면제해주고 정월 초하루의 하례만 마치면 즉시 귀국하도록 배려하였다.

정조와 건륭의 시대에 조선·청 관계가 크게 바뀌다

매년 연말연시 청의 수도 베이징을 방문해야 했던 조선의 동지사 일행에게 황제의 모습을 볼 기회란 기껏해야 정월 초하루의 하례뿐이었다. 정월 초하루 자금성 태화전에서 황제가 베푸는 연회에서 잔칫상을 받는 기회도 겨우 10년에 한 번 있었을 따름이다. 원래는 수천 리 사행길을 오가는 사신을 환영하고 환송하며 그 노고를 위로하는 자리였던 하마연·상마연은 퇴화 일로를 걸어 점차 그 의미를 상실하였다. 앞서 언급했듯이, 급기야는 조선 사신이 베이징을 떠나기 직전 하루에 몰아서 대충 때우는 행사로 전락하였다. 1747년 초 베이징에 머물렀던 윤급이 고충을 토로하며 적은 일기대로, 조선 사신의 베이징 체류는 딱히 할 일도 없는 무료한 나날의 연속이었다.

그러나 건륭 46~47년의 연말연시, 서력으로 환산하면 1782년 초가 되자 윤급이라면 상상조차 할 수 없었던, 실로 거대한 반전反轉이 일어났다. 조선 사신이 이제 더할 나위 없이 바빠진 것이다. 그들의 공식 일정은 무려 10여 차례의 황제 주재 행사로 빼곡하게 채워졌다. 황제가 제사를 위해 태묘를 오갈 때와 원명원으로 이동할 때 연도에서 어가를 마중하고 배웅해야 했다. 황성이나 원명원에서 열리는 황제 친림의 어연에 '초대장'을 받았고, 원명원에서 열리는 궁정의 다채로운 세시 놀이도 즐겼다.

1782년 초의 반전은 일회성이 아니었다. 그 이후로도 매년 빡빡한 공식 일정이 조선 사신을 기다리고 있었다. 그리고 이 모든 것은 어디까지나 황제가 특별히 베푼 은혜로 간주되었다. 청의 예부는 매번 특별한 은혜의 내역을 문서로 만들어 조선에 알렸다. 조선의 국왕은 다음 동지사 편에 사은의 표문을 보내 특별한 은혜에 감사한다는 뜻을 밝혔다(방물은 1780년 건륭의 지시에 따라 보내지 않았다).

그러면, 1782년 초에 이르러 청의 조선 사신 접대에 이렇게 커다란 변화가 일어났다는 사실은 도대체 어떻게 해석해야 할까? 당시 조선에서는 이러한 변화를 청이 이제는 우리를 각별하게 대우하는 것이라며 매우 반겼다. 요즘으로 치면, 양국 외교 관계의 비약적인 증진 또는 격상으로 인식한 것이다. 하지만 다음에서 밝히듯이 사실 이 문제는 단지 조선과 청 두 나라만의 관계 증진에 국한하여 접근할 성격은 아니었다. 그럼에도 당시 조선의 시각을 중시하여 문제를 조선의 대청 외교 관계라는 맥락에 국한해서 보자면, 건륭제의 조선 사신에 대한 '특은特恩'은 일단 조선 국왕 정조의 '성의'에 대한 화답으로 이해할 수 있다.

조선의 젊은 국왕 정조는 건륭제가 칠순을 지낸 1780년에 특별한 축하와 감사의 성의를 표한 바 있다. 정월 초하루에 황제의 칠순을 축하했고, 팔월의 칠순 만수절에 특사를 파견했다. 이 특사에 대하여 황제가 전례를 찾기 어려운 은혜를 베풀자, 정조는 감사의 마음을 표하기 위한 사은사를 특파하였다. 정조가 선왕先王 영조 때까지는 상상조차 어려웠을 자발적 성의 표시를 반복한 것이다.

오늘날 '사대'라는 말은 강대국을 일방적으로 섬기며 압박과 착취를 감내해야 하는 약소국의 비애와 울분을 연상시킨다. 물론 부인할 수 없는 사실이긴 하지만, 그렇다고 해서 그것이 사태의 전모는 아니라는 점도 유념할 필요가 있다. 그 시대의 '외교 문법'에서 사대란 '자소字小'와 늘 짝을 이루는 말이었다. 자소란 마치 자애로운 부모가 아이를 대하듯 대국이 소국을 아끼고 보살핀다는 뜻이다. 소국이 사대를 하면, 대국은 자소를 하는 것이 당대 국제 관계의 윤리였다. 말하자면, 사대와 자소는 불가분의 상호 의무 관계였던 것이다.

조선과 청은 바로 이와 같은 사대와 자소의 관계에 있었기 때문에, 조선의 성의 표시가 거듭될 때마다 청 또한 그에 상응하는 우대 조치를 취하지 않을 수 없었다. 만약 소국의 성의 표시를 특별한 이유도 없이 냉담하거나 미지근한 태도로 대하였다면, 그것은 그 자체로 대국의 체모를 크게 손상하는 잘못으로 여겨졌을 것이다. 이러한 견지에서 보건대, 1780년대 초 청의 조선 사신 접대에 일어난 변화는 정조와 건륭이 성의와 은혜를 주고받는 우호 행위를 상승적으로 반복한 결과로 나타난 양국 관계의 증진 또는 격상 현상이라고 해석할 수 있을 것이다.

1780년의 건륭 칠순 진하로부터 딱 10년 뒤인 1790년의 건륭 팔순 진하는 정조 때의 대청 관계가 얼마나 우호적이었는지를 단적으로 드러낸다. 정조 13년(건륭 54년) 연말이 다가오자 정조는 10년 전의 선례를 좇아 동지사에게 해가 바뀌면 여든 살이 되는 건륭의 장수를 특별히 축하하는 임무를 맡겼다. 상황은 정조 14년(1790) 오월 27일 팔순 진하 특사를 파견하기까지 10년 전과 똑같이 돌아갔다. 1790년 팔순 진하 특사의 정사는 창성위 황인점이 맡았고, 서호수가 부사로 그를 보좌했다. 그런데 황인점 일행은 압록강을 건넌 직후 청으로부터 긴급 연락을 받았다. 조선의 진하 특사는 베이징으로 오지 말고 선양에서 곧장 열하로 직행하여 칠월 10일 이전에 도착하라는 전언이었다.

당시 청에서 건륭의 팔순은 원래 베이징에서 대경으로 기념하기로 예정되어 있었다. 게다가 건륭의 팔순에는 조선뿐만 아니라 안남安南(베트남), 남장, 면전緬甸(미얀마) 등에서도 황제의 장수를 축하하러 올 예정이었다. 특히 안남의 경우는 사상 초유의 국왕 친조였다. 당시 청은 1788~1789년에 베트남을 침공했다가 사실상 쓰디쓴 패배를 맛본 뒤였다. 하지만 베트남이 청에 칭신하고 조공을 하기로 한 덕분에 그럭저럭 모양새를 갖추어 전쟁을 마무리할 수 있었는데, 1790년 건륭의 팔순에 맞춘 베트남 국왕의 친조는 청의 입장에서 패전을 승전으로 탈바꿈시켜 선전하기에 딱 알맞은 이벤트가 되었다. 베트남 기록에 따르면 1790년 청에 다녀온 것은 사실 진짜 국왕이 아니라 그를 닮은 가짜였을 따름이지만, 진짜든 가짜든 간에 베트남 국왕의 친조는 황제의 팔순 잔치라는 청의 역사상 최대의 경축 행사에 빛을 더해주는 요소로 활용하기에 안성맞춤이었다고 하겠다.

그런데 대경으로 기념하기로 한 탓에 베이징에서만 팔순 잔치를 벌이게 되면, 칠순 잔치 때와는 달리 천연두 면역이 없어 베이징으로 오기가 곤란했던 외번 왕공들이 함께할 수 없다는 문제가 있었다. 이에 건륭제는 팔순 생일인 팔월 13일을 전후한 시기 베이징에서 축하 행사를 벌이기에 앞서 칠월 중순 열하에서 먼저 잔치를 벌이기로 결정하였고, 조선의 진하 특사 일행에게도 열하에서의 행사에 함께할 수 있도록 칠월 10일까지 열하에 오라고 연락을 했던 것이다. 팔월 13일의 베이징을 목표로 시간을 넉넉하게 잡고 서울을 출발한 황인점 일행은 갑작스럽게 통보된 일정 변경 탓에 1780년의 박명원 못지않게 늦을까 봐 내내 마음을 졸이는 여행을 하게 되었다. 일정에 맞추고자 선양에서 열하로 직행하는 경로를 이용했음에도 황인점 일행은 결국 칠월 10일까지 도착하는 데에는 실패하였고, 중간에 청에서 다시 정한 도착 시한인 칠월 15일 오후에야 비로소 열하에 도착하여 칠월 16일부터 열린 '대경연례大慶宴禮'에 참석하였다. 그 뒤로 열하와 베이징에서 빽빽하게 짜인 공식 일정을 무사히 소화한 황인점 일행은 구월 4일에 베이징을 떠나 귀국길에 올랐고, 시월 27일 서울에 들어와 정조에게 귀국 보고를 하였다. 시월 27일의 만남에서 정조와 사신 일행이 나눈 대화는 이랬다.

정조: 경이 만 리 밖에 나갔다가 무사히 돌아오고, (황제에게) 주청한 일도 뜻대로 되었으니 매우 다행이다.

황인점: 하늘과 (왕실의) 조종祖宗께서 돌보고 도우시어 성상의 후사가 탄생하였습니다. 저희들은 (압록강을 건너가 청 변경의) 책문柵門 밖에 당도했을 때 (왕자 탄생의) 기쁜 소식을 들었습니다. 저희들만 기뻐서 손뼉을 치고 춤을 춘 것이 아니라 저들도 모두 와서 축하해주었습니다.

정조: 황제가 경들을 접견한 것이 몇 차례였는가?

황인점: 황제 앞으로 (가까이) 나아간 것이 세 번이고, 접견은 없는 날이 거의 없었습니다.

정조: 곤명지昆明池에서 배를 탔을 때 좌석 차례가 황제의 어좌와 가까웠는가?

황인점: 황제는 누선樓船의 위층에 있었고, (청의) 여러 각로閣老와 안남의 국왕 및 저희들은 아래층에 앉았습니다.

정조: 정대광명전에서 연회를 열었을 때 황제가 과연 친히 술을 부어 경 등에게 주었는가?

황인점: 황제가 옥배를 들어 저희에게 주었는데, (황제의) 시위와 대신 등이 모두 말하기를 "이는 바로 만수배萬壽杯로서 받들어 국왕에게 전하라는 뜻이다."라고 하였습니다. 저

희가 일어나서 받으려 할 때 황제의 손과 마주 닿았습니다. 연회에 참석한 예부의 신하들이 모두 놀라는 얼굴빛으로 와서 축하하기를 "배신이 (황제가 앉는) 보탑寶榻 위에 근접한 것도 이미 옛날에 없던 은전恩典인데 친히 옥배를 준 것은 더욱 전례에 없는 특별한 예우이다."라고 하였습니다.

정조: 경들이 열하에 도착한 후 (내가 예부로 보낸) 주청 (요청) 자문에 대하여 즉시 황지皇旨가 내렸던가?

황인점: 저희가 (전하께) 출발 인사를 드릴 때 이미 '복福'자를 반포한 후 감축하는 뜻을 황제에게 전하라는 지시를 받았기 때문에 칠월 16일 연회에 참가하였을 때 저희들은 머리를 조아리며 아뢰기를 "새해 정초에 내려보낸 복 자를 쓴 서한은 곧 천고에 드문 특별한 은전이므로 온 나라 신민이 감축하여 마음에 새기면서 좋은 경사가 있기를 기다리던 중 유월 18일에 과연 소국에 더없이 큰 경사가 났습니다."라고 하니, 황제는 기쁨에 넘치는 안색으로 웃으면서 대답하기를 "그러한가. 이는 실로 크게 기쁜 일이며 실로 대단히 반가운 일이다."라고 하면서 저희에게 명하여 연회의 반열에 들게 하였습니다. (…)

정조: 경 등은 외국에 나가서는 황제의 장수를 축하하는 잔

치에 참가했고, 귀국 보고를 하면서는 나라의 경사를 축하하게 되었으니, 좋은 팔자라고 말할 만하다. 황제의 근력과 용모는 연전과 비교해서 어떠하던가?

황인점: 용모는 약간 노쇠하였으나 아직도 예순 살 남짓한 사람과 같았고, 근력은 이목이 총명하고 걸음걸이도 민첩하였습니다.

영조가 베이징에 다녀온 사신과 나누던 대화와는 180도 다른 분위기라는 것을 별 설명 없이도 한눈에 파악할 수 있다. 다만 왕자의 탄생 및 그와 깊은 관계가 있는 '주청', '주청 자문' 등에 대해서는 부연 설명이 필요해 보인다.

정조는 1782년에 의빈 성씨宜嬪 成氏(1753~1786)에게서 첫아들을 얻었고, 1784년에 그를 세자로 책봉하였다. 오늘날 문효세자라고 부르는 정조의 장남은 같은 해 건륭제로부터도 세자 책봉을 받았고, 박명원이 그 직후 세자 책봉 사은사로 외교 무대에 복귀했음은 앞서 언급한 대로이다. 그러나 문효세자는 안타깝게도 1786년에 사망하였다. 정조가 어린 세자를 잃었다는 소식을 들은 건륭제는 심심한 조의를 표함과 동시에, 정조가 속히 득남하기를 기원하면서 아들을 얻으면 즉각 세자로 책봉해주겠다는 약속을 하였다. 1790년의 음력 유월 18일에 이르러 정조는 마침내 수빈 박씨綏嬪 朴氏(1770~1822)에게서 훗날 순조가 되는 아들을 얻었다. 세 살 난 아들을 세자로 책봉했다가 이내 잃는 비극을 겪었던 정조는 새로 얻은 아들에 대해서는 세자 책봉을 서두르지 않기로 마음을 먹었다(정조는 1800년에 가서야 비로소 세자를 책봉하였다). 또한 정조는 득남 소식을 즉각 건륭에게 알리면서 문효세자가 사망했을 때 건륭이 약속했던 세자 책봉을 나중으로 미루는 것을 허락해달라고 요청하기로 했다. 앞의 대화에서 '주청'이란 바로 이 요청을 의미하며, '주청 자문'은 이 요청을 담아 정조가 예부로 보낸 자문을 가리킨다.

마침 1790년의 정초에 건륭제는 조선 사신의 귀국 편에 친필 글씨 '복' 자를 선물로 보낸 바 있다. 황인점은 건륭제를 알현할 때 정조의 득남 경사를 건륭의 축복 덕택으로 돌렸고, 자신의 말을 들은 건륭이 크게 기뻐하고 반가워했음을 정조에게 보고하고 있다. 앞의 대화에는 나오지 않지만, 황인점은 베이징에서 띄운 장계를 통해 팔월 20일 원명원 정대광명전 연회에서 있었던 일을 이렇게 이야기했다.

> 황제께서 말하기를, "너희는 나의 말로 국왕에게 돌아가
> 서 안부를 물으라." 하고, 또 말하기를 "내가 직접 너희 나
> 라 국왕이 세자를 얻었다는 자문을 보니 내 마음이 몹시 기
> 뻤다."라고 하므로 저희는 머리를 조아려 사례하였습니다.
> 화신의 안내로 원래의 반열로 돌아왔는데, 세자 책봉의 의
> 식이 있기도 전에 황제께서 먼저 세자라고 호칭하므로 좌우
> 에서 호위하는 대신들이 모두 놀랐습니다.

중국의 황제가 외국 국왕의 득남 소식에 이토록 적극적
인 반응을 보인 것은 아마도 역사상 전례가 없지 않을까 싶
다. 정조로서도 황제의 득남 축하에 가만히 있을 수 없었
던 것은 당연하다. 정조는 '특별히 사례하는' 뜻을 담은 문
서와 방물을 준비하여, 황인점 일행과 함께 청에 갔다
가 막 돌아오고 있던 박제가에게 발길을 돌려 문서와 방물
을 들고 이미 베이징을 향해 떠난 동지사 일행을 뒤쫓아가
게 하였다.

건륭이 외번과
외국을 모아
'성세'를 자랑하다

청에서 몽골 유목 귀족을 외번 왕공으로 우대하다

지금까지 1780년대 초에 청의 조선 사신 접대에 커다란 변화가 일어났고, 그로 인해 매년 연말연시 베이징을 방문했던 조선 사신들이 과거와는 비교할 수 없을 정도로 바쁜 나날을 보내게 되었다는 이야기를 하였다. 당시 조선에서는 이러한 변화를 기본적으로 조선·청 양국 관계의 문제로 인식했고, 청의 사신 우대를 요즘 말로 하자면 '우호 관계의 현격한 증진'으로 받아들였다.

그러나 사실 그것은 단지 조선·청 양국 관계의 문제만은 아니었다. 시야를 좀 더 넓히거나, 시각을 180도 바꾸어 조선의 시각이 아닌 청의 시각에서 사태를 보면 전혀 다른 그림이 눈에 들어온다. 그 그림은 청의 대조선 관계를 넘어 외번 및 외국과의 관계 전체와 관련된 '훨씬 더 큰 그림'이다. 이 그림 안에서 조선은, 물론 중요하긴 하나 여전히 하나의 부분일 따름이다. 당연히 이런 질문이 떠오를 것이다. '어째서 그렇다는 말인가?'

이 질문에 답하기 위해서 먼저 '외번'이라는 낯선 말에 대한 설명이 필요할 것 같다.

'외번外藩'이라는 한자 단어는 '바깥 울타리'를 의미한다. 여기서 '울타리'는 천하의 중심인 천자, 즉 황제를 보호하는 제후의 역할을 비유한 말이다. '바깥'이라고 했으니, '안쪽'에도 또 다른 울타리가 있으리라는 생각을 쉽게 떠올릴 수 있다. '안쪽 울타리' 역할을 하는 제후를 가리키는 말은 여러 가지가 있고 또 시대에 따라 변화가 있었지만, 명·청의 경우 외번에 딱 대응하는 용어를 하나만 꼽자면 '종번宗藩'이라고 할 수 있다. 이 말은 오늘날 '종주宗主-번속藩屬'의 준말로 와전되어 오용되고 있지만, 원래 '종번'의 '종宗'은 황제의 친족, 즉 종실宗室을 지칭한다. 황제의 아들 가운데 황위를 계승한 자를 제외한 나머지는 대개 왕작王爵을 받았는데, 종번이란 바로 황족 중 왕작 소유자를 가리킨다.

종번의 대응 개념이라는 측면을 중시한다면 외번이라는 말은 황족이 아니면서 왕작을 받은 모든 존재에게 쓸 수 있다. 조선의 국왕도 마찬가지여서 조선을 외번의 하나로 꼽는 경우가 있었다. 특히 '동번東藩'이라는 말은 조선의 별칭으로 쓰이기도 하였다. 명·청의 황제들과 조선의 국왕들은 양국의 관계가 매우 친밀함을 강조할 필요가 있을 때 쌍방 모두 조선을 가리켜 외번이니 동번이니 하는 말을 썼다. 하지만 그것은 어디까지나 외교적 수사였을 따름이다. 그와 동시에 조선은 분명 외국으로 인식되었고, 또 그렇게 분류되었다는 사실에 주의해야 한다. 조선의 경우와 대조적으로, 청나라에는 절대로 외국이라고 부르지 않는 외번이 존재하였다. 이들 '외국이 아닌 외번'은 기본적으로 몽골 출신의 왕공 작위 소지자를 가리키는데, 그 기원은 청의 건국 초기로 거슬러 올라간다.

16세기 말 누르하치가 자신의 세력을 키우기 시작할 무렵의 만주 땅은 여진인들만의 세계가 아니었다. 만주의 남부와 동부는 여진인들의 영역이었고, 서남부의 요동 평원 일대는 명나라의 영토였다. 싱안링興安嶺산맥의 동남 사면을 따라 드넓은 초원이 펼쳐져 있었던 만주의 서북부와 북부는 몽골 유목민의 세계였다. 오늘날 중화인민공화국 네이멍구자치구內蒙古自治區의 동부에 해당하는 이 지역은, 알타이산맥 서쪽에 펼쳐진 오늘날 신장 북부의 초원이나 고비Gobi사막 남·북의 초원과 더불어 몽골 유목민들의 터전을 이루고 있었다.

당시 초원의 유목민들은 정치적으로 사분오열된 상황이었다. 하지만 그 옛날 칭기스칸에서 원나라 세조 쿠빌라이 카안을 거쳐, 보통 원나라의 마지막 황제라고 불리는 순제順帝 토곤 테무르(1320~1370)로 이어지는 계보의 정통성을 계승한 대칸[大汗]이 엄연히 존재하여 명목상으로나마 몽골 제국이 면면히 이어지고 있었다. 대칸의 직접적이고 실질적인 지배 범위는 '차하르'라고 불리는 유목민 집단에 국한되어 있었는데, 16세기 후반에는 유목 지역마저 초원의 중심부를 떠나 싱안링산맥 동쪽 랴오허遼河 상류의 초원으로 옮겨야 할 정도로 세력이 약화되어 있었다. 그러나 1620년대에 이르자 차하르의 대칸 릭단(1588~1634)이 초원 유목민들의 재통일을 꿈꾸며 세력을 급속히 확장하기 시작했다. 1630년대 초에는 릭단이 당시 고비 남쪽 초원의 중심지이자 오늘날 네이멍구자치구의 수도인 후허하오터^{呼和浩特} 지역까지 세력을 뻗쳤다.

릭단이 세력을 키우기 시작한 1620년대는 공교롭게도 1616년 후금을 건국한 누르하치가 명으로부터 요동을 빼앗아 아예 그곳으로 근거지를 옮기고 대명 전쟁을 본격화하던 시기였다. 누르하치의 후금이 일찍부터 지리적으로 이웃하고 있던 초원의 여러 유목민 집단과 적대적 또는 우호적 관계를 맺게 된 것은 자연스럽고 당연한 일이었다. 누르하치는 차하르의 대칸과는 기본적으로 군사 충돌을 불사할 정도로 줄곧 사이가 좋지 않았지만, 다른 유목민 집단의 수장들과는 웬만하면 우호·협력의 관계를 구축하고자 했다. 당시 여진인이나 몽골인의 세계에서 다른 집단과 정치적 유대를 형성·유지하는 데 사용된 핵심적인 수단이 맹약과 혼인이었다.

맹약은 오늘날의 국제 관계에서 조약 체결과 비슷하다고 이해해도 무방하나, 혼인의 경우는 설명이 좀 더 필요해 보인다. 당시 조선이나 명은 일부일처제가 법제화되어 있었지만, 만주나 몽골은 다처제 사회였다. 사회 관습에 따른 혼례 절차를 제대로 준수하여 맞이한 아내라면 서열은 존재할지언정 모두 처로 간주되었고, 그들이 낳은 아들은 모두 동등한 권리가 인정되는 적자였다. 물론 첩도 존재하였고 첩의 소생은 서자로 차별을 당했지만, 오직 한 명의 처만 인정하고 나머지는 모두 첩이었던 조선과는 큰 차이가 있었다.

이렇게 복수의 처를 둘 수 있었기 때문에 집단의 수장들은 혼인을 정치적 동맹의 수단으로 종종 활용할 수 있었다. 두 집단의 우호 또는 동맹 관계가 장기간 지속되면 여러 세대에 걸쳐 거듭해서 혼인 관계를 맺는 일도 가능했다. 예컨대 딸을 상대 집안에 며느리로 보내고, 그 딸이 낳은 자식을 다시 사위나 며느리로 들일 수 있었다. 이런 경우 두 번째 세대에서의 혼인은 사촌끼리의 결혼이 되며, 이런 식의 혼인이 여러 세대에 걸쳐 반복되면 두 집안의 자손들은 부계냐 모계냐의 차이만 있을 뿐 사실상 한 핏줄, 한 집안이 될 수 있었다.

1626년 누르하치가 죽은 뒤 후금의 두 번째 칸으로 즉위한 홍타이지는 그 무렵 패권 추구를 본격화한 차하르의 대칸 릭단과 정면으로 충돌하였다. 홍타이지는 릭단과 마찬가지로 칭기스칸의 후손인 보르지긴Borjigin 씨족에 속하면서도 릭단의 패권 추구에 저항하던 유목민 수장들과 맹약을 체결하고 겹겹의 혼인 관계를 맺어 그들을 자기편으로 끌어들였다. 이들은 홍타이지의 군사 동맹 파트너가 되어 때로는 차하르, 때로는 명나라에 대한 홍타이지의 전쟁에 동참했으며, 1637년 초에 있었던 홍타이지의 조선 친정親征, 즉 병자호란에도 참전하였다.

이 유목민 수장들은 1636년 홍타이지의 청 제국 성립 선포에서도 중요한 존재였다. 1634년 릭단이 천연두로 사망하면서 차하르의 세력이 급속히 와해되기 시작했다. 1635년에는 릭단의 처자妻子들이 투항하였고, 홍타이지는 이듬해 릭단의 장남을 자신의 사위로 들였다. 말하자면, 대칸의 가문과 홍타이지의 가문이 하나가 된 셈이라고 하겠다. 이렇게 차하르 정복을 완수한 홍타이지는 고비 이남 초원 유목민 수장들의 종주宗主가 되었다. 여기에 릭단의 처자로부터 옛날 원 제국의 '전국옥새傳國玉璽'(63쪽의 그림에 찍힌 인장 참조)라고 일컬어지는 보물을 입수하고는, 이를 근거로 대칸들의 정통을 잇는 계승자의 자격을 하늘로부터 인정받았다고 주장하였다. 홍타이지는 "(내몽골 초원의) 각국이 귀순했고 아울러 옥새를 획득했다."라는 사실을 내세우면서 새로 청 제국의 성립을 선포하며 황제가 되었는데, 여기서 말한 '각국'이 바로 성립 초기 청의 외번을 구성하게 된다.

청나라에서 외번이라는 말이 원래 '바깥 지방의 몽고 tulergi goloi monggo'라는 만주어의 번역에서 기원한 것이라는 사실에서도 드러나듯이, 청 초의 외번은 곧 몽골 유목민 집단의 수령들을 의미하였다. 후금-청에 복속한 유목민들 중에는 청의 팔기八旗에 편입된 자들도 있었지만, 복속 이후에도 옛날과 다름없이 초원에서의 독자적인 유목 생활을 유지한 집단들이 있었는데 그들이 바로 '바깥 지방의 몽고'였다. 홍타이지는 이들 집단의 수장들에게 황족과 마찬가지로 왕공의 높은 작위를 부여하여 우대하였고, 그들이 원래 거느리던 유목 집단에 대한 관할권도 인정해주었다. 몽골 왕공들은 왕공 작위와 자기 집단에 대한 관할권을 대대로 세습하였다. 여기에다가 앞서 말한 방식의 혼인을 통해 청 황실과 끈끈한 관계를 유지하였다. 어떤 학자가 계산한 바에 따르면, 청 일대에 걸쳐 황실이 몽골 왕공의 딸을 며느리로 들인 것이 163회, 몽골 왕공의 아들을 사위로 삼은 것이 432회를 헤아릴 정도였다.

청의 황제가 외번 왕공에게 '연반조근' 의무를 부과하다

청 황제와 외번 왕공의 끈끈한 관계는 단지 혼인만으로 보장되는 것이 아니었다. 설령 딸을 시집보냈다고 하더라도 멀리 초원으로 떠난 뒤 죽을 때까지 친정 나들이를 하지 않는다면, 따라서 그 딸이 낳은 외손주 역시 외가를 찾지 않는다면, 혼인 관계 및 그로 인해 형성된 혈연관계는 실질적인 의미를 잃기 십상이다. 'Out of sight, out of mind.'라는 말도 있듯이, 사람은 자주 보지 않으면 자연스럽게 사이가 멀어지기 때문이다. 옛날 한이나 당의 황제들이 주변 이민족의 수장들에게 공주를 시집보내고도 그들을 제대로 통제할 수 없었던 데에는 이 같은 원리도 작동했을 것이다.

그러나 청의 황제들은 외번의 왕공들을 자주 만나 유대를 확인하고 강화할 수 있는 제도를 운영하였다. 그것은 바로 매년 연말연시의 '조근'이었다. 조근이라는 말은 원래 제후가 주기적으로 주나라 천자의 조정을 찾아가 알현하는 것을 가리킨다. 따라서 조근이라는 개념 자체는 중국의 역사에서 낯선 것이 결코 아니다. 하지만 이제부터 '외번의 조근'이라고 부르고자 하는, 초원 유목민 집단 수장들의 정기적인 조근은 과거 명과 같은 한인 왕조에서는 결코 찾아볼 수 없는 청조 고유의 제도이자 전통으로 이해된다.

외번의 조근은 정월 초하루에 즈음하여 멀리 사는 친척들이 한데 모여 음식과 세시 놀이를 함께 즐긴 데에서 기원했다고 볼 수 있다. 만주인들은 설날을 연중 최고의 명절로 즐겼다. 묵은해를 보내는 제석(만주어로는 'fe yamji')에 다들 모여 맛난 음식과 술, 춤과 음악을 즐기는 잔치를 벌였고, 새해를 맞이하는 설날(만주어로는 'aniya inenggi')에는 세배를 다녔다. 특히 1631년 초의 연말연시부터는 후금과 동맹 관계를 맺은 몽골의 귀족들까지 선양에 와서 설날을 함께 즐겼다. 이에 따라 신년 축하 행사는 단지 '민속 명절'이 아니라 국가 최대의 정치·외교 행사로 자리 잡게 되었다.

물론 청의 황제와 외번의 왕공들이 서로의 유대 관계를 확인하는 기회가 단지 연말연시뿐이었던 것은 아니다. 입관 전 시기에는 유목지가 청의 수도 선양으로부터 그리 멀지 않았기 때문에 몽골의 왕공들은 연말연시가 아니라도 홍타이지의 생일, 황실의 혼례 및 공동 출병出兵 등 다양한 기회에 황제를 직접 만날 수 있었다. 그러다가 베이징으로 수도를 옮긴 뒤에 청은 외번 왕공의 조근 시기를 설날로 단일화했다. 얼마 뒤에는 그들의 베이징 도착 날짜를 매년 십이월 15일 이후, 25일 이전까지로 규정하는 조치도 실시되었다.

청이 조선의 '1년 4행' 의무를 정월 초하루에 일정을 맞춘 삼절연공행으로 단일화했던 병공 조치도 사실은 외번 왕공에 대한 조근 시기 단일화와 같은 무렵에 같은 취지로 취해졌음을 알 수 있다. 그러나 외번 왕공의 조근과 조선의 삼절연공행 파견 간에는 중대한 차이가 있었다. 우선 전자는 왕공 본인이 베이징에 오는 것이었던 것과 달리, 후자는 국왕이 대신大臣을 자신의 대리인으로 보내는 '대근代覲'이었다. 다음으로, 조선은 매년 빠짐없이 사신을 보내야 했지만, 외번 왕공들의 조근은 그렇지 않았다. 청은 조근 시기 단일화와 동시에 외번 왕공들을 두 개의 반班으로 나누고, 각 반의 왕공들이 2년에 한 번씩 돌아가며 조근하는 방식을 도입하였다. 멀리 떨어진 초원에서 유목 생활을 하는 왕공들에게 해마다 베이징을 다녀가라고 한다면, 그것은 길 위에서 대부분의 시간을 보내라고 요구하는 것과 크게 다르지 않았기 때문이다.

이처럼 두 반으로 나누어 돌아가며 연말연시 베이징

의 황제에게 조근하는 것을 가리켜 '연반조근年班朝覲'이라
고 한다. 순치 연간에 연반조근은 고비 이남, 즉 내몽골 초
원의 왕공들에게만 부과되는 의무였다. 당시 고비 이북 외
몽골 초원의 왕공들은 아직 청에 복속하지 않은 상태였
기 때문이다. 그러다가 1690년대에 이르러 외몽골에서 유
목하던 할하 몽골의 왕공들이 강희제에게 복속을 맹세하
면서 외몽골 초원의 왕공들도 연반조근의 의무를 지게 되
었다. 청에서는 외몽골의 왕공들과 내몽골의 왕공들을 구
별하기 위하여 후자는 '내자삭', 전자는 '외자삭'이라고 불
렀는데, 여기서 '자삭'이란 각 유목 집단의 관할권을 보유
한 왕공을 가리키는 말이었다. 그런데 외자삭의 왕공들
은 유목지가 내자삭 왕공들보다 훨씬 더 멀었기 때문에 연
반조근의 주기를 똑같이 적용하기란 무리였다. 외자삭 할
하의 왕공들은 네 개의 반으로 나뉘어 4년에 한 번씩 조근
하도록 하였다.

18세기에 들어서서도 제국이 더욱 확장함에 따라 연반
조근 대상의 확대와 더불어 조근 주기의 변화가 일어났다.
먼저 내자삭의 조근 주기는 18세기 전반 옹정 연간에 2년
에서 3년으로 변경되었고, 그에 맞추어 내자삭 왕공들

은 세 개의 반으로 재편되었다. 옹정 연간부터 연반조근 제도의 적용 대상이 된 칭하이 지역 유목민 집단의 수장들은 외자삭에 속하게 되었는데, 그들은 할하 몽골과 마찬가지로 네 개의 반으로 편성되어 4년 주기로 조근하도록 규정되었다. 건륭제는 1770년에 외자삭 할하 몽골의 왕공들을 여섯 개의 반으로 재편하고 조근 주기를 4년에서 6년으로 늘려주었다. 건륭 연간에 이르러 새로이 청에 복속한 유목민들 역시 연반조근 제도에 포섭되었다. 먼저 1750년대 중엽에 복속하여 오늘날 신장 북부 초원에 유목지를 받은 두르베트의 왕공들은 처음에는 세 반으로, 1770년대 중엽부터는 다섯 반으로 나누어 조근하였다.

다음으로 1771년 러시아 경내의 볼가강 유역 초원으로부터 천신만고 끝에 '귀향'한 토르구트를 중심으로 하는 유목민 집단의 왕공들도 연반조근의 의무를 지게 되었다. 그들은 원래 오늘날 신장 북부의 준가르 초원에 살던 유목민으로 1630년대에 서쪽 멀리 볼가강 유역으로 이주했다가 거의 140년 만에 멀고 험한 여로에서 엄청난 희생을 치른 끝에 고향 땅으로 돌아왔다. 이들의 귀향은 건륭제의 입장에서 넝쿨째 굴러들어온 호박과도 같았기에, 그가 그들의 귀향을 역사상 유례를 찾을 수 없는 자발적 귀순이라며 반겼음은 앞에서 이야기한 대로이다. 토르구트 등의 귀순 초기 건륭제는 토르구트의 왕공들을 네 개의 반으로 나누어 연말연시의 베이징 대신 음력 팔월 13일 만수절에 맞추어 열하로 자신을 만나러 오게 하였다.

건륭제는 또한 연반조근 제도의 대상을 유목민에 국한하지 않았다. 1750년대 말 준가르 정복의 결과로 청의 판도에 들어온 오늘날 신장 남부 오아시스 도시들의 무슬림 관원들도 연반조근의 대상이 되었다. 건륭제는 보통 '회부'라고 불리던 카슈가르, 야르칸드 등 오아시스 도시들의 위구르 무슬림에 대한 직접 통치는 위구르어로 '벡'이라고 하는 토착 지배층 출신 관원들에게 맡겼다. 동시에 위구르 벡 관원들에게 연반조근을 의무로 부과하였다. 벡 관원들의 연반조근은 1760년에 네 개의 반이 돌아가며 베이징에 오는 것으로 시작했다가 1774년에 이르러 여섯 반 편성, 즉 6년 주기로 조정되었다.

쓰촨성 서부 금천 지역의 티베트계 토사들도 연반조근 제도에 편입되었다. 토사는 오늘날 중국 서남부의 소수민족 지역에서 주민에 대한 직접 통치를 맡았던 토착 수장들을 가리킨다. 햇수로 무려 6년(1771~1776)이 걸렸던 금천 지역의 반란 진압 작전이 끝난 직후, 건륭제는 금천 지역의 토사들에 대해서도 연반조근을 의무화하였다. 이들의 조근은 처음에 몇 개 반으로 나누고 한 반에 몇 명씩 조근하게 할지 정하지 않은 상태에서 매년 실시되다가, 1782년 봄에 이르러 토사들을 두 개 반으로 나누고 3년에 한 반씩 조근시키는 것으로 바뀌었다.

건륭제가 외번과 외국을 '일시동인'으로 환대하다

일찍부터 만주인들과 군사 및 혼인 동맹을 맺은 몽골 초원의 유목민 수장들은 청의 제국 건설에 필수불가결한 존재였다. 청의 황제들은 그들을 황족과 동등하게 우대하였으며, 매년 연말연시에 몽골의 왕공들을 만나 정치적·혈통적 유대를 확인하고 강화할 수 있는 연반조근 제도를 고안하여 실행하였다. 건륭제가 회부의 위구르 벡 관원들이나 금천 지역의 티베트계 토사들에게도 연반조근의 의무를 확대 적용하긴 했지만, 연반조근 제도의 존재 이유는 기본적으로 동·서몽골의 드넓은 초원에 살던 유목민 집단의 수장들과 청 황제 및 황실 간의 유대를 강화하는 것이었다.

베이징으로부터의 원근에 따라 지역마다 몇 개의 반으로 나뉜 외번의 왕공들은 매년 연말연시에 베이징의 황제를 만나러 먼 길을 달려와야 했다. 베이징의 황제 및 황족들이 멀리서 찾아온 손님이자 많은 경우 피를 나눈 친족이기도 했던 외번의 왕공들에게 각별한 호의를 베풀었으리라는 것은 어렵지 않게 상상할 수 있다. 황제가 외번의 왕공들에게 선물 보따리를 아낌없이 풀어준 것은 물론인데, 여기서는 특히 황제가 그들을 접대하기 위해 마련한 연회들에 주목하기로 하자.

앞에서 언급했듯이 입관 전의 만주인 사회에서는 가는 해의 마지막 날, 즉 제석에 큰 연회가 벌어졌고, 1630년대부터는 제석 날 연회를 비롯한 선양의 세시 행사에 몽골의 왕공들도 함께 참여하였다. 중국에 들어온 뒤에도 제석연을 포함한 만주인 사회의 전통과 풍속은 계속 유지되었다. 여기에 더하여 청 황실은 강희 연간에 상원절 또는 원소절이라고 불리는 정월 대보름을 즐기는 중원의 세시 풍속을 받아들여, 매년 정월 14일과 15일 이틀에 걸쳐 외번 왕공들을 위한 연회를 열기 시작했다. 이로써 십이월 말일에 제석연, 정월 14일·15일에 상원연을 개최하는 외번 연례燕禮의 관행이 형성되었다.

청 궁정의 외번 연례 관행은 옹정 후반기에 잠시 단절되긴 하였지만, 건륭 연간에 이르러 더 화려한 모습으로 되살아났다. 특히 신장 정복을 완수한 1760년대 이후에는 매년 십이월 말일 자금성 보화전에서 제석연, 정월 15일 원명원의 정전인 정대광명전에서 상원연이 한 차례씩 개최되었다. 그리고 설날과 대보름 사이에 황성 내 중해의 자광각에서 또 하나의 연회인 '세초연'이 추가로 열렸다.

이들 세 연회 외에도 건륭 연간의 청 궁정에서는 다채로운 세시 행사가 펼쳐졌지만, 황제의 주재하에 만주 황실의 왕공들과 몽골의 왕공들이 함께 즐기는 제석연·세초연·상원연의 중요성은 아무리 강조해도 지나치지 않기에 여기에서는 이들 세 연회를 한데 묶어 '3대 외번연'이라고 부르기로 한다. 앞에서 1780년대 이후 조선 사신들이 참석하게 된 연말연시 청 궁정의 어연으로 소개한 바 있는 '3대 연회'란 사실은 이들 '3대 외번연'이었던 것이다.

3대 외번연이 연반조근 의무 수행을 위해 베이징에 온 외번의 왕공 등을 손님으로 초대하고 개최하는 연회라는 특징을 공유하고 있었음은 새삼 강조할 필요가 없겠지만, 그렇다고 해서 세 연회의 참석자가 완전히 똑같았던 것은 아니다. 매년 연말연시의 3대 외번연 가운데 가장 먼저 개최되는 자금성 보화전의 제석연은 그 기원이 입관 전 만주인 사회의 전통으로 소급되는 가장 유서 깊은 연회였다. 그리고 상원연은 강희 연간에 이르러 궁정의 세시 행사로 자리를 잡은 것이었다. 이 두 연회는 애초부터 외번의 왕공들만을 위한 것이라는 '폐쇄성'이 중요한 특징이었다. 조선과 같은 외국의 사신들은 그런 연회의 존재조차 알 수 없을 정도였으며, 청의 관원들도 2품 이상의 대신이 아니면 낄 수 없는 자리였다. 제석연·상원연에 비해 뒤늦은 시기, 그러니까 1760년대에 들어서서야 비로소 궁중 정례 연회로 자리를 잡게 된 자광각 세초연은 처음부터 회부의 위구르 벡 관원들도 초대되는 자리였다. 세초연은 앞의 두 연회에 비해 문턱이 낮은 연회였던 것이다. 그러나 그런 세초연조차도 조선 등 외국에서 온 사신들에게는 문호가 닫혀 있었다.

다만 코칸드를 위시한 중앙아시아 소재 국가의 사신들은 자광각 세초연에 초대되곤 하였다. 그것은 이들 국가가 회부의 위구르 벡 관원들과 마찬가지로 투르크계의 무슬림이라는 점도 물론 고려되었을 터이지만, 청 중앙정부의 여러 기구 가운데 외번 관련 사무를 전담하던 이번원이 중앙아시아 소재 국가들과의 외교 및 사신 접대 업무까지 담당하고 있었다는 점도 작용한 결과로 보인다.

이처럼 1780년 이전까지 청 궁정의 3대 외번연을 중심으로 하는 세시 연회 및 놀이들은 조선, 유구, 안남 등 예부가 외교 업무를 담당하던 외국의 사신에게는 모두 문호가 굳게 닫혀 있었다. 3대 외번연 가운데 제석연과 상원연은 연반조근 의무를 이행하기 위하여 베이징에 온 외번 왕공들을 위한 연회였다. 세초연은 초대 범위가 좀 더 넓어서 위구르 벡 관원 및 금천 토사 관원들도 포괄하였지만, 이들 역시 연반조근 의무를 이행하러 베이징에 온 것이라는 점에서는 외번 왕공들과 다름이 없었다.

그러나 1780년대에 이르러 고희천자 건륭은 조선을 비롯한 외국의 사신들에게도 이들 연회의 문호를 개방하기 시작했다. 앞에서 자세히 살펴보았듯이, 조선의 사신들은 건륭 46~47년의 연말연시, 서력으로는 1782년 초부터 청 궁정의 주요 연회 및 다채로운 놀이에 초대되기 시작했다. 그런데 이제 사실을 알고 보니, 이들 연회 및 놀이는 다름 아닌 3대 외번연을 중심으로 하는 청 궁정의 세시 행사였다. 달리 말하자면, 건륭제는 원래 연반조근을 하러 온 외번 왕공 등을 접대하는 자리에 조선 사신 등을 초대하기 시작한 것이다.

또한 1782년 초에 처음으로 단행된 외번 연회의 문호 개방은 조선에 국한된 조치가 아니었다. 조선·유구·남장·섬라 등 네 나라 사신의 동시 방문이라는 보기 드문 '우연적' 사건을 기회로 네 나라 사신 모두를 대상으로 단행되었다. 건륭제는 오직 조선만을 상대로 '특별한 은혜'를 베푼 것이 아니었던 셈이다. 당시의 용어로 말하자면, 건륭제는 '일시동인一視同仁'의 원칙을 지키고 있었다. 일시동인이라는 말은 천자가 천하의 모든 이들을 평등하게 보고 똑같이 어질게 대한다는 뜻이다. 중국의 황제라면 주변의 여러 작은 나라를 동등하게 대해야 하며, 또 그렇게 하고 있다는 외교적 수사로 애용되었던 말이다.

게다가 1782년 초 외번 연회의 문호 개방에서 일시동인 원칙은 조선 등 네 나라 사신에 대해서만 적용된 것이 아니었다. 1780년대 초의 시점에서 말하자면, 청 국내의 연반조근 의무자 가운데 위구르 벡 관원들과 금천의 토사들은 기본적으로 자광각 세초연에만 참석할 수 있었다. 그러나 건륭제는 위구르 벡 관원들과 금천 토사들에게도 3대 외번연의 문호를 개방함으로써 이들이 일시동인의 혜택으로부터 소외되지 않도록 안배하였다.

이처럼 건륭제는 1782년 초부터 3대 외번연의 문호를 위구르 벡 관원들과 금천 토사들 그리고 조선을 위시한 외국 사신들에게 개방하였는데, 문호 개방 이후의 3대 외번연은 더 이상 외번만을 위한 연회가 아니었으므로 이제부터는 다시 이들 연회를 가리켜 '3대 연회'라는 말을 쓰기로 한다.

정조의 특사가 건륭의 '일시동인'에 계기가 되다

요령부득으로 설명이 너무 길어지는 바람에 한참을 돌아온 느낌이다. 앞에서 청의 조선 사신 접대에 일어난 중대한 변화가 외번 및 외국과의 관계 전체와 관련된 훨씬 더 큰 그림, 즉 훨씬 더 큰 변화의 일부였다고 말한 바 있다. '훨씬 더 큰 그림'이란, 원래는 외번 왕공들을 위한 것이었던 3대 연회를 중심으로 하는 궁정 세시 행사의 문호 개방을 염두에 두고 한 말이었다.

여기서 3대 연회 등의 문호 개방은 사실이 그러하므로 그렇다 치고, 또 다른 질문이 떠오른다. 건륭제가 참석 자격을 외번의 왕공으로 제한했던 연회의 문호를 개방하여 참석 자격을 확대하게 된 경위가 궁금해진다. 그가 그 경위를 직접 밝힌 적은 없다. 다만 그 타이밍을 볼 때 바로 직전이라고 할 수 있는 1780년 조선 사신 박명원 일행의 열하 방문이 1782년 초에 처음 관찰되는 3대 연회의 변화와 어떤 관련이 있지는 않을까 하는 생각이 든다. 다분히 상상에 의존한 것이지만, 당시의 정황이 앞뒤로 서로 들어맞도록 건륭이 청 궁정의 3대 연회에 이러한 변화를 도입하게 된 경위를 재구성하자면 다음과 같은 그림을 그려볼 수 있지 않을까 한다.

먼저 건륭 자신이 '기획'했던, 1780년 열하를 무대로 펼쳐진 칠순 만수절의 이벤트를 상기해보자. 건륭제는 1780년 피서산장에서 거행한 자신의 칠순 잔치에 두르베트, 우량하이, 토르구트, 회부의 무슬림 벡, 금천 지역의 토사 등이 대거 참석하도록 만들었다. 앞에서 지적했듯이, 이들에게는 한 가지 공통점이 있었다. 그들은 모두 건륭 연간에 이르러서야 비로소 청에 완전히 복속한 집단이나 지역의 수장들이었다. 고희천자 건륭에게 그들을 대거 한자리에 모은 칠순 만수절의 하례는 곧 자신이 그때까지 평생 이룩한 업적을 상징하는 이벤트였다. 칠순 만수절을 검소하게 치르겠노라고 공언했지만, 사실 건륭제는 자신만의 방식으로 자신이 이룩한 제국 건설의 업적을 성대하게 기념하였다. 건륭 본인의 표현을 빌리자면, 그는 1780년 음력 팔월의 열하라는 장소에 '외번이 모두 모이는[외번필집(外藩畢集)]' 광경을 실현하였다. 칠순 만수절에 열하를 무대로 펼쳐진 외번필집의 광경은 곧 '건륭의 제국'을 옮겨놓은 축도였다고 할 수 있다.

그런데 1780년 열하의 만수절 이벤트에는 조선의 사신도 참석하였다. 조선 사신의 열하 방문은 물론 건륭이 미리 기획한 일은 아니었다. 하지만 결과적으로 조선의 사신이 역사상 처음으로 외번의 왕공들과 회부의 무슬림 벡 및 금천의 토사들과 함께 궁정의 연회와 각종 놀이에 참석하는 광경이 건륭의 눈앞에 펼쳐졌다.

외번필집 속 조선 사신 일행의 존재는 그때의 건륭에게 자신이 마음만 먹는다면 매년 연말연시 베이징에서도 이런 광경을 얼마든지 재현할 수 있다는 영감을 주었을지도 모른다. 3대 연회를 비롯한 궁정의 세시 행사를 굳이 외번의 왕공들하고만 즐길 이유는 없지 않은가? 이번처럼 다들 함께 즐길 수 있도록 한다면 금상첨화가 아닐까?

하지만 칠순 만수절을 지내고 열하에서 베이징으로 돌아온 이후 처음으로 맞이한 건륭 45~46년의 연말연시(1781년 초)는 3대 연회의 문호 개방을 단행하기에 적절한 때가 아니었다. 먼저 원래는 매년 연말연시 베이징으로 오게 되어 있던 회부의 무슬림 벡과 금천의 토사들이 이번에는 베이징에 오지 않았다. 건륭제가 이들을 모두 자신의 칠순 만수절 행사에 참석시키기 위해 조근 시기를 건륭 45년 팔월로 앞당겨 열하에 오도록 만들었기 때문이다. 이들의 다음 조근은 건륭 46~47년의 연말연시를 기다려야 했다. 게다가 조공 사절을 보내는 외국 가운데 건륭 45~46년의 연말연시에 사신을 파견한 것은 조선이 유일했다. 그러니 모르긴 몰라도 건륭제는 외번 왕공들을 위한 자리라는 3대 연회의 전통을 깨고 그 문호를 개방하는 파격적인 '특은'을 오직 조선의 사신에게만 베푸는 모양새가 되어서는 곤란하다고 판단했으리라.

1년 뒤인 건륭 46~47년의 연말연시(1782년 초)에 마침 절호의 기회가 찾아왔다. 회부의 무슬림 벡, 금천의 토사는 물론이거니와 조선·유구·남장·섬라 등 네 나라 사신이 한꺼번에 베이징에 오는 일이 벌어진 것이다. 무슬림 벡이나 토사의 조근은 이미 예정된 것이었다고 쳐도, 네 나라 사신의 동시 방문은 정말 보기 드문 일이었다.

건륭제는 신년 정월의 세초연과 상원연의 문호를 이들에게 개방하였다. 또한 정월 12일 원명원 산고수장에서 베푼 추가 연회와 이후 연일 벌어진 세시 놀이에도 이들을 참석시켰다. 조선 사신에게는 이듬해 보화전 제석연에도 참석해야 하니 좀 일찍 오라고 지시하였다.

그러나 정작 건륭 47년 십이월이 되자 건륭제는 보화전 제석연에 조선 사신을 부르겠다는 약속을 지키지 않았다. 제석연은 만주인들이 중원에 들어오기 전부터 지켜온 세시 풍속이었으므로, 청 궁정의 연회 가운데 가장 만주적이면서도 가장 유서 깊은 것이었다고 할 수 있다. 따라서 제석연의 문호 개방은 세초연이나 상원연보다 더 부담스러운 일이었을 터인데, 하필 그해에는 외국 중에 조공 사절을 파견한 나라가 조선뿐이었다. 오직 조선에 대해서만 특은을 베푸는 것은 아무래도 명분이 약했다. 결국 보화전 제석연의 문호 개방은 조선과 유구 사신이 함께 온 건륭 48년 십이월에 가서야 이루어졌다.

　이처럼 건륭제는 조선에만 사상 초유의 특은을 베푼다는 혐의가 일지 않도록 주의하면서, 바꾸어 말하자면 모두에게 골고루 혜택을 베푼다는 일시동인의 원칙을 확고하게 지키는 모양새를 갖추면서 3대 연회의 문호를 외국 사신들에게 개방하였다. 이제 매년 연말연시 베이징의 황성과 원명원을 무대로 거행되던 3대 연회의 의미는 종래의 외번 왕공들을 위한 잔치라는 데에 그치지 않게 되었다. 3대 연회는 이제 국내의 무슬림 벡과 금천의 토사 그리고 외국의 사신들까지 포함하는, 말하자면 천하·만국의 사람들이 모두 모여 건륭의 '성세'를 기념하고 즐기는 연례 공간으로 바뀌게 된 것이다.

　예컨대, 건륭 57년(1792) 정월 13일 저녁 원명원 산고수장에서는 한바탕 연등놀이가 펼쳐지고 있었다. 50~60명의 광대가 '천하태평天下太平', '만방함녕萬邦咸寧' 등의 글귀를 매단 등롱燈籠을 높이 쳐들고 노래를 불렀다. 만잔등萬盞燈이라는 이름의 신기한 기예가 공연될 때에는 공중에 '만국내조萬國來朝'라는 글귀를 적은 화렴火簾이 드리워졌다. 이날 공중에 휘날리던 '천하태평', '만방함녕', '만국내조' 등의 글귀에 자신의 성취에 대한 건륭의 자부심이 고스란히 담겨 있었음은 새삼 강조할 필요가 없으리라.

'일시동인'의 환대 속에 조선의 대청 인식이 변해가다

지금까지의 이야기는 물론 3대 연회의 문호를 대거 개방한 속내에 대하여 건륭 자신이 침묵을 지키고 있는 상황에서, 상상력을 동원해서 전후의 정황을 끼워 맞춘 하나의 그럴듯한 시나리오에 불과할지도 모른다. 그러나 입관 전부터 줄곧 외번의 왕공들을 접대하는 자리였던, 그래서 그만큼 폐쇄성도 짙었던 궁정 행사의 문호를 갑자기 개방한 데에는 분명 어떤 의도가 있었을 것이다. 3대 연회의 문호 개방 자체에 관한 한 직접 속내를 드러낸 적은 없지만, 다행스럽게도 건륭의 속내를 엿볼 수 있는 방도가 아예 없지는 않다.

(다음과 같은 내용의) 상주를 받았다. "(금천의) 토사 등은 모두 이미 시안西安에 도착하였습니다. 날씨는 맑고 온화하였으며, 연도沿途는 평안했습니다. (토사 등은 황상의 은혜에) 환호하고 감격하며 기뻐하지 않는 자가 없습니다." 이것이 (바로)

국가國家가 멀리 있는 자들을 어루만지고 다독이는 도道이다. 그들은 내지內地가 면적이 광활하고 인민人民이 부유함을 (직접) 목도하였으니, (자신들의) 고향 땅에 돌아가면 반드시 (자신들의 견문을) 서로 서로에게 알리고 이야기해서 한마음으로 향화向化할 것이다.

이 인용문은 1780년의 칠순 만수절에 열하를 방문했다가 고향으로 돌아가던 금천의 토사들을 두고 건륭제가 한 말이다. 금천은 쓰촨성 서북 지역을 흐르는 대도하大渡河 상류의 대금천大金川과 소금천小金川을 가리킨다. 두 하천이 흐르는 유역에는 건륭 초 약 3만 호로 추정되는 티베트계 주민이 살고 있었다. 당시 청은 대금천·소금천에 토사를 두어 이 지역을 간접 지배하였다. 그러나 토사끼리의 세력 다툼이 전쟁으로 비화되어 결국에는 청이 두 차례에 걸쳐 원정을 해야 하는 상황이 벌어졌다. 소수의 토사 세력을 진압하기 위한 전쟁이었음에도 불구하고 청은 건륭 12~14년의 제1차 금천 원정과 건륭 36~41년의 제2차 금천 원정에 대규모 병력을 투입해야 했다. 원정의 승리를 거두기까지 몇 년의 시간과 수많은 사상자, 그리고 두 차례 합쳐 무려 은 8000만 냥에 달하는 엄청난 전쟁 비용을 대가로 치렀다.

1776년 제2차 금천 원정이 끝나자 건륭제는 금천의 토사들을 매년 돌아가며 베이징에 와서 신년 하례에 참석하도록 만들었다. 그리고 1780년에는 그들을 칠순 만수절 행사에도 참석시켰다. 종래 열하에서의 만수절 행사 참석자는 기본적으로 청의 황족과 고위 관료 외에 외번의 봉작 소지자들로 국한되어 있었으므로, 1780년 건륭제가 금천의 토사들을 열하에 초대한 것은 1782년 초부터 3대 연회의 문호를 개방하기 시작한 것과 같은 성격의 기획이었다고 볼 수 있다. 그러므로 앞의 인용문은 건륭제가 3대 연회의 문호를 개방한 속내를 스스로 밝힌 것이라고 간주해도 무방할 것 같다.

여기서 건륭제는 금천의 토사들을 우대하여 감동시키고 그들이 견문을 동족과 공유하게 함으로써 모두가 "한마음으로 향화"하게 만드는 효과를 기대하고 있다. '향화'란 외국인이 임금의 어진 정치에 감화를 받아 그 백성으로 바뀐다는 의미이다.

앞의 인용문에 옮기지는 않았지만, 당시 건륭제는 지

방의 관원들에게 토사들을 우대해야 한다고 강조하였다. "외번이 공순恭順한 때를 만나면 경시하고 홀시하여 그들을 학대하고 모욕하며, 혹은 심지어 (그들을) 착취하여 폐해를 늘린" 명 말의 한인 관료들이나, "변경의 관리가 (이민족을) 깔보고 업신여기다가 (유사시에는 일시적인) 평안平安을 추구하여 (그들을) 통제하는 데에 마땅함을 잃은" 과거 왕조들의 잘못을 반복해서는 안 된다고 경고하였다. 그리고 건륭제는 변경의 총독·순무들에게 "우리 국가가 안과 밖을 (차별하지 않고 모두) 일시동인으로 다스리고 있음을 드러내는" 것이 자신의 뜻이라고 덧붙였다.

이처럼 건륭의 의도는 자기 치하의 성세를 과시함과 동시에 '멀리서 온 사람들을 따뜻하게 품어준다'는 회유원인懷柔遠人, '세상의 모든 사람을 차별하지 않는다'는 일시동인의 이미지를 창출·강화하는 데에 있었다. 그렇다면, 그의 기획 의도는 과연 얼마나 실현되었을까?

쓰촨의 오지에 살던 금천의 토사들이 청 궁정의 장대한 누각과 다채롭고 화려하기 그지없는 연회·놀이에 물리적으로 압도되고, 황제가 그런 자리에 자신들을 불러 베풀어준 "넓고 도타운 은상恩賞"에 감격해 마지않는 모습은 충분히 상상이 간다. 그러나 정말로 금천의 토사들이 건륭의 의도대로 "한마음으로 향화"하게 되었다고 단정할 수는 없다. 그들은 아무런 기록도 남기지 않았기 때문이다. 아니, 남겼을지도 모르지만 우리는 그 존재를 알지 못한다.

그렇다면 1780년대 이전이나 이후에나 꾸준히 연행 기록을 남긴 조선의 경우는 어떠했을까? 이런 질문에 대한 답은 물론 방대한 조사와 분석을 거쳐야만 얻을 수 있을 터이니 여기에서는 다소 극단적이긴 하지만, 그래서 오히려 더 흥미로운 사례 하나를 소개하는 정도에 그칠까 한다.

순조 30년(1830, 도광 10년) 시월 말 조선 조정은 서준보徐俊輔(1770~1856)를 정사, 홍경모洪敬謨(1774~1851)를 부사로 하는 사행을 베이징으로 파견했다. 이 사행을 마치고 돌아온 부사 홍경모는 『연운유사燕雲遊史』라는 연행록을 썼다. 『연운유사』에는 「청의 건국에 관한 기록[淸開國記]」이라는 제목의 글이 있는데, 그 일부를 옮기자면 다음과 같다.

(청나라처럼) 대공지정大公至正하고 강상綱常 (윤리가 서도록) 도운 (나라는) 고금古今 이래로 들어본 적이 없는 것 같다. 게다가 그 정치와 법제는 오로지 간략함을 숭상하며, 문치文治

와 무략武略은 각각 그 요체를 얻었다. 천하 (사람들의) 머리를 깎게 하고 천하 (사람들의 옷깃을) 왼쪽으로 여미게 하였으나, 우리 국가[조선을 지칭]의 제도를 바꾸지 않은 것 또한 큰 계획과 먼 전략(에서 나온 것)이니, 거의 외이로써 그들을 논할 수 없다. (그러니) 진실로 상천上天께서 임명하신 관리가 아니라면 (그 다스림이) 어찌 능히 이처럼 성대할 수 있겠는가? 이로써 하늘이 이 사람을 낳은 것은 우연이 아님을 알 수 있다. 그리고 우연이 아니라면 반드시 그를 도운 (어떤) 것이 있을 터인데, 그를 도운 것이란 곧 하늘의 명한 바이다. 하늘이 명을 내리는 대상은 화하華夏냐, 이적夷狄이냐에 달린 것이 아니라 덕이 있는 자를 살펴 (정하는) 것이 분명하다.

이 인용문에서 "천하 (사람들의) 머리를 깎게 하고 천하 (사람들의 옷깃을) 왼쪽으로 여미게" 하였다는 것은 만주인들이 명나라 사람들에게 변발辮髮과 호복胡服을 강제한 사실을 가리킨다. 조선 사람들이 청조 치하의 중국은 더 이상 중국이 아니라고 여겼던 가장 확실하고 가시적인 증거가 바로 변발·호복이었다. 문명인의 의관은 오직 조선에서만 보존되고 있다는 인식이 이제는 조선이 곧 중화라는 자부심을 지탱하는 대들보였다. 그런데 홍경모는 조선이 변발·호복의 강제를 면할 수 있었던 것도 사실은 청나라의 큰 뜻에서 나온 것이라고 말한다. 그러니 청나라를 '외이'라고 치부해서는 안 될 뿐만 아니라, 그들이야말로 천명을 받아 천하를 다스리는, 달리 말하자면 통치의 정당성을 온전히 갖춘 존재라고 승인한다. 그리고 하늘이 천하를 다스리라는 명령을 내릴 때에는 그 혈통이 중화냐, 이적이냐를 따지는 것이 아니라 오직 덕의 유무만을 본다는 것을 청의 사례를 통해 확실히 알 수 있다고 단정한다.

인용문의 첫 문장만 보아도 금방 알 수 있듯이 홍경모는 청에 최고의 찬사를 보내고 있다. 물론 이토록 심한 '친청親淸' 언설이 19세기 조선의 지배적 사조가 되었다고 말할 수는 없다. 또한 17세기 말에서 18세기 전반에 걸쳐 청의 중국 지배가 불가역적인 현실로 자리를 잡아가던 시기에도 그 현실을 인정하자는 취지의 언설이 간간이 등장하곤 하였다. 하지만 적어도 영조 말년까지만 해도 조선의 사인士人이 이처럼 심한 친청 언설을 문자화한다는 것은 상상조차 할 수 없는 일이었다.

홍경모의 발언과 같은 친청 언설과 기본적으로 궤를 같

이한다고 볼 수 있는 북학 담론이 문자화되어 유통하기 시작한 것은 따지고 보면 1780년대부터였다고 할 수 있다. 또한 19세기에 접어들면서 그러한 사조가 더욱 널리 퍼졌다는 것은 부정할 수 없다. 그러므로 앞서 인용한 홍경모의 친청 언설은 1780년대 이후 조선 사인들의 청에 대한 인식에 큰 변화가 일어났음을 단적으로 드러내는 사례라고 보아도 큰 잘못은 아닐 듯하다.

1780년대 이후 대청 인식의 변화를 두고, 병자호란과 삼전도의 치욕 그리고 명나라 숭정제의 비극적 최후로부터 약 150년이나 지난 때이므로 오랑캐 침략자에 대한 기억이 희미해지면서 이런 현상이 자연스럽게 나타났다고 설명할 수도 있다. 그러나 이는 현상의 한쪽 측면만 설명한 것이다. 앞에서 인용한 홍경모의 친청 언설은 청나라가 그들의 중국 지배를 정당화하기 위해 내세웠던, 혈통이 아니라 덕의 유무를 따져야 한다는 논리와 정확히 공명共鳴하고 있다. 치욕과 분노의 기억은 세월의 침식으로 소실될 수 있다. 그러나 그 소실된 기억의 빈자리에 이처럼 적극적인 친청 언설이 저절로 들어섰다고 볼 수는 없다. 18세기 중엽까지만 해도 청나라 하면 오랑캐 침략자라며 이를 갈던 조선에서, 1830년경 홍경모의 경우처럼 정치적 정당성을 온전하게 갖춘 '대공지정'의 정치체로 청을 찬미하는 언설이 등장하게 만든 토대는 과연 무엇일까? 혹시 지금까지 살펴본 1780년대 이후 건륭제가 추진한 정치적 기획이 직접 또는 간접의 효과를 거둔 결과로 해석할 여지는 없을까?

1780년대 초 건륭제가 청 궁정의 3대 연회 등에 도입한 새로운 관행은 그의 손자 도광제道光帝(1782~1850)의 시대에도 여전히 실천되고 있었다. 단, 홍경모는 도광 10~11년 연말연시(1831년 초) 기간에 3대 연회를 위시한 청 궁정의 세시 행사에 전혀 참석하지 못하였다. 전년인 순조 30년(1830) 오월에 효명세자가 사망하여 아직 상중에 있었기 때문이다. 건륭 51~52년 연말연시 문효세자의 상중에 있었던 조선 사신들과 똑같은 경우였던 것이다. 따라서 앞서 소개한 친청 언설은 홍경모 개인이 청조의 우대를 몸소 경험한 데에 따른 즉각적 반응의 결과라고 볼 수 없다. 그럼에도 불구하고 홍경모의 대청 인식은 그때의 연행을 계기로 큰 변화를 겪었던 것으로 알려져 있다. 그러니 청조의 우대를 몸소 경험한 인사들이라면, 모르긴 몰라도 연행 경험이 그들의 대청 인식에 끼친 영향은 더욱 컸을 것이다.

홍경모가 연행을 경험한 도광 10년경은 건륭제의 기획이 이미 50년 가까운 실천의 역사를 쌓은 때였다. 조선의 관료들은 동지사의 세 사신만 헤아려도 연인원으로 150명에 가까운 사람들이 건륭제의 기획을 몸소 경험한 것으로 계산된다. 청조의 환대와 청 궁정의 화려함을 직접 목도하고 돌아온 조선의 사인들은 자신들의 견문을 때로는 말로, 때로는 글로 주변 사람들에게 전파하였다. 이에 따라 적어도 연행을 경험한 인사들과 그들의 견문을 공유한 주변 사람들의 대청 인식은 친청의 색채를 점점 더 짙게 띠는 방향으로 변화하였을 것이다.

이러한 추론에 큰 잘못이 없다면, 금천의 토사들을 두고 그들이 "(자신들의) 고향 땅에 돌아가면 반드시 (자신들의 견문을) 서로 서로에게 알리고 이야기해서 한마음으로 향화할 것이다."라고 말한 바 있는 건륭제는, 비록 청나라는 역사 속의 모든 왕조처럼 멸망의 운명을 피하지 못했지만 그래도 자신의 기획이 모두 헛된 노력에 그친 것만은 아니라고 하면서 스스로를 위로할 수 있지 않을까?

정조가 영조의 바로 다음 임금이었음
에도 대청 외교 자세에서 영조와는 크
게 다를 수 있었던 까닭은 어떻게 이해
해야 하는가?

조선의 대청 관계와 대청 인식이 분노와 원
한을 출발점으로 한 것이었다는 사실은 부인
할 수 없다. 게다가 조선은 그 분노와 원한을 복수
로 씻어내는 통쾌한 순간을 누리지도 못하였다.
씻지 못한 원한은 단시간에 사라지지 않는 법이
다. 그러나 시간 앞에 변하지 않는 것은 없다. 한

순간에 사라질 수는 없더라도, 세월이 흐르면 분노와 원한의 기억은 흐릿해지기 마련이다. 당장의 어떤 현실적 필요도 없는 상황에서, 부모 세대가 겪은 원한의 기억을 자식 세대가 고스란히 간직하는 경우는 거의 없다. 더군다나 영조와 정조는 부자父子가 아닌 조손祖孫 관계라 그만큼 세대 차가 클 수 있었거니와 영조는 1694년생, 정조는 1752년생으로 나이 차도 무려 60년 가까이나 났다.

단지 세대 차나 나이 차의 문제만이 아니었다. 17세기 중엽의 조선에서 오랑캐의 손에 부모·형제를 잃은 사람들이 청에 대한 복수를 도덕적 의무로 여긴 것은 당연하다. 그런데 조선 사람들은 끝내 청에 복수할 기회를 얻지 못했다. 이런 상황에서는 언제까지 복수를 의무로 여겨야 하는지가 문제라고 할 수 있다. 이러한 복수 의무의 '시효'는 효孝가 지고의 가치였던 조선 시대가 오늘날보다 훨씬 더 길었을 것이라고 예상되는데, 병자호란으로부터 30년도 채 지나지 않은 때에 벌어진 공의公義 · 사의私義 논쟁을 통해 조선의 도덕 기준에서 복수 의무의 시효는 얼마나 길었는지 한번 들여다볼 필요를 느낀다. 영조와 정조의 차이를 이해하는 한 가지 방식이 될 수 있기 때문이다.

논쟁의 발단은 현종 초에 있었던 청나라 칙사 접대 문제였다. 병자호란이 끝난 뒤 소현세자와 함께 청나라에 끌려가 볼모 생활을 했던 봉림대군, 즉 훗날의 효종이 선양에서 얻은 아들이 바로 현종이다. 조선의 임금 가운데 외국 땅에서 출생한 이는 현종이 유일무이하다. 그러한 현종이 즉위한 지 4년이 지난 1663년 겨울, 청나라에서 파견한 칙사가 서울에 왔을 때 홍문관 수찬修撰 김만균金萬均(1631~?)이 칙사 접대 업무를 맡긴 왕명을 거부하는 사건이 일어났다. 김만균의 조모는 병자호란 당시 강화도가 함락될 때 오랑캐에게 욕을 당하지 않으려고 자결했으니, 청나라는 김만균에게 할머니의 원수였다. 충을 중시하는 공의에 따르자면 응당 왕명을 받들어야 하지만, 할머니의 원수를 극진하게 접대하는 업무를 맡는다는 것은 효를 중시하는 사의에 따르자면 한마디로 어불성설이었다.

　사건 초기 김만균은 불충한 신하라는 비난을 받으며 파직되었다. 공의보다 사의를 우위에 두는 것은 부모의 일까지만 허용되어야 한다는 이유에서였다. 부모가 죽으면 3년상을 치르지만 조부모는 1년상으로 상기가 줄어드는 것처럼, 관계가 멀어지면 사의에 입각한 도덕적 의무의 강도 또한 약해져야 한다는 논리였다. 그러나 얼마 후 저 유명한 송시열宋時烈(1607~1689)이 이 논란에 개입하면서 상황은 180도로 역전되었다. 송시열은 주자朱子를 인용하면서 '복수오세설'을 주장하였다. 복수의 의무는 다섯 세대에 걸쳐 유효하다는 말이었다. 이에 따르자면 할머니의 원수인 오랑캐 칙사를 접대하라는 왕명은 얼마든지 거부할 수 있었다. 아니, 거부해야 마땅했다. 결국 논쟁은 복수오세설의 승리로 끝이 났고, 김만균에 대한 처벌을 주장한 사람이 오히려 파직을 당하고 말았다.

복수오세설이 당시의 가치 규범이었다는 사실은 매우 중요하다. 대부분의 일은 시간이 흐르면 그냥 망각된다. 하지만 어떤 일들에 대한 기억은 어떤 이유로 해서 잊힐 만하면 다시 소환되어 재차 각인된다. 한 시대의 가치 규범이 그런 이유 가운데 하나이다. 영조는 병자호란의 치욕을 겪은 인조의 4대손이었으며, 비록 생전에 만나지는 못했을지라도 선양에서 볼모의 아들로 태어난 현종의 친손자였다. 영조의 입장에서 청에 대한 복수는 아무런 의문의 여지도 없는 도덕적 의무였던 것이다. 게다가 영조의 치세 전반기는 청나라가 몽골 초원의 강적 준가르와 자웅을 겨루던 시기와 겹친다. 명나라가 갑자기 멸망의 길로 접어들었듯이, 청나라 또한 언제라도 준가르나 한인 반란군에게 패하여 멸망할 수 있다고 기대할 만했다.

그러나 정조는 인조의 6대손이었다. 굳이 복수오세설에 얽매일 필요가 없었다. 게다가 정조가 전통적인 나이 셈법으로 스물다섯 살의 젊은 나이에 왕위에 오른 1776년은, 건륭제 치하의 청나라가 이미 오래전에 준가르를 멸망시키고 전무후무한 성세를 한창 구가하던 때였다. 그러니 정조의 대청 인식과 대청 외교가 영조의 시대와 많이 달라진 것은 이상하게 여길 일이 아니라, 오히려 자연스러운 변화였다고 보아야 하지 않을까?

17~19세기의 유럽은 끊임없는 전쟁의 시대였던 반면에 동아시아는 청 제국의 '조공 시스템' 덕분에 장기간 평화를 누릴 수 있었다고 하는데, 그렇다면 '조공 시스템'과 같은 국제질서가 평화와 번영에 더 적합하다고 할 수 있지 않은가?

최근 세계 학계의 국제정치 전문가 중에 이런 이

야기를 하는 사람들이 적지 않다. 17세기 중엽 이후 국가의 대소·강약과 관계없이 주권의 평등을 전제로 하는 국제질서가 형성되었음에도 유럽에서는 전쟁이 잦아들기는커녕 오히려 갈수록 치열해지더니 결국에는 세계대전의 비극을 초래하였다. 그와 대조적으로, 동아시아에서는 국가의 대소·강약에 기초한 위계 관계를 당연시하는 국제질서 아래였음에도 청을 정점으로 동시대의 유럽과 뚜렷하게 대비되는 장기 평화가 유지되었다. 그러니 겉으로만 주권 평등의 원리를 내세울 뿐 실제로는 냉혹한 힘의 논리로 작동하는 기만적인 국제질서보다는, 국력의 대소·강약이라는 현실을 그대로 인정한다는 전제 위에서 강대국이 약소국을 온정적으로 보살피고 지원하는 국제질서가 더 낫지 않은가? 어떤 사람들은 한발 더 나아가, 과거 청 중심 국제질서의 장기 평화를 역사적 근거로 내세우며 21세기 중국을 중심으로 한 평화적 국제질서의 '재림'을 전망하기까지 한다. 그러나 이런 부류의 논자들이 강조하는 역사적 경험이란 청의 중심 지위가 확립될 때까지의 과정이 폭력과 전쟁으로 점철되었음을 애써 무시하거나 축소한 결과에 불과한 것이 아닐까 하는 의구심이 든다.

16세기 말 누르하치가 세력을 키우기 시작한 때로부터 1644년 청이 산해관을 돌파하여 중원에 진입하고 베이징으로 수도를 옮기기까지의 과정은 살육과 약탈로 점철된 전쟁의 연속이었다. 그사이에 그들이 일으킨 침략 전쟁으로 조선이 큰 피해를 입었음은 잘 알려진 사실이다. 그뿐만이 아니다. 1680년대 초의 타이완 정복에 이르기까지 청은 육상과 해상의 저항 세력 및 반란 세력을 분쇄하기 위한 무력행사를 되풀이했다. 중원에 다시 평화가 찾아온 뒤로도 청 황제들의 전쟁은 끝나지 않았다. 몽골-티베트 세계의 패권을 둘러싸고 '최후의 유목제국' 준가르와의 힘겨루기에 들어갔기 때문이다. 몽골 초원·티베트·칭하이·신장 등지를 무대로 전개된 청과 준가르의 무력 대결은 얼마간의 휴지기를 끼면서 장기간 지속되었고, 1760년경에 이르러서야 비로소 막을 내릴 수 있었다.

이렇듯 청의 제국 건설은 역사상 유례를 찾기 힘들 만큼 거대하고 장기적인 무력행사의 결과였다. 청조 자신도 그 무력행사의 과정을 아무 거리낌 없이 자랑하였다. 예컨대, 거대 제국의 판도를 완성한 장본인이었던 건륭제는 1792년 『어제십전기』를 써서 자신의 치세에 '십전무공'을 완성했노라고 자부하면서 스스로를 '십전노인+全老人'이라고 불렀다. 19세기의 저명한 한인 지식인 위원魏源(1794~1857)조차도 『성무기聖武記』(1842년 완성)를 통해 누르하치에서 도광제에 이르는 만주인 군주들의 무위武威를 찬미하였다.

그런데 이처럼 명백한 역사적 사실에도 불구하고, 청에 의한 장기 평화만을 마냥 강조하는 이야기가 유행하게 된 데에는 아마도 여러 가지 요인이 복합적으로 작용했을 것이다. 우선 유례를 찾을 수 없는 장기적이고 거대한 폭력의 경험이었다고 하더라도, 역시 세월의 침식 탓에 그 기억은 점차 약화될 수밖에 없었을 것이다. 중원의 경우 17세기의 전쟁에 대한 기억은 18세기의 평화와 번영을 거치면서 점차 소실되었다. 여기에 19세기 중엽 이후 점차 강도를 더해가며 전개된 제국주의 열강의 중국 침략사는 청 말의 중국에 제국주의의 '희생자' 이미지를 입히는 한편, 청 자신의 '제국'적 성격은 거의 망각되게 만들었다. 이처럼 '가까운 기억'이 '먼 기억'을 지우거나 덮어쓰는 현상은 지극히 자연스럽다.

그러나 먼 기억의 소실이 저절로 청조가 '평화적 국제질서의 주재자'였다는 새로운 이미지를 만들어주는 것은 아니다. 새로운 이미지의 형성과 관련해서는 누르하치 이래의 폭력적인 제국 건설 과정을 마무리한 장본인이자 오늘날 청 제국의 완성자로 인정되고 있는 건륭제가 그의 노년, 그러니까 칠순 이후에 보인 행태에 주목할 필요가 있다. 지금까지 살펴보았듯이, 그는 왕조의 주요 의례가 거행되는 시·공간을 자신의 치세에 이룩한 성세를 과시하는 동시에 대

외적으로 '먼 곳에서 온 사람들을 따뜻이 품어주고〔懷柔遠人〕', '천하의 모든 이들을 평등하게 보고 똑같이 어질게 대한다〔一視同仁〕'는 이미지를 창출하고 강화하는 데 활용하였다.

건륭의 의도가 그와 동시대를 살았던 '천하의 모든 이들'에게 얼마나 잘 먹혔는지는 알 수 없지만, 먼 훗날 21세기 초에 이르러 적잖은 사람들이 17~18세기 폭력과 전쟁의 실제를 까맣게 망각하게 만드는 데에는 꽤나 성공한 셈이 아닐까 하는 생각이 든다. 물론 건륭이 이런 효과까지 내다본 것은 아닐 터이지만 말이다.

나가는 글

건륭의 제국과 만나며 역사를 기리다

평화 시에는 사신의 왕래가 사실상 외교 관계의 전부나 마찬가지였던 시대에 이 책에서 살펴본 것과 같은 변화가 일어났다면, 그 변화의 기점이라고 할 수 있는 1780년은 더 이상 '아무 일도 없었던 해'라고 부를 수 없을 듯하다. 이제는 조선·청 양국 관계의 역사에서 시대를 가르는 분수령이었다는 의미를 부여해도 무방할 것이다. 1780년 이후 청에 다녀온 조선 사신 일행의 경험과 견문은 양으로 보나 질로 보나 그 이전과는 비교할 수 없을 정도로 풍부해졌다. 그 변화가 다시 사행 참가자와 조선 조정의 청에 대한 인식에 영향을 끼쳤음은 불문가지이다.

그러나 지금까지 살펴본 변화상 또한 전체의 일부일 뿐

이라는 것을 망각해서는 안 된다. 영조와 같은 반청 의식과 조선중화주의는 정조의 시대는 물론이거니와 19세기, 아니 조선 왕조가 망할 때까지도 그 생명력을 잃지 않았다. 그 때문에 17세기 중엽 명·청 교체 이후의 조선은 이미 멸망하고 없는 과거의 중국 명나라에 대한 의리와 모화사상慕華思想에 발목을 잡힌 나머지 역사를 한 걸음도 전진시키지 못한 채 '정지된 시간'을 살았다는 비판도 제기되었다. 그러한 비판에서 1704년 명의 황제를 제사하기 위해 만든 대보단은 퇴행적 역사의 상징으로 간주된다.

게다가 명나라에 대한 의리에 관한 한 정조 또한 그것을 존중하는 입장이었다는 사실을 부정할 수 없다. 예컨대 『정조실록』에서 정조의 일대기를 정리한 행장行狀을 보면, 1796년에 정조가 『존주록尊周錄』의 편찬을 명한 일을 가리켜 이렇게 말한다.

왕이 존주尊周의 의리에 대해 자나 깨나 선왕의 뜻을 이어갈 생각으로 황단에 망배望拜를 하고, (…) 삼학사三學士 후예들을 발탁하여 등용하고 칠의사七義士들을 한꺼번에 제사 지내고 (…) 의義를 지켜 척화했던 신하들에 대해서는 모두 표창하고 기록으로 남겨 하나도 빼놓지 않고 다 드러내 밝혔으며, 임진년에 공을 세우고 목숨을 바쳤던 신하들도 모두 다 세상에 알렸다.

주나라는 중화의 대명사라고 할 수 있는 나라이니 '주나라를 높인다'는 뜻의 '존주'란 곧 '존화尊華', 즉 '중화를 높인다'라는 의미이다. '황단'은 대보단을 가리키고, '삼학사'는 병자호란 직후 청나라에 끌려가 죽은 사람들, '칠의사'는 명나라와 몰래 연락하여 청나라를 치려다가 발각되어 죽임을 당한 사람들이다. '임진년에 공을 세우고 목숨을 바쳤던 신하들'이란 일본의 침략에 맞서 명나라와 함께 싸운 전쟁의 유공자들을 의미한다. 정조는 조선이 명에 대한 의리를 지킨 역사를 자랑스럽게 생각하면서 관련 사실을 한데 모아 기록으로 남기려 했던 것이다.

지금까지는 대개 이 인용문에 나타나는 바와 같은 정조의 존주론尊周論에 주목하였지만, 이 책을 통해 드러났듯이 정조가 현실에서 실천한 대청 외교는 분명 친청 분위기가 농후하게 감도는 것이었다. 정조의 치세에 이르러 박제가, 박지원 등으로 대표되는 북학파 지식인들이 또렷하게 자신들의 목소리를 낼 수 있었던 것도 결코 우연은 아니었다. 그렇다면 이제부터는 정조의 반청 역사의식 계승과 현실의 대청 사대 외교를 모두 사실로 인정하는 전제 위에서, 서로 모순되는 두 가지 현상의 공존·병행을 어떻게 이해할 것인가 하는 문제를 풀어야 하지 않을까?

이 문제에 대한 해답으로는 여러 가지 가설을 떠올려 볼 수 있다. 내심은 '존주'이지만 청의 힘을 두려워하여 겉으로만 순종하는 척하는 '면종복배面從腹背' 외교로 보아야 한다는 가설도 있을 수 있다. 하지만 청나라가 망할 날을 고대하던 영조의 시대라면 몰라도, 정조 대 조선의 군신 간 대화에서 청에 대한 면종복배의 흔적은 거의 발견할 수 없다. 인간은 원래 모순적 존재일뿐더러 정조와 같은 현실 정치가에게 그 정도의 모순은 굳이 설명할 필요도 없다는 이야기도 가능하다. 또한 조선 후기 청에 고분고분 순종하는 외교와 조선중화주의의 공존을 일종의 정신분열 현상으로 다룬 어떤 연구자의 해석을 정조에게 적용해볼 수도 있다.

어떠한 해답이든 설득력을 갖추려면 탄탄한 사실 증거와 정교한 논리 구성이 요구되는 만큼 여기서 해답을 제시하기란 불가능하고, 또 바람직하지도 않다. 앞으로의 연구를 기다릴 따름이다. 그럼에도 이런 생각이 들기는 한다.

우리는 6·25전쟁 때 전사한 분들을 호국의 영령으로 모시면서 매년 현충일이 돌아올 때마다 온 나라가 그분들의 희생정신을 본받기로 다짐한다. 정치인들은 자신들의 정치 인생에서 중대한 의미가 있는 순간마다 현충원을 찾아가 분향하며 그분들의 뜻을 기린다. 그러나 지금 우리는 당시 교전 상대였다는 이유로 중화인민공화국을 원수로 여기지는 않는다. 물론 한동안은 높은 담을 쌓고 원수처럼 지냈다. 하지만 전쟁으로부터 채 40년도 지나지 않은 1990년대 초에 정식으로 국교를 수립하여 정치·군사적으로는 몰라도 최소한 경제적 측면에서는 서로 없어서는 안 된다고 여길 만큼 친밀한 관계가 되었다. 최근 들어 관계가 악화되긴 했지만, 심지어 일본과도 1945년의 해방으로부터 겨우 20년밖에 지나지 않은 시점에 국교를 회복하지 않았던가. 세계사적으로는 이와 비슷한 사례를 일일이 헤아릴 수 없을 정도로 많이 발견할 수 있다. 그러니 일견 모순으로 보이는 정조의 '존주'와 대청 외교도 따지고 보면 그런 사례 중 하나로 꼽아야 하는 것이 아닐까?

KI신서 9626

1780년, 열하로 간 정조의 사신들

1판 1쇄 인쇄 2021년 3월 18일
1판 5쇄 발행 2024년 10월 16일

지은이 구범진
펴낸이 김영곤
펴낸곳 ㈜북이십일 21세기북스

서가명강팀장 강지은 **서가명강팀** 강효원 서윤아
출판마케팅팀 한충희 남정한 나은경 최명열 한경화
영업팀 변유경 김영남 강경남 황성진 김도연 권채영 전연우 최유성
디자인 THIS-COVER
제작팀 이영민 권경민

출판등록 2000년 5월 6일 제406-2003-061호
주소 (10881)경기도 파주시 회동길 201(문발동)
대표전화 031-955-2100 **팩스** 031-955-2151 **이메일** book21@book21.co.kr

㈜북이십일 경계를 허무는 콘텐츠 리더

21세기북스 채널에서 도서 정보와 다양한 영상자료, 이벤트를 만나세요!
페이스북 facebook.com/jiinpill21　　　포스트 post.naver.com/21c_editors
인스타그램 instagram.com/jiinpill21　　　홈페이지 www.book21.com
유튜브 youtube.com/book21pub
당신의 인생을 빛내줄 명강의! <유니브스타>
유니브스타는 <서가명강>과 <인생명강>이 함께합니다.
유튜브, 네이버, 팟캐스트에서 '유니브스타'를 검색해보세요!

ISBN 978-89-509-9469-3 04300
　　　978-89-509-7942-3 (세트)